GÜTERSLOHER
VERLAGSHAUS

Gerd Theißen

GLAUBENS SÄTZE

Ein kritischer Katechismus

Gütersloher Verlagshaus

Bibliografische Information der Deutschen Nationalbibliothek

Die Deutsche Nationalbibliothek verzeichnet diese Publikation in der Deutschen Nationalbibliografie; detaillierte bibliografische Daten sind im Internet über https://portal.dnb.de abrufbar.

FSC www.fsc.org MIX Papier aus verantwortungsvollen Quellen FSC® C014496

Verlagsgruppe Random House FSC-DEU-0100
Das FSC®-zertifizierte Papier *Munken Premieum* für dieses Buch liefert Arctic Paper Munkedals AB, Schweden.

2., durchgesehene Auflage, 2012

Satz: SatzWeise, Föhren
Druck und Einband: GGP Media GmbH, Pößneck
Printed in Germany
ISBN 978-3-579-08148-9

www.gtvh.de

Dem Andenken von

Zacharias Ursinus (1534-1584) gewidmet,
Verfasser des Heidelberger Katechismus
1563

Inhalt

II. Meditationen über Jesus

III. Meditationen über den Geist

Vorwort

Diese »Glaubenssätze« sind ein Versuch, den christlichen Glauben in meditativen Texten zusammenzufassen, die dazu einladen, kontemplativ betrachtet zu werden. Religiöse Wahrheit ist auf Kontemplation angewiesen und darin ästhetischer und ethischer Erkenntnis vergleichbar. Ein Buch über Malerei setzt voraus, dass man Bilder auf sich einwirken lässt, ein Buch über Ethik, dass man sich mit moralischen Fragen existentiell auseinandersetzt. Dieses Buch will dazu anregen, über Grund- und Grenzfragen des Lebens nachzudenken. Es ist wie ein Katechismus in Fragen und Antworten gegliedert. Ich habe mich bemüht, jede Einheit so zu formulieren, dass sie in sich verständlich ist und möglichst auch für sich gelesen werden kann.

In Sinnzeilen gegliederte meditative Texte erinnern an Gedichte. Manche sind von Bildern bestimmt, andere von Reflexion, einige wollen informieren, einige auch kritisieren. Sie stehen für einen Protestantismus, der die moderne Welt als Herausforderung begreift, den christlichen Glauben immer wieder neu zu formulieren. Überall müssen wir zwischen dem traditionellen Glauben und dem, was wir in ihm heute an Wahrheit und Sinn entdecken, unterscheiden.

In möglichst knappen Aussagen habe ich für mich niedergeschrieben, was mir am christlichen Glauben wichtig ist. Übereinstimmung mit mir hat Vorrang vor der Übereinstimmung mit Dogmen und Kirchen. Doch ein Protestant steht mit solch einer Überzeugung nicht am Rande seiner Kirche, sondern mitten in ihr. Der Protestantismus ist eine Religion der Freiheit und Vernunft. Diese Glaubenslehre ist daher trotz ihres persönlichen Charakters konsensorientiert: Sie knüpft an die Tradition an und gibt ihr nicht vorschnell den Abschied. Auch Trinität, Zwei-Naturen-Lehre und Sühnetod Jesu werden als sinnvolle Bilder gedeutet. Konsens kann man ferner nur formulieren, wenn man nicht nur die eigene Glaubensgemeinschaft im Blick hat, sondern auch andere Konfessionen und Religionen, vor allem aber die vielen Menschen, die fern von jeder Religion leben. Dieses Buch wirbt um Verstehen und Respekt für den Glauben auch dort, wo er keine Zustimmung erfährt.

Konsensorientiert ist auch der Rückgriff auf die Bibel. Sie ist der jüdischen, christlichen und islamischen Religion gemeinsam und gehört zu den Grundtexten unserer Kultur. Oft gilt die Liebe zu ihr als Zeichen einer konservativen Theologie. Liberale Theologen suchen dagegen Evidenzquellen gerne außerhalb der Bibel – in Philosophie und Wissenschaft, Natur und Kunst, Sakramenten und Symbolen, in Ethik und Mystik. Dieses Buch steht in der Tradition der liberalen Theologie, aber unterscheidet sich von ihr durch Liebe zur Bibel. Die Sprache der Bibel kann Tiefendimensionen religiöser Erfahrung erschließen, ihre Sprachkraft ist gewaltig.

Einiges wird umstritten bleiben. Nicht alle werden bei der Frage nach Gott ihren Ausgangspunkt bei menschlichen Erfahrungen nehmen, aber sie werden eine Hochschätzung des »Wortes« finden, das den Menschen mit Gott konfrontiert. Nicht alle werden meine Entmythologisierung biblischer Aussagen von Christus akzeptieren, aber das Bild von Jesus verschwimmt nicht im Nebel moderner Skepsis. Nicht alle werden meine evolutionäre Sicht von Welt und Religion teilen, aber auch unabhängig von ihr gelten die »kleinen Erzählungen« und Bilder der Bibel als vollwertiger Ausdruck des Glaubens. Nicht alle werden meine pluralistische Religionstheologie bejahen, aber interreligiöse »Schnellreligionen«, die Differenzen überspringen, lehne ich ab. Nicht alle werden den Heiligen Geist auch in anderen Religionen und bei Nichtchristen wirken sehen, aber sie werden kein Kulturchristentum ohne Profil finden. Nicht alle werden der Mystik einen so zentralen Ort einräumen. Aber Mystik ist im Zentrum christlichen Glaubens verwurzelt. Sie findet sich z.B. auch bei dem orthodoxen Lutheraner Paul Gerhardt und dem reformierten Pietisten Gerhard Tersteegen.

Die Aufzählung möglicher Irritationen zeigt: Dieser »Katechismus« stammt von einem liberalen Protestanten. Ich mache keinen Hehl daraus, dass ich die Familien- und Sexualmoral der katholischen Kirche für unglaubwürdig halte und den protestantischen Fundamentalismus für Obskurantismus. Diese Glaubenssätze stehen auf dem Boden der modernen Welt, in der jeder Einzelne selbst bestimmen muss, was er glaubt und was er nicht glaubt, was er für sein Handeln für verpflichtend hält und was nicht. Nur so kann man heute glaubwürdig um Konsens werben.

Auch theologiegeschichtlich ist dieser Katechismus konsensorientiert: Er setzt die Tradition der liberalen Theologie von G. E. Lessing, F. D. Schleiermacher und A. Schweitzer fort, aber verbindet sie mit Gedanken der so genannten »Kerygmatheologie« von K. Barth und R. Bultmann. Katholische Religionsphilosophen haben Spuren hinterlassen, aber auch die ökumenische Sozialethik. In meditativen Texten kann verbunden werden, was sonst als Gegensatz aufeinander prallt.

Es handelt sich um einen »Katechismus«, der das Ganze des christlichen Glaubens behandelt. Fragen und Antworten knüpfen an die Katechismusform an. Zwar soll er nicht dem Unterricht von Konfirmanden dienen, er wendet sich an Erwachsene. Wenn er als Textbuch für Gesprächsgruppen und für das persönliche Nachdenken über letzte Fragen des Lebens dient, hat er seinen Zweck erfüllt. Wenn er manchem hilft, das Christentum zu entdecken oder wieder zu entdecken, wäre das in meinem Sinne. Aber auch, wenn er säkularisierten Menschen hilft, besser zu verstehen, was einen modernen Christen bewegt, auch wenn er dessen Christentum nicht teilt, wäre das sehr viel.

Herrn Diedrich Steen und allen Mitarbeitern und Mitarbeiterinnen im Gütersloher Verlagshaus danke ich für alle Unterstützung und Arbeit für dieses Projekt eines meditativen Katechismus.

Ich widme diesen kritischen Katechismus dem Andenken an Zacharias Ursinus. Er verfasste vor 450 Jahren den Heidelberger Katechismus, der ein Vorbild an Klarheit und Systematik ist. Meine Glaubenslehre ist keine moderne Neuauflage seines Katechismus. Gemeinsam aber ist: Auch dieser Katechismus entstand in Heidelberg, auch er ist von reformierter Tradition geprägt und will im christlichen Glauben eine dem gegenwärtigen Menschen zugängliche Weisheit entdecken.

Gerd Theißen

Der Glaube und seine Grundlagen in Bibel, Tradition, Erfahrung und Vernunft

1.

Was ist Glaube an Gott?

Glaube
ist unbedingtes Vertrauen,
dass unser Leben
inmitten aller Dinge
sinnvoll ist.
Sinn ist,
was Mut
zum Leben gibt.

Glaube
vertraut auf Gott,
der das Nichts ins Sein ruft
und alle Welt
mit Sinn erfüllt.

Glaube
vertraut nicht auf die Welt,
wie sie ist,
sondern wie sie durch Gottes Willen
sein könnte.

Glaube
vertraut nicht darauf,
dass alles von selbst gut wird,
sondern dass wir Gutes tun können
gegen Widerstand
in uns
und in der Welt.

Glaube
ist ein Bündnis mit Gott,
der die Welt
mit Sinn erfüllen will.

— 2. —

Was ist Glaube an Christus?

Christlicher Glaube
ist Mut zum Leben und zum Sterben,
der mit Christus gekreuzigt wird
und mit ihm aufersteht.

Glaube an Christus
berechtigt,
sich selbst zu bejahen
trotz Schuld.

Glaube an Christus
verpflichtet,
Liebe zu üben
trotz Lieblosigkeit.

Glaube an Christus
ermutigt,
nicht aufzugeben,
wenn alles hoffnungslos scheint.

Christlicher Glaube
ist Mut zum Leben und zum Sterben,
der mit Christus gekreuzigt wird
und mit ihm aufersteht
und so mit Gott
jetzt und für immer
verbunden ist.

3.

Was ist Glaube an den Heiligen Geist?

Gott hat die fernen Galaxien geschaffen
und ist doch nicht fern,
denn sein Geist
nimmt Wohnung
in dir.

Er sprach in früheren Zeiten
und spricht auch heute
durch seinen Geist
zu dir.

Wenn dein Mut zum Leben
gekreuzigt wird
und in Deinem Herzen
neu entsteht,
dann wirkt sein Geist
in dir.

Wenn dich Gewissheit erfasst,
in Gott geborgen zu sein
in alle Ewigkeit,
dann lebt sein Geist
in dir.

Wenn er Menschen
zu neuen Geschöpfen macht,
dann arbeitet sein Geist
für Frieden, Freiheit und Gerechtigkeit
in uns allen
zur Vollendung seiner Schöpfung.

— 4. —

Was ist Glaube an den dreieinigen Gott?

Glaube an Gott
ist wie Licht
des Vertrauens,
das die Schöpfung hell macht.

Glaube an Jesus Christus
ist wie Licht
in der Nacht,
in der das Vertrauen stirbt.

Glaube an den Heiligen Geist
ist wie Licht
am Morgen,
wenn neues Vertrauen aufersteht.

Spuren dieses Lichtes
finden wir
nacheinander in der Geschichte:
Israel entdeckte
den einen und einzigen Gott.
Jesus überwand
Schuld und Todesangst.
Gottes Geist
verbindet Menschen
in der ganzen Welt.

Doch in seinem Ursprung
flutet alles Licht ineinander:
Alles ist Beziehung
wie in einer Familie.
Deswegen sprechen wir
bildlich von Gott
als Vater,
Sohn und
Heiligem Geist.

5.

Was sind die Grundlagen des Glaubens?

Glaube hat als Quellen:
Bibel und Tradition,
Erfahrung und Vernunft.[1]

Bibel:
eine Bibliothek von Büchern,
von Menschen formuliert
und immer wieder ergänzt,
kein geschlossener Entwurf,
sondern gestaltete Vielfalt,
Zeugnis eines Dialogs mit Gott,
Chance, diesen Dialog immer wieder
neu zu beginnen.

Tradition:
ein Schatz mit vielen Gedanken,
ein Dialog über den Glauben
von den Kirchenvätern bis zur modernen Theologie.
Was sich im Glauben bewährt,
wird geprüft an der Weisheit vieler Generationen,
aber auch an ihren Verirrungen
in Vergangenheit und Gegenwart.

Erfahrung:
Nichts kann ersetzen das Aufleuchten der Wahrheit
im persönlichen Leben:
Sein und Nichts konfrontieren mit Gott,
Naturgesetze spiegeln seine Gedanken,
Leben seinen Willen,
Liebe sein Wesen.
Erfahrung
gibt dem tradierten Glauben Evidenz.

1. Diese vier Quellen sind das Viereck (»Quadrilateral«) des Methodismus, das auf John Wesley (1703-1791) zurückgeht.

Vernunft
ist die Fähigkeit, alles zu prüfen:
Erfahrung prüfen wir durch die Tradition,
Tradition durch die Bibel,
die Bibel durch die Vernunft.
Vernunft ohne Glaube
neigt zum Zynismus,
Glaube ohne Vernunft
zum Fanatismus.

Die Quellen der Gewissheit
sprudeln in der Bibel ineinander:
Die Bibel ist voll Tradition und Erfahrung,
Weisheit und Vernunft.
Damit weist sie über sich hinaus.
Wer ihr treu sein will,
darf nicht stehen bleiben
bei ihrem Buchstaben.

6.

Gibt es verbindliche Glaubenssätze für alle Christen?

Früher standen im Katechismus verbindliche Lehren.
Jeder musste sie auswendig lernen.
Geist und Buchstabe klebten aneinander.
Heute unterscheiden wir:
Gott und Gottesbilder,
Jesus und Christusbilder,
Hoffnung und Hoffnungsbilder.
Bilder lassen Freiheit,
wieweit sie wörtlich zu verstehen sind.
Sie ermöglichen Stufen der Annäherung.

Schon die Bibel kennt
viele Gestalten des Glaubens:
Hatten die Jünger Jesu keinen Glauben,
weil sie in ihm nicht den sahen,
der wahrer Gott und wahrer Mensch ist?

War der Jakobusbrief häretisch,
als er Glauben mit Werken verband,
Gesetz mit Freiheit
und Liebe mit Gleichbehandlung?

War der Evangelist Johannes im Irrtum,
als er die anderen Evangelien überbieten wollte:
Über alle Jesusbilder hinaus
fragte er nach dem,
was in ihnen Wahrheit und Leben ist.

Waren die Gnostiker im Irrtum?
Sie deuteten als christliche Philosophen
die Bilder der Bibel
als Suche des Menschen nach seinem wahren Selbst.
Für sie war alles Symbol,
was für einfache Christen Realität war.

Wenn ein Physiker
an einer Familienfeier teilnimmt,
teilt er die Alltagsphysik der Familie:
In ihr geht die Sonne auf und unter,
nicht aber in seiner Theorie.
So teilen auch Theologen
im Alltag den gelebten Glauben,
ihre Gedanken aber geben ihm einen Rahmen,
der seine Bedeutung verändert.

Schon das Urchristentum kannte
verschiedene Reflexionsstufen des Glaubens.
Alle sind gültig,
keine ist endgültig.
Alle nähern sich unvollkommen dem,
was letztgültig ist.

7.

Welche Bedeutung hat die Bibel für den Glauben?

Einst war die Bibel das Lehrbuch des Glaubens,
von Gott verfasst,
inspiriert durch seinen Geist.
Selbst ihre Buchstaben hatte er eingegeben.
Heute bezeugt sie Ursprungserfahrungen
menschlichen Glaubens.
Sie wird mit denselben Methoden ausgelegt
wie alle Zeugnisse der Vergangenheit.
Manche ihrer Texte sind scharf zu kritisieren,
andere leuchten
wie Licht vom ewigen Lichte
mitten im Leben.

Versunkene Welten hinterließen ihre Spuren in ihr:
Ägypter und Sumerer,
Babylonier, Perser und Griechen.
Vorbereitet durch Traditionen,
eingebettet in Analogien
entstand in ihrer Geschichte
drei Mal Neues
wie Mutationen der Religion.

Die Geschichte Israels
machte Gott
zum wichtigsten Anliegen des Menschen.
Die Geschichte Jesu
machte den Menschen
zum wichtigsten Anliegen Gottes.
Die Geschichte des Geistes
machte die Erneuerung der Welt
zum gemeinsamen Anliegen
von Gott und Mensch.

Wie die Evolution des Lebens
auf konkreten Anfängen aufbaut,
so der Glaube auf einem dreifachen Anfang.
Oder gab es andere Möglichkeiten,

dem Geheimnis Gottes zu begegnen?
Schon in der Bibel hören wir als Nachklang
eine Polyphonie uralter Religionen.

Durch ihre eigene Polyphonie
wirkt die Bibel bis heute:
die hebräischen heiligen Schriften bei Juden,
Altes und Neues Testament bei Christen,
die ganze Bibel bei Moslems
als Vorstufe des Korans.
Wenn Religionskritiker Gottes Tod verkündigen,
meinen sie den Gott der Bibel.
Die Bibel wurde ein Buch aller Menschen.

Sie ist ein Buch mit offenen Türen.
Protestanten drängen hinaus,
ihre Herkunft verdrängend.
Katholiken entdecken neu
ihre verdrängten Ursprünge.
Juden bleiben ihr treu.
Moslems studieren sie
als Bestätigung ihres Glaubens.
Nur Fundamentalisten
verrammeln die Türen der Bibel
gegen die moderne Welt.
Bibeltreue sieht anders aus.

8.

Welche Bedeutung hat das Alte Testament für den Glauben?

Einst galt das Alte Testament
nur als Vorgeschichte des Neuen Testaments.
Aber es hat einen Eigenwert.

Das Alte Testament ist
die Geburtsurkunde des MONOTHEISMUS.
In ihm wurde der eine und einzige Gott entdeckt
nicht nur von einzelnen Philosophen,
sondern von einem ganzen Volk.
Das Neue Testament öffnete

den Glauben für alle Völker.
Gott weist in beiden Testamenten über Grenzen hinaus.
Noch immer sind Juden und Christen unterwegs
zu einem universalen Glauben.

Das Alte Testament bezeugt den SCHÖPFUNGSGLAUBEN.
Im ersten Schöpfungsbericht ist der Mensch das Ebenbild Gottes:
Herrscher über Erde und Tiere.[2]
Im zweiten Bericht ist er ein Erdgeschöpf wie alle Geschöpfe.
Als Gärtner hütet er das Paradies.
Doch sein Wissen um Gut und Böse
vertreibt ihn aus dem Paradies der Unschuld
durch Sünde, Vergeblichkeit und Tod.

Das Alte Testament entdeckt die GESCHICHTE.
Nicht nur der König,
das ganze Volk hat Verantwortung dafür,
ob es im gelobten Land bleibt oder nicht.
Menschliche Entscheidungen
bestimmen die Geschichte.
Der Horizont des Neuen Testaments ist enger.
Es enthält nicht die Schriften eines Volkes,
sondern kleiner Gruppen.
Nur im Alten Testament
finden wir Entwürfe sozialer Gerechtigkeit
für die ganze Gesellschaft.

Das Alte Testament preist IRDISCHES GLÜCK.
Der Prediger Salomo findet Lebensfreude in Gott:
Gott hat dem Menschen
Ewigkeit und Freude ins Herz gegeben.
Ewigkeit macht Vergänglichkeit bewusst,
Freude macht sie vergessen.[3]
Das Hohelied Salomos preist die Freuden erotischer Liebe.
Nur im Alten Testament ist Gott selbst
»Freude und Wonne«.[4]
Menschen treten mit Frohlocken
vor sein Angesicht.

2. Gen 1,1-2,4a. Der zweite Schöpfungsbericht ist Gen 2,4b-25.
3. Pred 5,19. Vgl. Pred 3,11
4. Ps 43,4

9.

Welche Bedeutung hat das Neue Testament für den Glauben?

Im Neuen Testament wurde der Mensch
zum wichtigsten Anliegen Gottes.
Eine mythische Geschichte erzählt
von Gottes schwieriger Partnersuche.

Der eine und einzige Gott hatte im Himmel
keinen gleichwertigen Partner
weder unter Engeln noch Göttern.
Deshalb schuf er den Menschen
zu seinem Ebenbild.
Der Mensch brach den Bund mit Gott.
Gott hielt trotzdem an ihm fest.

Israel wurde Gottes Geliebte
stellvertretend für alle Menschen:
ein Licht für alle Völker.
Israel brach den Bund.
Gott hielt trotzdem an ihm fest.

In Israels Mitte wurde
Jesus zum Partner Gottes
stellvertretend für Israel
und alle Menschen.
Er war Gottes Ebenbild.
Er wurde von Juden angeklagt,
von Römern gekreuzigt.
Gott hielt trotzdem an ihm fest.

Gott macht Menschen durch Jesus
zu seinen Partnern.
Sein Geist will sie
durch Glaube, Hoffnung, Liebe
in sein Ebenbild verwandeln.
Doch Menschen werden untreu.
Gott hält trotzdem fest
an seinem Bund.[5]

5. Hier wirkt die heilsgeschichtliche Theologie von Oscar Cullmann (1902-1999) weiter, die ich als theologische Dichtung attraktiv fand, weil sie alle

10.

Was bewirken Glaube, Hoffnung und Liebe im Neuen Testament?

Zentrum des Neuen Testaments ist der GLAUBE:
Was immer im Himmel und auf Erden geschieht,
hat nur befreiende Kraft,
wenn es im Glauben erfasst wird.
Ein Senfkorn Glauben kann Berge versetzen.[6]
Durch ihn haben alle Menschen
Kontakt mit Gott
unabhängig von Herkunft und Schicht.
Verlorene Menschen werden verwandelt
in Gottes Ebenbild
durch das Bild des unsichtbaren Gottes:
Jesus Christus.

Im Neuen Testament erweiterte sich die HOFFNUNG:
Die Welt bleibt nicht, wie sie ist.
Mitten in ihr beginnt eine neue Welt.
Menschen dürfen den ersten Schritt in sie tun.
Das gibt ihnen unendlichen Wert
als Partisanen der Freiheit
in einer unfreien Welt.
Die Tür zum Leben ist offen.
Der Stein der Todesangst
wurde von ihrem Herzen gewälzt.

Im Neuen Testament wurde LIEBE zum höchsten Wert:
Sie lässt im anderen Menschen
das Ebenbild Gottes erkennen.
Gott ist Liebe.[7]
Umso mehr widersprechen ihm Unglück und Leid.
Dass beides vereinbar ist,
bezeugt am Kreuz der leidende Gott:
Gott verlässt Menschen nicht,

Menschen im Blick hat – auch alle Menschen der außereuropäischen Geschichte.
6. Mt 17,20 / Lk 17,6.
7. 1.Joh 4,16.

auch wenn sie meinen,
verlassen zu sein
von Gott.

11.

Welche kritische Bedeutung hat die Tradition für den Glauben?

TRADITION ist,
was sich in Jahrhunderten bewährt hat,
ihre Weisheit ist dem Einzelnen überlegen.
Keiner muss von vorne beginnen.
Tradition verarbeitet
Erfahrungen von Irrtum und Gewalt.

KREUZZÜGE
waren ein Irrweg.
Aber Franz von Assisi wollte
Frieden mit den Moslems
und der Natur.[8]

HEXENVERBRENNUNGEN
waren Verbrechen.
Aber der Jesuit
Friedrich Spee
deckte das Unrecht auf,
um es für immer zu überwinden.[9]

SKLAVEREI
war Unmenschlichkeit.
Aber der evangelikale Protestant
William Wilberforce

8. Franz von Assisi (1181/82-1226), Begründer des Franziskanerordens, schickte einige seiner Brüder in islamisches Gebiet mit der Auflage, keinen Streit zu suchen. Dennoch wurden sie hingerichtet. Er selbst reiste mit dem Kreuzzug von Damiette im Jahre 1219 bis Palästina und traf in Ägypten den Sultan Al-Kamil. Wahrscheinlich hat er sich dabei auch um Frieden bemüht. Sein Wirken kontrastiert mit dem der Kreuzfahrer.
9. Friedrich Spee (1591-1635) war zur Überzeugung gekommen, dass Hexen unschuldig sind und ihre unter Folter erzwungenen Geständnisse falsch. Nur anonym konnte er seine 1631 erschienene »Cautio Criminalis« gegen den Hexenwahn veröffentlichen.

setzte Gesetze gegen den Sklavenhandel
im englischen Parlament durch.[10]

KOLONIALISIERUNG
war Unrecht.
Aber der protestantische Theologe
Albert Schweitzer
ging in den Urwald,
um zu helfen und zu heilen.[11]

ANTISEMITISMUS
ist Sünde.
Aber der bulgarische Bischof
Kiril von Plovdiv
rettete Juden vor dem Holocaust,
indem er drohte,
sich vor die Deportationszüge
auf die Gleise zu legen.[12]

RASSISMUS
ist Schuld.
Aber der Baptistenprediger
Martin Luther King[13]
träumte seinen Traum von Gleichheit,
den viele über seine Ermordung hinaus
weiter geträumt haben.

SEXISMUS
ist Schande.
Aber es gab den alten Mönch,

10. William Wilberforce (1759-1833) gelang es, nachdem er 18 Jahre lang fast jedes Jahr im Unterhaus einen Gesetzesantrag gegen den Sklavenhandel eingebracht hatte, im Jahr 1807 nach 10stündiger Debatte das Gesetz durchzubringen. Danach setzte er sich weiter für die Abschaffung der Sklaverei überhaupt ein, die erst in seinem Todesjahr verboten wurde.
11. Albert Schweitzer (1875-1965), Theologe, Organist und Arzt, übernahm 1913 die Leitung eines Hospitals in Lambarene in Zentralafrika.
12. Kiril war seit 1938 Metropolit von Plovdiv und wurde 1953 zum Patriarchen von Bulgarien gewählt. Er starb 1971. Sein Widerstand gegen die Judenvernichtung ist singulär.
13. Martin Luther King (1929-1968) war Anführer der Bürgerrechtsbewegung in den Vereinigten Staaten.

den ich in einem spanischen Kloster traf,
der Lehrverbot hatte,
weil er meinte,
Frauen können Priester werden.

Jedes Leid
schreit nach einem Exodus
und einem Sinai
mit Geboten,
die Leben ermöglichen.

Jedes Unrecht
verlangt nach Zeugen,
die sich ihm widersetzten.

Jede Unmenschlichkeit
soll eine Passionsgeschichte werden –
mit einem Kreuz,
das Unrecht anprangert,
und einer Auferstehung,
die den Opfern
ihre Würde zurückgibt.

12.

Welche positive Bedeutung hat die Tradition für den Glauben?

Die Weisheit der Tradition ist größer
als die Weisheit des Einzelnen.
Wer sich ihr anvertraut,
schaut nicht nur zurück.
Er findet Motive zur Erneuerung,
selbst wenn sie mit Irrtum und Schuld vermischt sind.

Der Glaube entdeckte in der Antike
den Gott der Philosophen.
AUGUSTINUS[14] enthüllte in den Tiefen des Ichs
den Willen als Zentrum des Menschen:

14. Augustinus (354-430), zuletzt Bischof in Hippo in Nordafrika, ist der bedeutendste lateinische Kirchenvater.

Der Glaube wird allein durch Gott gewirkt,
nicht durch menschlichen Zwang.
Dennoch bejahte Augustinus
Gewalt gegen Donatisten.
Er hinterließ uns die Verpflichtung,
Gott ohne Zwang zu denken
und die Selbsterforschung des Menschen
weiter zu vertiefen.

Thomas von Aquin[15] baute in der Scholastik
aus philosophischer Weltkenntnis ein großes Gebäude:
Glaube basiert auf natürlicher Vernunft
und geht über sie hinaus,
ohne sie zu verleugnen.
Zustimmung zum Glauben ist freiwillig.
Dennoch bejahte er die Hinrichtung von Häretikern.
Er hinterließ uns die Verpflichtung,
den Glauben durch Einsicht zu verstehen.

Der Glaube erneuerte sich im Mittelalter
in Armutsbewegungen
und Experimenten eines neuen Lebens unter Mönchen.
Franz von Assisi entwarf ein Leben für den Frieden.
Andere Orden widmeten sich der Inquisition.
Noch immer suchen Christen
nach Formen des Lebens,
die Mensch und Mitmensch versöhnen.

Der Glaube rebellierte in der Reformation
gegen die Autorität der Kirche:
Gott will nicht durch Angst regieren,
sondern Menschen von ihr befreien.
Martin Luther[16] begründete die Freiheit eines Christenmenschen.

15. Der Italiener Thomas von Aquin (ca. 1224-1274) war der bedeutendste Philosoph des Hochmittelalters, lehrte in Köln und vor allem in Paris.
16. Martin Luther (1483-1546) schrieb mit »Von der Freiheit eines Christenmenschen« eine faszinierende christliche Schrift und warb in seiner Schrift »Dass Jesus ein geborner Jude sei« (1523) für Verständnis für Juden und um Juden. Im Alter aber schlug seine Zuwendung um in Judenhass. Er schrieb unverantwortliche Bücher wie »Von den Juden und ihren Lügen« (1543), in denen er die Fürsten zur Vertreibung von Juden aufforderte.

Aber sein Werben um Juden
schlug um in Hass gegen sie.
Christen suchen noch immer nach einer Religion ohne Angst.
Angstfrei müssen aber vor allem die anderen
Glauben und Unglauben
leben können.

Der Glaube wurde in der Neuzeit im Pietismus
zur persönlichen Frömmigkeit.
Die Bekehrung gab einfachen Menschen unendlichen Wert.
GERHARD TERSTEEGEN[17] entdeckte
in den Stillen im Lande kleine Könige.
NIKOLAUS VON ZINZENDORF[18] teilte der Brüdergemeinde
sein aristokratisches Lebensgefühl mit,
aber irritierte schwäbische Pietisten
durch schwärmerische Frömmigkeit.
Noch immer suchen Christen
nach einer überzeugenden
praxis pietatis.

Der Glaube wurde in der modernen Zeit neu begründet –
unabhängig vom wechselnden und wachsenden Wissen:
FRIEDRICH SCHLEIERMACHER[19]
entdeckte die Autonomie religiöser Erfahrung,
KARL BARTH[20]
die Autonomie Gottes in seinem Wort,
RUDOLF BULTMANN[21]

17. Gerhard Tersteegen (1697-1769), niederrheinischer Pietist und Mystiker. Seine Anhänger nannten sich nach Ps 35,20 die »Stillen im Lande«, weil sie sich ebenso wie diese von ihren Gegnern verleumdet sahen.
18. Nikolaus von Zinzendorf (1700-1760) gründete mit Auswanderern der Böhmischen Brüder Herrnhut als ein Zentrum des Pietismus und der Herrnhuter Brüder. Seine Blut- und Wundenfrömmigkeit galt aber schon immer als etwas exzentrisch.
19. Friedrich Daniel Ernst Schleiermacher (1768-1834) begründete in seinen Reden »Über die Religion« (1799) die Religion eigenständig im Gefühl unabhängig von Metaphysik und Moral.
20. Karl Barth (1886-1968) begründete den Glauben in einer Offenbarung ebenfalls unabhängig von Metaphysik und Moral, verstand sich aber als Antipode von Schleiermacher, der vom Menschen her die Religion »von unten« versteht und den Glauben »nicht von oben« allein von Gott her begründet.
21. Rudolf Bultmann (1884-1976) veröffentlichte auf dem Höhepunkt der

die Unabhängigkeit der Botschaft
von mythischen Vorstellungen.
Noch immer suchen Christen
nach einem archimedischen Punkt
für Leben und Denken.

Tradition enthält Neuanfänge und Reformen.
Wer nach vorne schauen will,
darf ihr vertrauen.

13.

Warum ist es vernünftig, der Tradition zu vertrauen?

Unsere Augen sind
eine Anpassung unseres Organismus
an das Sonnenlicht.
Wir konnten mit ihnen sehen,
bevor wir sie als Anpassung erklären konnten.
So ist auch die Religion
eine Anpassung unseres Geistes
an das Geheimnis der Wirklichkeit,
die wir erst nachträglich verstehen.

Was in unserem Organismus gelungene Anpassung ist,
hat vom Scheitern vieler Kreaturen profitiert.
Der Affe mit schlechten Augen
verfehlte beim Sprung den Ast
und schied als Vorfahre aus.
Fortschritt basiert auf Selektion,
Selektion auf Leiden,
Leiden geschieht für uns
und an unserer Stelle.

Ähnlich gilt für Geschichte und Religion:
Alles, was sich bewährt,

Macht Hitlers sein Programm einer Entmythologisierung des Neuen Testaments (1941) – m.E. auch als Widerspruch zum Nationalsozialismus, der das Christentum für völlig überholt betrachtete und die theologischen Fakultäten schließen wollte.

basiert auf stellvertretendem Leiden.
Alles, was uns als Tradition erreicht,
ist durch Leiden erprobt.
Auch das ist eine Weisheit der Bibel,
die wir intuitiv erfassen,
ehe wir sie ganz verstehen:
Wir schulden dem Leiden der anderen mehr,
als uns lieb ist.

14.

Welche Bedeutung hat die Erfahrung für den Glauben?[22]

Nichts gilt, weil es schon immer gegolten hat.
Bibel und Tradition überzeugen nicht durch Autorität
noch durch den Anspruch,
anderen sei Offenbarung widerfahren.
Nur eigene Erfahrung gibt Gewissheit
vom Geheimnis des Seins:

Wir sind eingesperrt in
GRENZEN UNSERER LEBENSWELT
wie jedes Lebewesen.
Doch wissen wir um unsere Grenzen.
Wir hören von draußen einen Ruf.
Er verpflichtet zur Wahrheit,
fordert das Gute,
weckt Sehnsucht nach einer Schönheit,
die nicht in der Welt erfüllt werden kann.
Wir folgen dem Ruf,
scheitern an Grenzen.
Doch manchmal bricht
eine andere Wirklichkeit
durch diese Grenzen hindurch:
Jeden Tag meldet sie sich
im Staunen über die Existenz der Welt.

22. Der Philosoph Ludwig Wittgenstein (1889-1951) sprach von drei evidenten religiösen Grunderfahrungen: Das Staunen, dass etwas existiert, ein unbedingtes Sicherheitsgefühl und ein Schuldbewusstsein. Das Schuldbewusstsein wird im Folgenden »Gewissenserfahrung« genannt, »Sinnerfahrungen« werden als vierte Grunderfahrung hinzugefügt.

Staunen über die Existenz der Welt
ist keine Theorie über ihre Entstehung,
ob sie vor 4.000 Jahren entstand
oder vor Milliarden von Jahren.
Darüber kann man streiten,
nicht aber über das Wunder,
dass überhaupt etwas existiert und nicht nichts.
Es schließt uns zusammen mit allen Dingen
von den Galaxien bis zu den kleinsten Teilchen.
Es durchzieht alles wie Musik
und bringt uns zum Klingen.
Ihr Echo in uns
ist unser Ja zum Leben.

Erfahrung von Sinn
zeigt sich in allem, was Grund ist,
das Leben zu bejahen.
Die Welt ist eine unbekannte Insel.
Wenn wir Steinhaufen treffen,
die kein Zufall zusammengetragen hat,
wenn wir Wege entdecken,
die weder Wind noch Wasser gebahnt haben,
dann wird die Gewissheit wach:
Das alles hat Bedeutung.
Religion ist Zeichensensibilität.
Überall entdeckt sie möglichen Sinn
und verwandelt ihn
in Verpflichtung für das Gewissen.

Erfahrungen des Gewissens
konfrontieren uns mit Forderungen:
Alle Dinge könnten nicht und anders sein.
Wir könnten anders handeln.
Deswegen legen wir ständig
über unser Tun und Lassen Rechenschaft ab
vor uns selbst,
vor anderen
und vor einem Tribunal,
dessen Urteil bleibt,
wenn wir und die anderen nicht mehr existieren.
Was verwerflich ist,

bleibt ewig verwerflich,
was gut ist,
für alle Zeit gut.

Erfahrung macht unabhängig von Autorität.
Sie gibt allen die gleiche Chance,
Wahrheit zu erkennen.
Sie begründet die Religion des Neuen Bunds,
in der niemand den andern belehrt.[23]
Erfahrung ermöglicht Demokratie
auch in der Religion.

15.

Wie kann man Gott erfahren?

Erfahrung ist Kontakt mit der Wirklichkeit.
Wir spüren sie als Widerstand.
Aber während in aller Erfahrung
ihr Ursprung erkennbar ist,
entzieht er sich in der Religion.
Paulus sagt deshalb von Gott:
»Sein unsichtbares Wesen
wird aus seinen Werken gesehen.«[24]
Sichtbar ist nur,
dass er unsichtbar ist.

Wenn ein zweidimensionales Wesen,
das in alle Richtungen der Fläche schauen kann,
senkrecht vom Licht getroffen wird,
spürt es das Licht,
kann aber die Quelle nicht sehen.
So ist auch religiöse Erfahrung:
Gott ist präsent und doch abwesend.
Er ist abwesende Präsenz.[25]

23. Vgl. Jer 31,33-34.
24. Röm 1,20.
25. Vgl. W. Leidhold, Gottes Gegenwart. Zur Logik religiöser Erfahrung, Darmstadt 2008.

Wer nur das präsente Licht erkennt,
verendlicht Gott.
Wer die abwesende Quelle bestreitet,
leugnet Gott.
Wer sich beidem öffnet,
begegnet Gott.

16.

Welche Formen religiöser Erfahrung gibt es?

Religiöse Erfahrung ist
subjektiv erlebte Offenbarung,
Offenbarung ihr objektiver Gehalt.
Gott zeigt sich
in vielen Formen.

Religiöse Erfahrung ist
GEDEUTETE WAHRNEHMUNG:
Nicht nur die Sonne »lacht«,
die ganze Wirklichkeit wird zur Person.
Wir nehmen ein Rollenspiel mit ihr auf.[26]
Jahreszeiten sind seine Szenen und Akte:
Gott offenbart sich im Frühling als Impressionist,
streut Blüten auf die Wiesen.
Im Sommer verwandelt er Wacholder in lodernde Luft,
im Herbst sprüht er Farben in die Wälder,
im Winter verhüllt Traurigkeit das Licht.
Unsichtbares durchstrahlt das Sichtbare
aus einer anderen Dimension.

Manchmal zerreißt der Schleier,
das Jenseits bricht durch Risse herein
in Erlebnissen von Todesnähe.
Die Stunde schlägt.
IN AUSSERNORMALEN ERFAHRUNGEN
greift Fremdes nach uns.
Propheten werden berufen,

26. Vgl. Hj. Sundén, Gott erfahren. Das Rollenangebot der Religionen, Gütersloh 1975.

Menschen werden bekehrt.
Jünger haben Ostervisionen.

Gott begegnet in
TRANSZENDENTALER ERFAHRUNG.
»In seinem Lichte sehen wir das Licht.«[27]
Vorausgesetzt ist in jeder Erfahrung
die Existenz der Dinge.
Vorausgesetzt ist in jeder Erfahrung
unsere eigene Existenz.
Alles könnte auch nicht sein.
Das Nichts sendet keine sinnlichen Signale,
und ist doch präsent
in jeder Erfahrung mit der Erfahrung.

Am Ende erwacht jenseits der Sinne
MYSTISCHE ERFAHRUNG.
Wer loslässt von der Welt
und jede Unterscheidung hinter sich lässt
von hier und dort,
früh und später,
Ich und Nicht-Ich,
erfährt die Ewigkeit
in einem Augenblick
jenseits von Raum und Zeit.

17.

Kann etwas Erfahrung sein, was alle Erfahrung überschreitet?

Das Staunen, dass etwas existiert, umfasst alle Dinge:
auch die fernsten Galaxien
und kleinsten Teilchen,
alles Vergangene und Zukünftige.

27. Ps 36,10. Das Psalmwort meint ursprünglich schlicht: Wir leben im Licht Gottes, wurde aber in seiner Wirkungsgeschichte so gedeutet, dass wir im Lichte Gottes die Welt erkennen.

Von all dem kann keiner direkte Erfahrung haben!
Wir können von den fernsten Galaxien
und kleinsten Teilchen
keine Information verarbeiten.
Dennoch umfasst unser Staunen alles.
Es ist total.

Wir erleben nicht die Totalität der Dinge,
nur die Totalität unseres Wissens um sie.
Wenn wir bewusstlos werden,
verschwindet *alles* für uns.
Wenn wir sterben,
wird uns *alles* entzogen.
Wenn wir erwachen,
ist die *ganze* Welt neu da.
Abend- und Morgengebet
begleiten den Unter- und Aufgang der Welt.
An dieser Schwelle wohnt der Glaube:
Religiöse Erfahrung ist
Erfahrung mit der Erfahrung.
In ihr werden die Bedingungen aller Erfahrung
erschüttert und erneuert.

Ein winziger Teil der Welt wird Anlass,
das Ganze neu zu erleben.
Ein Sonnenaufgang bringt uns dazu,
Gott für *alles* zu danken.
Eine kleine Traurigkeit wird zum Anlass,
an *allem* zu verzweifeln.
Religiöse Erfahrung entzündet sich an Teilen,
als seien sie alles,
und antwortet auf das Ganze,
als seien wir einzeln gemeint:
Du musst dein Leben ändern!

18.

Welche Bedeutung hat die Sprache für die religiöse Erfahrung?[28]

Überall sind Spuren Gottes spürbar.
Ihr Ursprung entzieht sich.
Unsere Sprache benennt ihn mit Bildern.
Wir könnten sonst religiöse Erfahrung nicht mitteilen.

Das Bild
vom verborgenen Gott
macht die Grenze zwischen Mensch und Gott
bewusst.

Das Bild
von Gott dem Schöpfer
weist auf das Wunder des Seins.

Das Bild
von Gottes Werken
öffnet den Blick
für die Fülle des Sinns.

Das Bild
von Gott als Gesetzgeber und Richter
ruft Imperative auf,
die wir uns nicht selber geben:
»Du sollst nicht töten!
Du sollst nicht ehebrechen!«[29]

Sprachliche Bilder machen religiöse Erfahrungen
zur Begegnung mit »Gott«.
Sie öffnen die Augen für etwas,
das wir ohne ihre Hilfe nicht sehen.

Jesus sprach von Gott
in Bildern und Gleichnissen.

28. Vgl. die Sprachhermeneutik von Gerhard Ebeling (1912-2001), deren Grundgedanken mir wichtig sind.
29. Ex 20,13-16.

Er wurde das Bild,
in dem der Unsichtbare
sichtbar wurde.
Er öffnet die Augen,
um IHN zu erkennen.

19.

Welche Bedeutung hat die Vernunft für den Glauben?

Nur Vernunft kann die verborgene Weisheit
in Bibel und Tradition aufspüren.
Nur Vernunft kann Irrwege und Verbrechen der Religion
erkennen und kritisieren.
Nur Vernunft kann den Glauben so interpretieren,
dass er respektiert wird von denen,
die ihn nicht teilen.

Doch was ist Vernunft?
Alles, was Vernunft ausmacht,
haben wir bei Primaten entdeckt:
Selbstbewusstsein und Sprache,
Tradition und Werkzeuge,
Hilfeleistung und eine rudimentäre Moral.

Dennoch ist der Mensch
der erste Freigelassene der Schöpfung:
Nur ihm ist bewusst,
dass er Bewusstsein hat.
Nur er spricht,
um sprechen zu können.
Nur er erfindet Werkzeuge,
um Werkzeuge zu machen.
Nur er erfindet Traditionen,
um Traditionen zu sichern.
Nur er setzt Normen,
um Normen Geltung zu verschaffen.

Nur er kennt religiöse Erfahrung
als Erfahrung mit der Erfahrung,
in der auch die Voraussetzungen

der Vernunft
erschüttert werden.

Das Programm,
Religion im Rahmen der Vernunft zu entwerfen,
entzaubert ihre mythische Poesie
und endet in Vernunft
ohne Religion.

Das Programm,
Vernunft in der Religion aufzuspüren,
enthüllt ihre verborgene Weisheit
und lässt den Frieden Gottes ahnen,
der höher ist als alle Vernunft.[30]

Doch haben Religion und Vernunft gemeinsam:
Anfechtungen der Vernunft
sind wie Anfechtungen des Glaubens.
Beide werden durch die Welt
gekreuzigt und begraben
und hoffen dennoch
immer wieder
auf Auferstehung
zur Überwindung der Welt.

20.

Scheitert unsere Vernunft bei der Frage nach Gott?

Vernunft fragt nicht nur nach Ursachen,
sondern nach der Ursache hinter den Ursachen,
nach einem Grund hinter den Gründen.
Immer stranden wir in drei Möglichkeiten:[31]

30. Phil 4,7.
31. So das Münchhausen Trilemma des Philosophen Hans Albert, Traktat über kritische Vernunft, Tübingen 1968. Dieses Trilemma findet sich schon bei dem Religionsphilosophen Jakob Friedrich Fries (1773-1843), der daraus nicht die religionskritischen Konsequenzen von Hans Albert zieht. Fries unterscheidet drei Formen, in denen die Wirklichkeit zugänglich wird: Das Wissen bezieht sich auf sinnliche Erscheinung, Ahnung auf Übersinnliches im Sinnlichen, das Ding an sich aber ist nur im Glauben als Gefühl gegeben.

Wir brechen willkürlich ab,
wir drehen uns im Kreis,
wir verlaufen uns im Unendlichen.
Hinter jedem Grund taucht ein weiterer Grund auf,
hinter jeder Ursache eine weitere Ursache.
Vernunft als Fähigkeit,
sich auf sich selbst zu beziehen,
kann nicht anders,
als so zu verfahren.
Sie scheitert.

Doch das Scheitern der Gedanken lässt Gott erahnen.
Würden wir auf einen letzten Grund stoßen,
der Grund dafür ist,
dass es überhaupt Gründe gibt,
wäre der Abbruch des Fragens nicht Willkür.
Wir wären angelangt
bei Gott.

Durchliefen wir eine unendliche Kette von Gründen,
so ahnten wir:
Für den, der Grund aller Gründe ist,
wäre es gleichgültig,
ob die Kette endlich oder unendlich ist.
Er könnte in einem Augenblick erfassen,
was wir nacheinander denken müssen.
Wir wären angelangt
bei Gott.

Bewegen wir uns in einem Zirkel von Gründen,
so wäre der Zirkel vollkommen,
wenn er alle Dinge umfasst.
Alles wäre mit allem verbunden
und sinnvoll wie ein Kunstwerk.
Wir wären angelangt
bei Gott.

Unsere Vernunft kann
den Glauben nicht begründen,
wohl aber zeigen:

Gott ist denkbar
im Scheitern
des Denkens.

Unser Denken kann
keine angemessene Sprache für ihn entwerfen,
wohl aber zeigen:
Biblische Bilder
geben zu denken
von ihm.[32]

Erst religiöse Erfahrung macht den Glauben
zur Notwendigkeit –
nicht als Frage nach dem Grund des Grundes,
sondern als Frage Gottes an uns:
Wo bist du Adam?
Hast du vergessen,
dass du nicht der Grund
deines Grundes bist?

21.

Kann Vernunft Glauben und Wissen versöhnen?

Die Antike schuf eine Synthese
von PLATONISMUS und Christentum,
um Glauben und Denken zu versöhnen:
Das Eine jenseits der Vielheit der Dinge
ist frei von Materiellem
und identisch mit dem einen und einzigen Gott.
Seine Gedanken sind Urbilder der Dinge.
Alles stammt aus ihm
und kehrt in Stufen zu ihm zurück.
Gott wurde Mensch,
damit der Mensch Gott wird
und zur Einheit jenseits der Vielheit zurückkehrt.
Religiöse Philosophie entdeckte
den GEIST.

32. So P. Ricoeur, Symbolik des Bösen. Phänomenologie der Schuld II, Freiburg / München 1971, 395-406: »Das Symbol gibt zu denken.«

Das Mittelalter entwarf eine Synthese
von THOMISMUS und Christentum:
Gott wirkt in der Welt durch Formen,
die lebend sich entwickeln.
Über natürliche Tugenden hinaus
entwickelt sich der Mensch
durch Glaube, Liebe und Hoffnung hin zu Gott.
Gott hat sich in dieser Welt inkarniert,
um Menschen Gnadenkraft zu geben,
ihr Ziel zu erreichen.
Religiöse Philosophie entdeckte
die WELT.

Die Neuzeit schuf eine Synthese
aus IDEALISMUS und Christentum:
Gott entfremdet sich in die Welt hinein.
Unbewusst lebt er in der Materie,
träumt in Pflanze und Tier,
erkennt sich selbst im Menschen
als Anschauung in der Kunst,
als Vorstellung in der Religion,
als Begriff in der Philosophie.
Menschlicher Geist erkennt als Ziel der Geschichte
die Einheit von Gott und Mensch
in Jesus Christus.
Religiöse Philosophie entdeckte
die GESCHICHTE.

Die »großen Erzählungen« sind ausgestorben.
Sie erzählten von der Universalgeschichte
als Selbstentfaltung des Geistes,
als Verwirklichung klassenloser Gesellschaft,
als Wiederkehr des Paradieses.
Nur die Erzählung von der EVOLUTION überlebte.[33]

33. Mein Versuch, den christlichen Glauben evolutionär zu deuten, ist durch die universalgeschichtliche Hermeneutik von Wolfhart Pannenberg (geb. 1928) inspiriert, die allerdings auf die Geschichte der Natur ausgeweitet wird. Beeinflusst hat mich ferner der amerikanische Physiker und Theologe Ralph Wendell Burrhoe, Toward a Scientific Theology, Belfast u.a. 1981, auch wenn ich dessen Gedanken manchmal direkt widerspreche: Gott ist nicht Selektion, er verbirgt sich in ihr als deus absconditus.

Sie gibt der Geschichte keinen Sinn,
aber erklärt, wie Lebewesen entstanden,
die nach Sinn suchen.
Durch Zufall und Notwendigkeit
hat sich alles den Grundbedingungen
der Wirklichkeit angepasst.
Auf dem Weg vom Wasserstoff zum Großhirn
kam es mehrfach zur Evolution der Evolution:
LEBEN suspendierte das Entropieprinzip
und führte zur Entwicklung
komplexer Organismen
durch Mutation und Selektion.
MORAL suspendierte das Selektionsprinzip
und gab den Schwachen und Bedrohten
eine Chance zum Leben
in humanen Gesellschaften.
GNADE suspendiert das Moralprinzip
und gibt moralisch gescheiterten Menschen
einen unendlichen Wert.

Doch die »kleinen Erzählungen« der Bibel verlieren nicht ihren Glanz:
der Exodus als Befreiung aus Sklaverei,
der Neue Bund als Utopie einer autonomen Moral,
Friede durch Gewaltverzicht,
Brot, das für alle reicht,
das Kreuz als Protest gegen das Leid.
Auch ohne »große Erzählung« ergreifen diese Bilder:
Sie offenbaren im Kleinen
wahres Leben,
moralische Forderungen
und Gnade jenseits der Moral.
Dennoch braucht unser Denken einen Rahmen,
um alles einzuordnen
in das veränderliche Wissen
von unserer Welt.
Dieser Rahmen ist
heute die Evolution.

I. Meditationen über Gott

Wer ist Gott?

22.

Was ist Gott?

Das Leben ist eine Hypothese,
um Grundbedingungen des Seins zu entsprechen.
Von elementaren Prozessen
bis zu komplexen Neuronen
muss sich ihnen alles anpassen.
Unbewusst vollzieht sich in uns dieser Prozess
mit allen Nerven und Organen,
mit Denken, Handeln und Fühlen.

Nur wir haben die Chance,
diesen Prozess bewusst zu machen.
Nur uns erscheint,
woran sich alles anpassen muss,
als letztgültige Wirklichkeit.
Nur wir begreifen,
dass unsere Gedanken über sie
Teil eines unendlichen Prozesses sind,
um sie zu erfassen.

Aber erst wenn die letztgültige Wirklichkeit
uns als Ruf entgegentritt
und unser Leben zur Antwort wird,
verwandelt sie sich in »Gott«.
Erst dann erkennen wir:
Die Wirklichkeit
ist nur eine Hypothese,
um Gott
zu entsprechen.

— 23. —

Wer ist Gott?[1]

Philosophen definieren Gott durch Eigenschaften:
Er ist der eine und einzige Gott,
Er ist zeitlos und ewig.
Er ist raum- und körperlos.
Er ist Person.
Er ist vollkommen.
Er hat die Welt geschaffen.
Er lenkt die Welt.

Wenn man in der Welt nach einem Gegenstand
mit diesen Eigenschaften sucht,
wird man ihn nicht finden.
Gott ist kein Gegenstand der Welt,
sondern Bedingung dafür,
dass die Welt existiert.

Bilden wir zwei Mengen,
eine Menge aus allem, was existiert,
eine andere aus allem, was nicht existiert, –
dann gehört Gott
nicht zur Menge der Dinge,
die existieren
wie Berge, Zahlen, Zahnschmerzen,
Menschen und Tiere.

Auch können wir ihn nicht
zur Menge nicht existierender Dinge rechnen
wie den ›vergesslichen Schrank‹
oder das ›runde Viereck‹.

Gott ist kein Ding,
das wir in Kästen einordnen können.
Vielleicht ist er dem Kasten vergleichbar,

1. In den folgenden Texten gehe ich auf die Eigenschaften Gottes ein, wie sie der Philosoph Norbert Hoerster, Die Frage nach Gott, München 2005, in seinem dezidiert religionskritischen Buch definiert.

in den wir alles Seiende einordnen.
Noch angemessener ist die Vorstellung,
dass er außerhalb aller Kästen steht:
Er entscheidet,
was existiert.

24.

Warum ist Gott der eine und einzige Gott?

Das Wunder, dass etwas existiert,
ist überall dasselbe Wunder.
Es ist nicht anders
in fernen Planeten
und kleinsten Molekülen.
Das Geheimnis des Seins ist
durchgehend eins.
Gott ist der eine Gott.

Die ganze Wirklichkeit ist eine Singularität.
Selbst wenn mehrere Welten
nebeneinander existierten,
wäre ihre Koexistenz singulär.
Selbst wenn viele Welten
nacheinander existierten,
wäre ihre Folge singulär.
Das Geheimnis des Seins ist
singulär.
Gott ist der einzige Gott.

Viele Götter
wären Teile der Welt.
Gott ist nichts in der Welt,
er ist der Grund aller Dinge
und ihrer Singularität;
darum ist er
der eine und einzige
Gott.

25.

Ist Gott ewig?

Gott hat die Zeit geschaffen.
Unsere Gedanken stranden,
wenn wir nach dem Anfang
aller Anfänge fragen.
Wir fragen: Was war vorher?
Doch wenn Gott den Anfang geschaffen hat,
gab es vorher
weder ein Vorher,
noch gab es
ein Nachher.

Gott hat die Zeit geschaffen.
Vorher und Nachher hören auf,
wenn alles zu Ende geht.
Alles ist dann zugleich,
sofern es Sinn macht,
jenseits der Zeit
von Gleichzeitigkeit zu reden.

Wer die Zeit geschaffen hat,
kann nicht in die Zeit
eingeordnet werden.
Jenseits der Zeit
ist Gott der Grund
aller Zeit.
Alle Zeit steht in
seinen Händen.[2]

26.

Wo ist Gott?

Gott ist weder Körper
noch bewegt er sich im Raum.
Trotzdem lokalisieren wir ihn.

2. Vgl. Ps 31,16.

Einige denken:
Gott ist das Zentrum der Wirklichkeit.
Alles ist für ihn gleich nah und gleich fern.
Gott ist, was die Welt
im Innersten zusammen hält.

Andere denken:
Gott ist das höchste Gut,
die oberste Instanz
oder der Gedanke,
über den hinaus nichts Höheres
gedacht werden kann.
Gott ist der Gipfel des Seins
oder des Denkens in einer Pyramide,
die nach oben strebt.

Manche denken:
Gott ist die Tiefe,
ist Grund und Abgrund des Seins.
Er ist das Fundament.
Ohne ihn ist alles auf Sand gebaut.

Doch der, der den Raum geschaffen hat,
hat im Raum keinen Ort.
Ohne ihn gäbe es kein Oben,
kein Unten
und keine Mitte.

Ein berühmter Weiser wurde als Kind
von einem Rabbi gefragt:
›Wenn du mir sagst, wo Gott ist,
dann gebe ich dir einen Gulden.‹
Er aber antwortete:
›Und wenn du mir sagst, wo er nicht ist,
dann gebe ich dir zwei Gulden.‹[3]

3. M. Buber, Der Weg des Menschen nach der chassidischen Lehre, Heidelberg 1981[8], 35.

27.

Ist Gott Person?

Haben wir Gott nach unserem Bilde
als Person geschaffen?
Oder schuf er den Menschen nach seinem Bilde?
In einigen Religionen ist Gott
ein unpersönliches Wesen,
in anderen eine Person.

Unbestreitbar ist:
Gleiches wird durch Gleiches angezogen.
Verstehen zwischen Menschen,
solidarisches Handeln,
erotische Faszination,
alle Formen von Liebe
erkennen im anderen Menschen
das menschliche Antlitz:
Sein Schmerz ist unser Schmerz,
seine Freude unsere Freude.
Sein Leben findet Resonanz
in unserem Leben.
Spiegelneuronen sind
Spuren davon im Gehirn.

Haben wir solch eine Verwandtschaft
auch mit dem Universum?
Werden beim Staunen über die Ordnung der Natur
»Spiegelneuronen« des Geistes aktiviert?
Die Wissenschaft offenbart eine Welt
voll Symmetrien und Feinabstimmungen.
Das periodische System der Elemente ist ein Kunstwerk,
das Ökosystem des Lebens ein unwahrscheinliches Gewebe.
Schon die einfache Wiederkehr des Morgens,
das Erwachen des Lebens im Frühling,
machen diesen Kosmos zur Heimat.

Hinter dieser Ordnung steckt keine Person wie wir,
aber etwas Verwandtes.
Es lässt sich deuten,

als spiegele sich in ihr eine Person.
Zugrunde liegt unbestreitbar
Erfahrung von Resonanz.

Resonanz setzt zwei Pole voraus.
Die Bewegung kann von beiden Polen ausgehen.
Zunächst ist es der Mensch,
der die Welt mit seiner Bewegung ›auflädt‹,
so dass es scheint,
als begegne er in allem sich selbst.
Manchmal aber übernimmt die Wirklichkeit die aktive Rolle
und macht den Menschen zu ihrem Echo,
so dass er ausruft:
Hier ist heiliger Boden!
Ich muss mein Leben ändern!
Dann ist es so,
als höre ein ICH
ein ewiges
DU.

28.

Ist Gott vollkommen?

Gottes Vollkommenheit
besteht nicht darin,
dass er die Welt
vollkommen geschaffen hat.
Seine Vollkommenheit
besteht darin,
dass er eine Sehnsucht
nach Vollkommenheit weckt,
die nur durch ihn gestillt wird.

Alles ist Mittel zum Zweck.
Nur Gott ist Selbstzweck.
Alles ist wertvoll im Blick auf anderes.
Nur Gott ist Selbstwert.
Alle Fragen nach Sinn
stranden im Sinnlosen.
Doch seine Gegenwart ist

ewige Erfüllung,
so wie die Gegenwart der Geliebten
für einen Augenblick
Ewigkeit ist.

29.

Hat Gott die Welt geschaffen?

Schöpfung ist kein Urknall
am Anfang unseres Universums,
sondern das Wunder,
dass etwas existiert.
Es durchzieht alle Welten,
alles, was zufällig geschieht,
und alles, was Gesetzen folgt.
Es erschüttert alles,
was Ordnung hat,
und alles,
was chaotisch ist.

Dieses Wunder erfasst auch uns.
Was Menschen mit Notwendigkeit denken,
gilt in allen möglichen Welten:
Logik und Mathematik,
Quantität und Relation,
Kausalität und Substanz,
Zeit und Raum.
Wir sind die Schöpfer einer Welt
mit notwendigen Strukturen
und haben doch keinen Halt in uns.
Wir könnten auch nicht sein.

Dass unsere Gedanken eine Welt schaffen,
wir jedoch uns selbst nicht schaffen können,
weckt eine Ahnung
weit überlegener Gedanken,
die auch uns geschaffen haben.
Gewiss ist nur:
Wir bauen eine Welt
und teilen sie mit anderen,

ohne in der geschaffenen Welt
Schöpfer unsrer selbst
zu sein.[4]

30.

Lenkt Gott die Welt?

Gott bestimmt alle Wirklichkeit.
Es gibt kein Staubkorn,
das nicht durch ihn existiert,
kein Naturgesetz,
das nicht sein Gedanke ist,
keine Sekunde,
die er nicht geschaffen hat.
Nichts geschieht ohne ihn.
Nichts existiert ohne ihn.

Wenn Gott interveniert,
unterbricht er sein eigenes Handeln.
Wenn er nicht interveniert,
wirkt er trotzdem überall.
Zufälle verteilt er so,
dass sie die Schöpfung bereichern,
Notwendigkeiten so,
dass sie den Zufall lenken.
Greift er ein, wird es von keiner Messung bemerkt.
Keiner kann eine Messung
mit gleichem Ergebnis wiederholen,
sollte er wirklich
auf einen Eingriff Gottes gestoßen sein.

Das Problem liegt bei uns:
Wir können Gott nicht erkennen,
obwohl er überall da ist.
Wir erkennen ihn nicht in sinnlosen Schmerzen,
nicht im Dunkel der Depression,
nicht in der Zerstreuung des Alltags.
Wenn wir um sein Handeln bitten,

4. Vgl. Gunnar Hindrichs, Das Absolute und das Subjekt, Frankfurt 2011.

bitten wir darum,
ihn erkennen zu können,
der in jedem Geschehen verborgen ist.

Gott kann nicht intervenieren,
weil er überall da ist.
Gott ist überall,
weil er überall interveniert.
In manchen Ereignissen
lässt er sich leichter finden.
Dann sagen wir:
Gott hat gehandelt.
Er, der überall da ist,
ist an einer Stelle
sichtbar geworden.

31.

Muss man von Gott in neuen Formeln sprechen?

Viele neuen Formeln für Gott
haben Theologen und Philosophen ausgedacht.

Gott ist das Geheimnis der Wirklichkeit.[5]
Gott ist die alles bestimmende Wirklichkeit.[6]
Gott ist etwas, über das hinaus nichts Größeres gedacht werden kann.[7]
Gott ist das, was die Welt im Innersten zusammenhält.[8]
Gott ist der Grund des Seins.[9]
Gott ist die Tiefe des Seins.[10]
Gott ist das Ewig Eine.[11]
Gott ist die eine Substanz in allen Dingen: *deus sive natura*.[12]

5. Eberhard Jüngel (geb. 1934).
6. Rudolf Bultmann (1884-1976); Wolfhart Pannenberg (geb.1928).
7. Anselm von Canterbury (1033-1109).
8. Johann Wolfgang Goethe (1749-1832).
9. Paul Tillich (1886-1965).
10. Paul Tillich (1886-1965).
11. John Hicks (1922-2012).
12. Baruch de Spinoza (1632-1677): Deus sive natura = Gott gleichbedeutend Natur. Spinoza schrieb allem Sein zwei Attribute zu: Ausdehnung und Denken, Materie und Geist. Gott ist die Einheit in ihnen, aber mit keinem der beiden Attribute einfach identisch. Insofern ist Gott auch bei ihm transzendent.

Gott ist Unendlichkeit.[13]
Gott ist das Umgreifende.[14]

Gott ist das Woher schlechthinniger Abhängigkeit
und unseres empfänglichen und selbsttätigen Daseins.[15]
Gott ist Postulat moralischen Handelns,[16]
Gott ist die moralische Weltordnung,[17]
Gott ist, worauf Du Dein Herz hängest und verlässt.[18]
Gott ist das, was einen Menschen unbedingt angeht.[19]
Gott ist Wille zum Leben.[20]
Gott ist das Woher meines ›Du sollst!‹ und ›Du darfst!‹[21]

Gott ist das ewige DU.[22]
Gott ist das Umhergetriebensein vom andern Menschen her.[23]
Gott ist Letztpunkt lebensweltlicher Orientierung.[24]

Gott ist Einheit von Gegensätzen,
coincidentia oppositorum:[25]
»die absolut-relative,
diesseitig-jenseitige,
transzendent-immanente,
allesumgreifend-allesdurchwaltende
wirklichste Wirklichkeit
im Herzen der Dinge,
im Menschen,
in der Menschheitsgeschichte,
in der Welt.«[26]

13. Giordano Bruno (1528-1600).
14. Karl Jaspers (1883-1969).
15. Friedrich Schleiermacher (1768-1834).
16. Immanuel Kant (1724-1804).
17. Johann Gottlieb Fichte (1762-1814), der diese Ansicht jedoch für ungenügend hält.
18. Martin Luther (1483-1546).
19. Paul Tillich (1886-1965).
20. Albert Schweitzer (1875-1965). Diese Formel fasst Schweitzers Denken zusammen, wurde aber so von ihm nicht geprägt.
21. Herbert Braun (1903-1991).
22. Martin Buber (1878-1965). Diese Formel fasst Bubers Denken zusammen.
23. Herbert Braun (1903-1991).
24. Ingolf U. Dalferth (geb. 1948).
25. Nicolaus Cusanus (1401-1464).
26. Hans Küng, Existiert Gott?, München 2001², 216 (geb.1928).

GOTT ist mehr als alle Formeln,
in denen er sich uns entzieht.
Er kann nur umschrieben werden.
Gott ist der, der sagt:
ICH BIN, DER ICH BIN.[27]
Fast unmöglich ist es,
ihn zu erkennen.

27. Ex 3,14.

Über die Schwierigkeiten, Gott zu erkennen

32.

Warum bleibt Gott unsichtbar?

Die Parabel vom Gärtner[1]
formuliert Skepsis gegenüber Gott:

Zwei Forschungsreisende stoßen im Urwald auf einen Garten,
finden aber keinen Gärtner.
Sie wollen ihn aufspüren,
indem sie den Garten durch Zäune,
Bluthunde und Elektrofallen bewachen.
Aber die Zäune melden keinen unsichtbaren Gärtner,
die Hunde schlagen nicht an,
die Elektrofallen senden keinen Alarm.
Sie fragen sich: Existiert der Gärtner überhaupt?

Der eine ist ein Glaubender.
Er ist überzeugt, dass der Gärtner unempfindlich
gegen elektrische Schläge ist,
dass er ungehindert Zäune übersteigen kann
und Hunde ihn nicht riechen können.
Der andere ist ein Agnostiker.
Er sieht keinen Unterschied zwischen einem unsichtbaren,
ungreifbaren und ewig entweichenden Gärtner
und einem Gärtner, den es gar nicht gibt.

Skeptiker und Gläubiger handeln in dieser Parabel nicht,
wie religiöse Menschen handeln.
Sie bauen Stacheldraht, hetzen Bluthunde
und stellen Elektrofallen auf.
Spricht es gegen Gott,

1. Diese Fabel wurde vor allem von A. Flew (1923-2010) als Zusammenfassung seiner Religionskritik erzählt. In hohem Alter kehrte er zu einem deistischen Glauben an einen Schöpfergott zurück.

dass er sich diesen Methoden entzieht,
oder spricht das gegen ihre Methoden?

Wie aber reagieren religiöse Menschen
auf die Entdeckung des Gartens?
Sie veranstalten ein Fest,
weil sie im Urwald Ordnung und Sinn gefunden haben.
Sie beschließen, es immer wieder zu feiern.
Sie formulieren Gebote, die dazu verpflichten,
den Garten zu erhalten und zu pflegen.
Sie erkennen, dass die Ordnung in ihm
und in ihnen dieselbe ist:
Beide sind Teil derselben Symphonie des Lebens.

Sie erzählen auch eine Geschichte von dem Gärtner,
der alles geschaffen hat
und der ihnen den Garten anvertraut hat.
Diese Geschichte ist Poesie,
aber sie hat Anspruch auf Wahrheit –
wie die Parabel vom Gärtner,
obwohl auch sie erfunden ist!

33.

**Warum scheitern wissenschaftliche Methoden
bei der Suche nach Gott?**

Gott ist kein Gegenstand,
den man wie andere Gegenstände erforschen kann.
Das lehrt das Gleichnis vom Fischnetz:

Ein Fischwissenschaftler wollte das Leben im Ozean erforschen.
Er warf sein Netz ins Wasser und fing Fische.
Er zog aus seinem Fang die Schlussfolgerung:
Kein Fisch ist weniger als 5 cm lang.
Sooft er den Fang wiederholte,
fand er sein Ergebnis bestätigt.
Jemand aber wandte ein:
›Es gibt Fische, die kleiner als 5 cm sind.
Dein Netz ist zu grobmaschig, um sie zu fangen‹.
Doch der Fischwissenschaftler lehnte diesen Einwand ab:

›Was mein Netz nicht fangen kann,
ist kein Teil der Realität,
wie ich sie als Gegenstand meiner Wissenschaft definiert habe.
Was mein Netz nicht fangen kann,
ist kein Fisch.‹[2]

Es hängt an unseren Methoden, was wir finden.
Was sich ihnen entzieht,
ist deshalb keine Illusion.
Doch würde es wenig helfen,
engere Netze zu nehmen,
um Gott zu finden.
Ihn finden wir nur,
wenn wir nicht Netze ändern,
sondern uns selbst.

34.

**Wie kann man Gott erkennen,
obwohl er kein Gegenstand der Erkenntnis ist?**

Gott ist kein Gegenstand wie andere Dinge.
Er ist unserem Ich vergleichbar,
das uns ständig begleitet
und unsichtbar bleibt.[3]

Nur manchmal,
wenn wir eine Entscheidung treffen,
spüren wir:
Ich und kein anderer
muss für diese Entscheidung einstehen.

Nur manchmal,
wenn wir geliebt werden,
erfahren wir:

2. Frei nach dem Physiker A. Eddington, Philosophie der Naturwissenschaften, 1939, 28f.
3. Hier greife ich einen Gedanken des Religionsphilosophen Ian Thomas Ramsey (1915-1972) auf: Das »Ich« entzieht sich allen deskriptiven Sätzen ebenso wie »Gott«. Beide Realitäten zeigen sich in »Erschließungserfahrungen«.

Ich – und kein anderer –
wird geliebt.

Nur manchmal,
wenn der Tod uns sagt:
Du – und kein anderer – musst sterben,
wird Gewissheit:
Dieses Ich existiert,
auch wenn es kein Gegenstand ist
unter anderen Gegenständen.

Ebenso gehört zu allen Dingen,
dass sie existieren.
Wir sehen nur, *was* sie sind
durch Größe, Form und Farbe.
Dass sie sind, tritt nur hervor,
wenn uns aufgeht,
sie könnten auch nicht sein.

Das Ich und die Existenz der Dinge
sind nicht Gegenstände
wie andere Gegenstände.
Sie sind in jeder Erfahrung von Gegenständen
vorausgesetzt.

So ist auch Gott
in allem vorausgesetzt
als Grund aller Dinge,
als Ursprung des Ichs
und Ursache dafür,
dass alles,
das Ich und die Dinge,
zusammengehören.

35.

Kann man von Gott nur indirekt reden?

Es gibt verschiedene Wege,
von Gott zu sprechen:

Sagen wir,
er ist das höchste Sein
oder das wertvollste Gut,
so steigern wir Aussagen über die Welt.

Sagen wir,
er ist Richter und König
oder die Tiefe des Seins,
so wählen wir eine Analogie für ihn.

Sagen wir aber,
er ist nicht endlich und nicht zeitlich,
dann gehen wir den Weg der *theologia negativa*:
Sie spricht in Verneinungen von Gott.

Moderne Religionskritik
hat die *theologia negativa* vermehrt.[4]
Gott ist nicht, was Religionskritik behauptet.
Aber durch die Verneinungen
der Religionskritik
wird sein Schattenriss sichtbar.

Gott ist nicht die Projektion des Menschen.
Jede Projektion setzt eine Leinwand voraus
und eine Lichtquelle,
die sie sichtbar macht.
Raum und Licht existieren ohne uns.
Sofern wir darin uns selbst erkennen,
wissen wir:
Wir sind nicht Gott.
Doch wissen wir deshalb noch nicht:

4. Hier bin ich inspiriert von Gedanken des Philosophen Thomas Rentsch, Gott, Berlin 2004.

Was ist der Raum?
Was ist das Licht?

Gott ist nicht die Macht der Gesellschaft,
die uns Grenzen setzt und Regeln gibt.
In jeder Gesellschaft rebellieren einige
mit Berufung auf Gott.
Sobald wir die Macht der Gesellschaft durchschauen,
wissen wir:
Sie ist nicht Gott.
Doch wissen wir nicht:
Was lässt uns rebellieren?

Gott ist nicht das Gefühl,
das wie Musik auf die Welt antwortet,
wenn sie sich intensiv einprägt.
Wenn wir uns als Ursprung dieses Gefühls erkennen,
wissen wir:
Es ist nicht Gott.
Doch wissen wir nicht:
Was hat uns so tief berührt?

Gott ist die Verneinung aller Formeln,
mit denen er entzaubert wurde.
Er ist nicht das,
was Religionskritik von ihm behauptet.
Er ist anders.

36.

Wie erfahren wir von Gott, obwohl unser Erkennen scheitert?

Wir stoßen bei der Suche nach Gott auf eine Grenze.
Sie ist wie eine Mauer.
Je mehr sie einengt,
umso stärker der Wunsch,
über sie hinaus zu gelangen.
GRENZERFAHRUNGEN
weisen über Grenzen hinaus
auf Gott.

Trotzdem verbindet uns mit allem
hinter einer Mauer
dieselbe Luft, dieselbe Gravitation, dasselbe Leben.
So auch in der Welt:
Was hinter ihren Grenzen liegt,
gehört zur selben Schöpfung.
KREATURERFAHRUNGEN
unterwandern alle Grenzen.
Alles könnte auch nicht
und anders sein.
Dadurch sind wir
mit allem verbunden
diesseits und jenseits
der Grenze.

Manchmal wird die Grenze durchsichtig.
Wir ahnen im Universum
eine überlegene Vernunft
und spüren ihren Abglanz in uns.
Wir spüren in allem Leben
einen Willen zum Dasein
und hören sein Echo in uns.
Wir hören in allen Menschen
ein überlegenes Du.
Es wartet auf unsere Antwort.
SINNERFAHRUNGEN
machen die Welt transparent
für Gott.

Sinnerfahrungen konfrontieren
mit einem »Du sollst« und »Du darfst«:
Wo heiliger Boden ist,
gilt das Gebot:
Du sollst dich ändern!
Wo heiliger Boden ist,
gilt die Verheißung:
Du darfst hoffen!
Die Welt ändert sich.
GEWISSENSERFAHRUNGEN
geben dem Leben
Auftrag und Sinn.

Doch hin und wieder
bekommt die Mauer
unheimliche Risse.
Fremdes durchbricht
alle Grenzen,
lässt jeden Sinn verstummen.
Offenbarung geschieht
in vielfacher Weise,
auch als Ärgernis
und Torheit.

Grenzerfahrungen als Begegnung mit Gott

37.

Warum ist Gott mehr als die Wirklichkeit?

Wir halten für die Wirklichkeit nur das,
was wir von ihr erkennen können;
Gott ist mehr als das.
Gott ist nicht die vorhandene Welt;
jede Wertung
greift über sie hinaus.
Gott existiert nicht neben anderen Dingen;
er ist in allen
das Wunder des Seins.

Die Wirklichkeit ist mehr,
als wir erkennen,
das Ganze mehr als seine Teile,
Möglichkeit mehr
als Faktisches,
Sinn mehr
als Sein,
Sein mehr
als Seiendes.

Erst am Ende
wird Gott »alles in allem sein«.[1]
Doch auch dann wird Gott größer sein
als das Ganze,
umfassender
als das Universum,
sinnvoller
als jeder Sinn
in dieser Welt.

1. 1 Kor 15,28.

38.

Warum stoßen wir bei der Suche nach Gott auf Grenzen?

Es geht uns wie dem Frosch im Brunnen.
Er kannte nur seine Brunnenwelt.
Da fiel ein anderer Frosch in den Brunnen
und erzählte von weiten Wiesen und Seen.
Der Brunnenfrosch hüpfte von einem Ende des Brunnens
in dessen Mitte und fragte:
›Sind die Wiesen so groß?‹
Der andere Frosch schüttelte den Kopf.
Da hüpfte er bis ans andere Ende des Brunnens
und fragte: ›Sind sie so groß?‹
›Viel größer‹, sagte der andere.
Da packte ihn die Wut
und er schrie:
›Werft diesen Lügner hinaus.‹[2]

Wir leben in einer Brunnenwelt.
Wir sind durch Körper, Sinne und Verstand
an unsere Lebenswelt gebunden.
Anders als Frösche
wissen wir von unseren Grenzen.
Doch manchmal bricht
von außen etwas
in diese Welt herein:
Sie ist nicht alles.

39.

Gibt es ein Scheitern, das auf Gott weist?

Manchmal hören wir einen Ruf
wie aus einem unbekannten Land.
Er ruft zur Suche
nach der Wahrheit,

2. Die Fabel von den beiden Fröschen begegnete mir zuerst unter dem Namen des Neohinduisten Vivekananda (1863-1902), dann aber auch als chinesische Folklore.

nach dem Guten
und Schönen.

Was heute wahr ist,
ist auch in Ewigkeit wahr oder falsch;
und wenn es unwahr ist,
wird es auch in Zukunft immer falsch sein.
Die Suche nach Wahrheit
wirft einen Funken Ewigkeit
ins vergängliche Leben.
Umso mehr spüren wir unsere Grenzen.
Wir erkennen die Wahrheit nicht.
Wir scheitern.

Was wir tun, ist nur gut,
wenn dahinter unsere Entscheidung steht.
Wäre unser Handeln völlig determiniert,
wäre es nur nützlich oder schädlich.
Die Verpflichtung zum Guten
ist ein Funke der Freiheit
in unserem Herzen.
Umso mehr spüren wir unsere Unfreiheit.
Wir neigen zum Bösen.
Wir scheitern.

Schönes begehren wir um seiner selbst willen.
Die Sehnsucht nach ihm
wirft den Schein des Unbedingten
in unser Leben.
Umso mehr erkennen wir:
Unser Leben ist kein Kunstwerk,
das seinen Sinn hat in sich selbst.
Wir bleiben Fragmente.
Wir scheitern.

Unser Sinn für Ewigkeit,
für Freiheit und Unbedingtheit
scheitert an unseren Grenzen.[3]

3. Dass ich hier von Immanuel Kant (1724-1804) abhängig bin, ist leicht erkennbar: Die drei regulativen Ideen der Vernunft »Gott, Unsterblichkeit und

Hinter ihnen ahnen wir Gott,
wie die Welle
den Felsen ahnt,
an dem
sie sich bricht.

40.

Warum weist die Suche nach Wahrheit auf Gott?

Nehmen wir an:
Wissenschaftler könnten uns in Schlaf versenken.
Wir wüssten nichts von Geburt,
nichts von Tod und Angst,
sondern dämmerten in Glück gehüllt wie in Wohlgefühl.
Wer würde nicht ein Leben vorziehen,
das mit wachem Bewusstsein der Realität ins Auge schaut
und Angst und Tod kennt?

Wir geben der Wahrheit den Vorzug vor der Illusion.
Lebensfördernde Illusionen akzeptieren wir bei anderen;
für uns selbst ziehen wir die Wahrheit
über unsere Illusionen
der Illusion über die Wahrheit vor.
Auch das ist Gottesdienst:
Falsche Vorstellungen
auf dem Altar der Wirklichkeit
zu opfern.

Die unbedingte Verpflichtung zur Wahrheit
ist die Stimme Gottes,
die sich souverän
gegen unsere Skepsis durchsetzt.
Jede Wissenschaft lebt von ihr,
selbst wenn Wissenschaftler
sie leugnen.

Freiheit« habe ich zur Trias »Unbedingtes, Ewiges und Freiheit« abgewandelt. Von Kant habe ich gelernt, dass in unserer Vernunft notwendig die Tendenz angelegt ist, über die sinnliche Wirklichkeit hinaus zu fragen.

Dass wir bei der Suche
nach der Wahrheit scheitern,
lässt uns
hinter einer Grenze
Gott ahnen.

41.

Warum weist die Verpflichtung zum Guten auf Gott?

Wir sollen das Gute
um seiner selbst willen tun.
Wir kennen die Grundlagen der Moral:
Achtung vor anderen,
Achtung vor Regeln,
Achtung vor uns selbst.
Wir können uns in andere versetzen.
Wir können unser Handeln an Regeln überprüfen.
Wir wissen, worin wir uns treu bleiben.

Trotzdem merken wir bald:
Es ist leichter,
das Gute nicht zu tun,
sondern nur zu tun,
als täten wir es.
Wir machen anderen etwas vor.

Oft tun wir Gutes,
aber umhüllen
mit moralischem Nebel,
dass wir es tun,
weil es unseren Interessen dient.
Wir machen uns selbst etwas vor.

Schlechtes unterlassen wir oft nur
aus Angst vor Strafe.
Auch für uns ist das wichtigste Gebot:
Lass dich nicht erwischen!
Umso mehr ereifern wir uns,
wenn andere erwischt werden.
Wir machen uns allen etwas vor.

Die unbedingte Verpflichtung zum Guten
ist Gottes Stimme,
die sich souverän gegen uns durchsetzt.
Jede Gesellschaft lebt von ihr,
auch wenn Menschen
sie leugnen.

Dass wir beim Tun des Guten
um seiner selbst willen
scheitern,
lässt uns
jenseits unserer Grenzen
Gott ahnen.

42.

Warum weist die Sehnsucht nach Schönem auf Gott?

Der Mensch lebt nicht vom Brot allein,
sondern von allem Schönen in der Welt.
»Was schön ist, selig scheint es in sich selbst.«[4]
Alles dient einem Zweck:
Essen der Gesundheit,
Gesundheit der Arbeit,
Arbeit dem Leben.
Nur das Schöne ist Selbstzweck.
Es weist auf Gott.
Gott ist Zweck in sich selbst.

Viele suchen in der Kunst
den Frieden,
der höher ist als alle Vernunft:
in Tönen und Takten,
Formen und Farben
oder im Zauber der Worte.

Der Mensch,
der am Gelungensein der Schöpfung zweifelt,
versucht sich als zweiter Schöpfer:

4. Aus Eduard Mörikes (1804-1875) Gedicht: »Auf eine Lampe«.

Seine Schöpfung soll als Kunstwerk
in sich wertvoll sein.
Sein vollkommenes Werk
soll die Trauer
über die unvollkommene Welt
vergessen machen.
Doch oft besteht unsere Kunst nur darin,
das Scheitern des Gelingens
gelungen darzustellen.

Das Schöne ist eine Fata Morgana
in der Wüste des Lebens.
Es macht sie erträglich
und bleibt doch nur ein Schein
des Unbedingten.

Dass es eine Sehnsucht hervorruft,
die durch nichts in der Welt
gestillt werden kann,
lässt uns
hinter einer Grenze
Gott ahnen.

Kreaturerfahrungen als Begegnung mit Gott

43.

Wie kommen wir mit Gott in Kontakt?

Gott berührt unser Herz,
wenn wir darüber staunen,
dass überhaupt etwas ist und nicht nichts.
Dann sind wir unmittelbar verbunden mit der Macht,
die alles aus Nichts schafft
und in Nichts versinken lässt.
Auch für uns gilt:
Vor unserer Geburt
waren wir nicht,
und nach unserm Tod
werden wir nicht mehr sein.

Zwischen Geburt und Grab
ist die Gegenwart
wie die Momentaufnahme in einem Film,
der in beide Richtungen ins Nichts versinkt.
Die Vergangenheit ist nicht mehr,
die Zukunft noch nicht,
die Gegenwart ein Übergang
aus einem Nichts
in ein anderes Nichts.
Die Macht,
die aus Nichts das Sein schafft,
umgibt uns jeden Augenblick.

Wir erleben sie als Wunder,
wenn uns das Leben neu geschenkt wird
nach einer guten Diagnose
gegen schlimme Befürchtungen.
Wir erleben sie,
wenn uns ein Mensch sagt:
Es ist wunderbar,
dass es Dich gibt.

In diesem Geheimnis von Sein und Nichts
begegnet uns Gott.
Durch ihn sind wir mit allen Dingen verbunden.
Durch ihn haben wir Freiheit,
die uns über alle Dinge hinaushebt.

44.

Wie erschließt sich das Geheimnis der Schöpfung in Kreaturerfahrungen?

Der Glaube an die Schöpfung
ist keine Theorie über die Entstehung der Welt,
ob sie vor 4.000 Jahren entstand
oder vor Milliarden von Jahren,
auch keine Theorie darüber,
ob sie immer wieder neu entsteht
oder gleichzeitig in mehreren Welten existiert,
ob sie einen Anfang hat
oder von Ewigkeit war.
Das Geheimnis,
dass überhaupt etwas existiert,
ist unabhängig von allen Theorien.

Wissenschaft kann unser Staunen vertiefen.
Aber dieses Staunen ist mehr als Wissenschaft.
Das Staunen darüber,
dass etwas existiert und nicht nichts,
kann als Glück erlebt werden.
Wer feiert schon jeden Tag Geburtstag?
Aber es kann uns auch
wie über einem Abgrund schwindelig werden,
wenn uns aufgeht,
alles könnte auch nicht sein.
Wir werden mit dem Tod konfrontiert.

Das Geheimnis, dass etwas existiert,
kann wie Musik alle Dinge durchziehen
und lässt auch uns erklingen.
Es kann wie unendliches Grauen erschrecken
und uns zum Schweigen bringen.

In diesem Geheimnis offenbart sich
ein unbedingter Wert.
In ihm verhüllt sich,
was jeden Wert zerstört.
Wir begegnen in ihm
dem Grund und Abgrund
des Seins.

45.

Warum bejahen wir Schöpfung und Leben?

Gibt es einen Grund,
das Sein zu bejahen
oder alles zu verneinen?
Für Buddhisten ist alles eine Illusion.
Alles ist Leid.
Alles verweht im Nichts.
Ist das der illusionsfreie Trost,
der uns am Ende erwartet?
Oder sollen wir das Leben dennoch bejahen?
Wissenschaft bringt dafür keine Argumente.
Sie urteilt nicht über Sinn
und Wert des Seins.

Das Geheimnis des Seins drängt zu einem JA,
denn es bringt in uns etwas zum Schwingen:
Das Wunder unseres Existierens antwortet auf
das Wunder der Existenz überhaupt.
Es findet Resonanz in unserem Leben.
Resonanzerfahrung
ist Erfahrung von Sinn.

An vielen Stellen offenbart sich die Fülle des Sinns:
Die Ordnung der Natur
findet ein Echo in unserer Vernunft,
die Lebendigkeit des Lebens
ein Echo in unserem Willen,
die Begegnung mit Menschen
ein Echo in unserem Verstehen.
Wir sind geschaffen,

Antwort zu geben
auf jeden Ruf,
der uns trifft.

Doch alle Resonanz ist begrenzt.
Alle strandet in der Absurdität
des schweigenden Alls
und der Schwermut des Alltags.[1]
Aber schon kleine Fragmente von Sinn
geben Kraft zum Widerstand
gegen die Absurdität.

Solch ein Widerstand schafft
einen Bund mit allem,
was sinnvoll ist.
Wir müssen immer wieder neu entscheiden,
ob wir ihm treu bleiben
und immer wieder
JA sagen zum Leben
trotz allem.

46.

Wie erschließt sich das Geheimnis des Seins durch unbedingtes Vertrauen?

Geborgenheit ist unbedingtes Vertrauen.
Es setzt sich souverän gegen unser Misstrauen durch.[2]
Wir infizieren unsere Kinder
nicht mit unserem Pessimismus.
Wir spüren deutlich:
Wir haben kein Recht,
ihren Lebenswillen zu untergraben.

1. Als ich vor langer Zeit das Bild von Resonanz als Modell religiöser Erfahrung verwandte, entwickelte ich es auch aufgrund einer Lektüre von Albert Camus, Der Mythos von Sysiphos, Hamburg 1959: Das Ausbleiben von Resonanz ist die Erfahrung der Absurdität der Welt.
2. Der Gedanke, dass sich Gott in »souveränen oder spontanen Lebensäußerungen« gegen Widerstände im menschlichen Leben durchsetzt, stammt von dem dänischen Religionsphilosophen Knud Einar Løgstrup (1905-1981), dem ich auch sonst viel verdanke.

Sie brauchen Vertrauen ins Leben.
Auch wir spüren etwas von diesem Vertrauen,
wenn ein Kind nachts aufschreckt
und wir es trösten: »Es ist alles gut!«
Dabei wissen wir: Es ist nicht alles gut;
es ist vieles deprimierend.
Aber im Kontakt mit Kindern
setzt sich dieses Vertrauen
souverän gegen uns durch.

Geborgenheit gehört zum Geheimnis des Seins:
Es umfasst auch unsere Existenz
und schließt uns mit allen Dingen zusammen
von den fernsten Galaxien
bis zu den kleinsten Elementarteilchen.
Alles durchzieht dasselbe Wunder.
Es umgreift alles,
was ist und war und je sein wird,
und schafft Geborgenheit und Sinn
durch Verbundensein
mit allen Dingen.

47.

Wie erschließt sich das Geheimnis des Seins durch Freiheit?

Das Geheimnis des Seins
begegnet in der Stimme des Gewissens.
Wir können seinen Imperativ,
als Stimme der Eltern auffassen,
als evolutionäres Überlebensprogramm,
als Selbstverpflichtung der Vernunft
oder als göttliches Gebot.
Darüber lässt sich streiten,
nicht über die Erfahrung selbst.

Der Imperativ ist im Geheimnis des Seins begründet:
Alles könnte auch nicht und anders SEIN.
Alles könnten wir anders und nicht TUN.
Deshalb sind wir frei.
Freiheit besteht darin,

Neues aus Nichts beginnen zu lassen.[3]
Deshalb wissen wir uns verantwortlich,
unabhängig davon,
was wir von Freiheit und Determinismus halten.

Geborgenheit bettet uns in alle Dinge ein,
Freiheit reißt uns aus allem heraus.
Wir sind zwar ein Nichts im All,
aber mehr als Atome und Galaxien,
Sterne und Steine,
Pflanzen und Tiere.
Denn wir können aus Nichts
etwas hervorbringen,
das ohne uns nicht existieren würde.
Dadurch sind wir
Ebenbild der Macht,
die aus Nichts
Neues schafft.

48.

Wie verhalten sich Abhängigkeit und Freiheit zueinander?

Wir werden in diese Welt geboren,
ohne dass uns jemand fragt,
ob wir wollen oder nicht –
in eine Familie unter vielen anderen Familien,
in ein Land neben vielen anderen Ländern,
auf einem Planeten neben Millionen Planeten.
Wir können unseren Körper nicht austauschen,
die Naturgesetze nicht ändern,
die Zeit nicht zurückdrehen.
Wir können uns nicht von unserem Ich lösen.
In all dem sind wir radikal abhängig.

3. Nach Immanuel Kant (1724-1804) ist Freiheit das »Vermögen, einen Zustand ... schlechthin anzufangen« (Kritik der reinen Vernunft, Hamburg 1956, 462). Für Hannah Arendt (1906-1975), Vom Leben des Geistes, München 1979, ist die Fähigkeit, etwas Neues zu beginnen, ein Wesensmerkmal des Menschen.

Wir haben die Wahl:
Entweder lassen wir uns von all dem niederdrücken,
als seien wir hineingeschleudert in eine feindselige Welt,
oder wir vermuten einen Sinn darin,
als hätten wir einen Auftrag zum Leben,
den wir uns nicht selbst gegeben haben;
als stünde hinter allem Geschehen
von den fernsten Milchstraßensystemen
bis zu den kleinsten Partikeln eine Vernunft,
von der unsere Vernunft nur ein schwacher Abglanz ist.
Sie mutet uns zu,
die sinnfreien Hohlräume der Welt
mit Sinn zu erfüllen.
Wir haben die Freiheit,
zu Ende zu führen,
was sie begonnen hat.

Sinnerfahrungen als Begegnung mit Gott

49.

Wie begegnet Gott in Sinnerfahrungen?

In der Religion geht es uns wie jenem Menschen,
der im Winter in den Alpen zum Skifahren fährt.
Er nähert sich dem Ort und der Landschaft in der Hoffnung,
hier Luft und Bewegung zu finden.
Er braucht die Alpenlandschaft,
um sich zu erholen.

Aber wenn er eines Morgens
vor einer noch unberührten Schneelandschaft steht
und die Sonne alles mit ihrem Licht verklärt,
spürt er die Aufforderung,
in die Schneedecke eine besonders schöne Kurve zu ziehen,
um ihrer Schönheit gerecht zu werden.
Alles andere erschiene ihm
wie eine Verfehlung gegenüber der Landschaft.
Er hört in ihr einen Appell.
Er fragt nicht mehr,
ob sie seinen Bedürfnissen entspricht.
Er wird von der Landschaft engagiert, sie zu vollenden.[1]

So geht es uns in der Religion:
Wir finden uns in dieser Wirklichkeit vor,
verfolgen in ihr unsere Ziele
und fragen, ob sie unseren Bedürfnissen entspricht,
bis wir eine Umkehr erfahren,
einen mächtigen Appell,
der uns dazu bewegt,
unser Leben als Antwort zu verstehen
und nicht mehr zu fragen,
ob die Wirklichkeit unseren Bedürfnissen entspricht,

1. Dieses Gleichnis verdanke ich meinem Ausbilder als Religionslehrer Reimar Kakuschke.

sondern ob wir ihrer Herausforderung entsprechen.
Wir finden in der Welt Hinweise auf Gott,
wenn wir in ihr die Aufforderung hören,
unsere Richtung zu ändern
und unser Leben als Antwort
auf diese Herausforderung führen.
Sinnerfahrungen sind Gottes Ruf.

50.

Wie begegnet Gott in der Ordnung der Natur?

Die Wissenschaft analysiert das Universum ohne Gott.
Wo einmal sein warmes Licht strahlte, ist es kalt geworden.
Wunder der Schöpfung wurden zu Wolken von Molekülen.
Liegt das an der Abwesenheit Gottes
oder an unserer Unfähigkeit,
seine Zeichen zu entziffern?

Wir wissen besser als frühere Generationen,
dass wir Geschöpfe der Natur sind,
»in der sich eine so überlegene Vernunft offenbart,
dass alles Sinnvolle menschlichen Denkens und Anordnens
dagegen ein gänzlich nichtiger Abglanz ist.«[2]
Wir können dieser Ordnung so unmittelbar gegenübertreten,
mit ihr so unmittelbar in Verbindung treten,
wie dies bei der Seele eines anderen Menschen möglich ist.[3]

Wir sehen klarer als frühere Generationen,
dass alle Prozesse und Strukturen der Welt
in mathematischer Sprache beschreibbar sind.
Wir haben diese Sprache selbst entworfen
wie die Regeln des Schachspiels.
Dennoch folgt ihnen die Realität,
als begegneten wir in ihr einer Intelligenz,
die mit uns Schach spielt.

2. A. Einstein, Mein Weltbild, hg. C. Seelig, Zürich 1963, 21 f.
3. W. Heisenberg, Der Teil und das Ganze, München 1973, 253.

Naturgesetze werden zu Gedanken Gottes,
wenn wir sie staunend betrachten.

Doch wir durchschauen auch klarer als frühere Generationen,
dass alles ein Konstrukt unserer Sinne ist.
Deshalb sind Zeichen Gottes wie Blumen,
die den Asphalt durchbrechen,
wie Kindergeschrei,
das die Hausordnung stört,
wie Sommertage im Oktober
und Schneeflocken im Mai.

51.

Kann die Ordnung der Natur für Gott transparent werden?

Lange Zeit waren Philosophen überzeugt,
Gott wird aus der Natur erkannt.
Eine »natürliche Theologie« war etwas ganz Natürliches.
Doch exaktes und empirisches Wissen
machte sie zur vormodernen Weisheit,
die nur rhetorisch überzeugt,
aber kein geprüftes Wissen ist.
Die Wissenschaft sagt:
Gott kann in keinem Experiment bewiesen werden.
Wenn wir Luft nachweisen wollen,
nehmen wir eine Vakuumpumpe,
um zu zeigen, dass Pflanzen ohne Luft nicht leben können.
Für Gott gibt es keine Vakuumpumpe,
die ihn als Faktor in einem Experiment
vorübergehend ausschalten könnte.
Für Gott gibt es keine Fernrohre,
mit denen wir ihn hinter den Sternen entdecken könnten.
Auch können wir ihn nicht einführen
als Axiom in unsere physikalischen Theorien
von dieser Welt.

Je weniger Gott in der Natur
empirisch und exakt erkennbar wurde,
umso mehr wurde in der modernen Zeit
die Offenbarung in der Bibel

zur einzigen Grundlage der Gotteserkenntnis.
Die schriftgebundene Offenbarungstheologie Karl Barths
protestierte gegen jede natürliche Theologie.[4]
Doch Karl Barth widerspricht damit der Bibel.
Denn sie enthält natürliche Theologie.
Paulus lehrt in der Apostelgeschichte
auf dem Areopag die Philosophen,
dass sie unwissend den unbekannten Gott verehren:
Gott »ist nicht ferne von einem jeden unter uns.
Denn in ihm leben, weben und sind wir.«[5]
Paulus kennt im Römerbrief
ein natürliches Wissen um Gott,
das den Menschen zugänglich ist.[6]
Nur deswegen kritisiert er so heftig,
dass sie Gott nicht verehren.

Dass Paulus eine natürliche Theologie voraussetzt,
um Menschen scharf zu kritisieren,
spricht nicht gegen ihre Begabung
zur Gotteserkenntnis:
Wenn ein Vater zwei Söhne hat,
der eine ist mathematisch begabt,
der andere unbegabt,
so wird der Vater vor allem den begabten Sohn kritisieren,
wenn er schlechte Zensuren nach Hause bringt.
Ebenso kritisiert auch Paulus die Menschheit besonders hart,
weil sie trotz natürlicher Gotteserkenntnis
Gott nicht verehren will.
Er schätzt die »Begabung« der Menschen
zur Erkenntnis Gottes höher ein
als jede moderne Offenbarungstheologie.

4. In seinem Alter hat Karl Barth seine Polemik gegen jede natürliche Theologie zurückgenommen. Überall in der Schöpfung gibt es Lichter, die auf Gott und Christus hinweisen. Sogar die Musik Mozarts wird von ihm als »Offenbarung« erlebt. Vgl. K. Barth, Kirchliche Dogmatik III,3, Zürich 1950, 337f.
5. Apg 17,28. So stellt der Verfasser der Apostelgeschichte Paulus dar – Paulus selbst könnte anders gedacht haben.
6. Röm 1,18ff.

Dennoch gilt: Wissen von Gott ist Weisheit,
nicht exakte Wissenschaft,
aber alles, was exakte Wissenschaft ist,
kann theologische Weisheit werden,
wenn es in kontemplativer Dankbarkeit
betrachtet wird.

52.

Lassen Natur und Naturwissenschaft den Schöpfer ahnen?[7]

Gott ist nicht die Welt,
aber offenbart sich in der Welt,
wenn wir uns öffnen
für seine Gegenwart:
Er lässt sich nicht erkennen,
wie alles in der Welt erkannt wird.
Doch alles, was Naturwissenschaft entdeckt,
kann als Wunder erlebt werden.
Alles könnte auch nicht sein.
Alles könnte anders sein.
Diese Möglichkeit in allen Dingen
ist Gottes Zeichen in ihnen.
Betrachten wir alles
mit Offenheit für diese Möglichkeit,
entdecken wir überall
die Spuren Gottes.
Dann wird die Welt im Glauben
Spiegel von
GOTTES EXISTENZ.

ENERGIE
wird zum Ausdruck seiner Macht:
Sie verändert ständig ihre Form,
bleibt in allen Transformationen erhalten.

7. Ich verdanke viel dem Artikel von Kurt Bangert, Natural Theology Revisited: A Scientific Approach to the Question of God, in der Internetzeitschrift http://www.tabularasa-jena.de, 72 (2012). Für das Verhältnis von Naturwissenschaft und Glauben waren die Veröffentlichungen des Oxforder Physikers und Theologen John Polkinghorne für mich wichtig, z.B. Theologe und Naturwissenschaften, Gütersloh 2001.

Sie begegnet als Materie in vielen Formen,
ist ewig und konstant.
Aus ihr wird alles gebaut.
Energie wird im Glauben
Spiegel von
Gottes Allmacht.

Naturgesetze
werden zu Gedanken Gottes:
Sie bestimmen alles nach Notwendigkeit,
durchdringen alles Geschehen,
sind überall allgegenwärtig,
geben allem Konstanz und Ordnung,
Struktur und Symmetrie.
Sie lassen sich mathematisch berechnen
mit Formeln, die unser Geist gedacht hat,
bevor er die Gesetze kennen konnte.
Naturgesetze werden im Glauben
Spiegel von
Gottes Vernunft.

Kreativität
ist Ausdruck seiner Schöpferkraft.
Trotz überwältigender Gesetzmäßigkeit
ist die Welt auch Spiel und Chaos,
das unvorhersehbar Neues produziert.
Wer würde am Anfang vor ca. 14 Milliarden Jahren
das Leben vorausgesehen haben,
das sich bis heute entwickelte?
Gott erscheint als Möglichkeit der Welt
und wird erfasst durch unseren Sinn
für das, was nicht und anders sein könnte.
Das kreative Potential der Welt
wird im Glauben
Spiegel von
Gottes Schöpferkraft.

Information
ist alles, was existiert.
Alles besteht in Alternativen zwischen Möglichkeiten
bis hin zum Austausch zwischen Menschen

in sprachlicher Kommunikation.
Jedes Atom, jedes genetische Muster,
jedes kulturelle Artefakt
enthält Information, die bleibt,
wenn Dinge und Menschen nicht mehr existieren.
Alles, was wir denken und schreiben,
lässt sich als Information
in elektromagnetischen Wellen
um die ganze Erde schicken.
Der Informationsgehalt der Welt
wird im Glauben
Spiegel von
GOTTES ORDNUNG.

EVOLUTIONSTENDENZEN
treiben alle Dinge auf unbekannte Ziele hin:
Leben überwindet Entropie durch Mutation und Selektion.
Kultur überwindet Selektion durch Moral.
Religion überwindet Moral durch Gnade.
Alle Lebensformen passen sich
derselben Wirklichkeit an.
Ihre Versuche der Anpassung konvergieren.
Gott ist die letzte Wirklichkeit,
der sich alles anpassen muss.
Evolutionäre Tendenzen
werden im Glauben
Spiegel von
GOTTES ZIELEN.

RESONANZ
verbindet alle Dinge.
Das All ist nicht nur Konflikt und Konkurrenz.
Alle Dinge und Systeme lassen
verwandte Dinge und Systeme schwingen,
Alles wird ein Ganzes,
das aufeinander abgestimmt ist.
Die Welt ist eine große Symphonie.
Wir sind in dieser Symphonie des Lebens
nur eine kleine Melodie.
Gott ist ihr unbekannter Dirigent.
Die Resonanzfülle der Welt

wird im Glauben
Spiegel von
Gottes Herrlichkeit.

Bewusstsein
ist das größte aller Wunder.
Wir wurden auf einem winzigen Planeten geboren.
Das All kann uns leicht vernichten,
aber wir denken das All.
Wir leben nicht nur unbewusst in einer Welt
von Energien und Gesetzen,
Kreativität und Information,
Konflikt und Resonanz.
Wir nehmen bewusst an allem teil.
Wir erkennen diese Welt.
Wir ahnen Gottes Schöpferkraft in allem.
Wir haben die Fähigkeit,
etwas Neues zu beginnen,
das ohne uns nicht existieren würde.
Der Mensch ist Gottes Ebenbild
und wird im Glauben
Spiegel von
Gottes Geheimnis.

Gott offenbart sich in der Welt
in überwältigenden Phänomenen.
Doch entzieht er sich zugleich:
Wo wir die Spuren Gottes finden,
weisen sie über die Welt hinaus.
Gott ruft nicht nur dazu auf,
seine Spuren zu entdecken,
sondern fordert auf,
ihnen ins Unbekannte zu folgen.
Seine Botschaft ist:
Auch ihr ragt über diese Welt hinaus.
Ein Gewissen ist mit uns geboren,
das auf seinen Ursprung
wie ein Kompass weist.
Das Gewissen wird im Glauben
Spiegel von
Gottes Willen.

53.

Wie begegnet Gott in allem organischen Leben?

Kein Leben ist allein.[8]
In allem findest du dich wieder.

Der Käfer, der tot am Wege liegt –
er war Leben wie du,
erfreute sich an der Sonne wie du,
kannte Angst und Schmerzen wie du,
und ist nun verwesende Materie –
wie du einmal sein wirst.

Eine Schneeflocke glänzt auf deiner Hand
in wundervollen Strukturen.
Dann kommt ein Zucken in sie.
Sie verliert ihre unwahrscheinliche Ordnung,
sie ist nicht mehr.
Die Flocke, die glänzte, zuckte und starb –
das bist du.

Überall, wo du Leben siehst,
oder Vorformen von Leben
in der anorganischen Natur –
das bist du!

Ehrfurcht vor dem Leben,
das verschieden von uns ist
und doch verwandt mit uns,
überwindet das Fremdsein
und stellt Resonanz her
zwischen uns und allem Leben.

8. Diese Beschreibung der Ehrfurcht vor dem Leben geschieht nach A. Schweitzer, Straßburger Predigten über die Ehrfurcht vor dem Leben, in: Ges. Werke V, München o.J., 117-134,

Alles Leben
wird zum Hinweis auf Gott,
wenn unser Wille
zur Antwort
auf seinen Willen zum Leben wird.

54.

Wie begegnet Gott in der zwischenmenschlichen Liebe?

Liebe lässt im anderen Menschen
Gottes Angesicht erkennen:
»Wir sehen jetzt durch einen Spiegel
ein rätselhaftes Bild;
dann aber von Angesicht zu Angesicht.«[9]

Wir sehen Gottes Angesicht nie direkt.
Er bleibt verborgen.
Wir entziffern seine Spuren im Kosmos –
in den fernsten Galaxien
und den kleinsten Atomen.
Wir erleben in allem eine zentrale Ordnung,
aber sehen sie nicht
von Angesicht zu Angesicht.

Wenn wir uns aber
mit einem Menschen versöhnen,
dann leuchtet sie auf.
Dann dürfen wir
wie Jakob zu seinem Bruder sagen:
»Ich habe dein Angesicht schauen dürfen,
wie man Gottes Angesicht schaut.«[10]

9. 1 Kor 13,12.
10. Gen 33,10.

55.

Projizieren wir in der Religion Sinn in Sinnloses hinein?[11]

Religion deutet die Wirklichkeit nach vertrauten Modellen:
Die Welt wird ein Kunstwerk,
hergestellt von einem Künstler oder Architekten.
Wir leben im »Haus des Seins«,
das er geschaffen hat.
Seine Ordnung macht Leben möglich.
Technomorphe Phantasien
verwandeln die Welt in Heimat.

Religion deutet die Welt als Körper.
Alle Glieder sind von Lebensenergie durchdrungen.
Der Weltenbaum wächst lautlos durch die Erde.
Wille zum Leben lebt auch in uns.
Biomorphe Bilder
verwandeln Unvertrautes in Vertrautes.

Religion deutet die Erscheinungen der Welt
als Ausdruck einer Absicht.
Das Universum brachte uns wie Vater oder Mutter hervor.
Liebe trägt unser Leben.
Psychomorphe Projektionen
verwandeln alles in eine Familie.
Wir sind gewollt.

Religion macht die Welt zur Heimat,
in der wir zu Hause sind,
als seien wir angekommen
bei Vater und Mutter.

Alle Bilder wären als Bilder gerechtfertigt,
wenn die Wirklichkeit mit uns verwandt wäre.
Um klar zu erkennen, was mit uns verwandt ist,
müssten wir uns freilich selber kennen.

11. In diesem Text schlägt sich eine Auseinandersetzung nieder, die durch das religionskritische Buch von Ernst Topitsch, Ursprung und Ende der Metaphysik, Wien 1959, angeregt wurde, auf das ich während meines Studiums stieß.

Doch wissen wir, wer wir sind?
Wissen wir, was dieses Ich ist
zwischen Gehirn und Beziehung?
Wissen wir, was das Geheimnis des Seins ist?
Gewiss ist nur die eine Gewissheit:
Ein Geheimnis
begegnet einem anderen Geheimnis.

56.

Wie können wir eine Verwandtschaft mit dem Sein erleben, wenn wir uns selbst unbekannt sind?

Als Kinder bemühten wir uns,
dem Bild der Eltern zu entsprechen,
das sie uns entgegen brachten,
als Schüler dem Bild der Lehrer.
Ehepartner passen sich dem Bild des anderen an.

Immer wollen wir dem Bild entsprechen,
das andere von uns haben.
Doch wir sind mehr als diese Bilder.
Wir sind nicht das,
was andere von uns denken.
Wir sind nicht das,
was Wissenschaft von uns weiß.

Vielleicht existiert hinter allen Bildern,
wenn wir mit uns allein sind,
nur ein gähnendes Nichts,
nur ein Hohlraum,
den unser Wille erfüllen muss.
Wir bleiben uns selbst entzogen.

Ebenso entzieht sich das Sein allen Bildern,
die wir von ihm haben,
ebenso die Welt
allen Analysen der Wissenschaft.
Noch ist nicht erschienen,
was sie sein wird.

Noch ist nicht entschieden,
was wir sind.

Wir kennen weder uns noch das Sein.
Dennoch findet das Umgreifende der Wirklichkeit
ein Echo im Umgreifenden,
das wir selbst sind.[12]

Wer Achtung vor dem Geheimnis des Seins hat,
hat auch Achtung vor sich selbst,
wenn er nur weiß:
Jenseits aller Bilder
sind wir mit diesem Geheimnis
wie ICH und DU
verwandt.[13]

57.

Lässt sich das Erleben einer Verwandtschaft des Seins rechtfertigen?[14]

Nicht alles ist in gleicher Weise verwandt.
Lebendiges bewegt sich von selbst,
Unbelebtes wird nur von außen bewegt.
Es gibt Unterschiede
zwischen Sachen und Pflanzen,
Tieren und Mensch.
Schon Kinder unterscheiden hier spontan.
ICH und DU
sind singuläre Beziehungen.

12. Das ist ein Grundgedanke von Karl Jaspers (1883-1969), den ich in meiner Schulzeit studiert habe.
13. Hier und an vielen anderen Stellen hat das dialogische Denken von Martin Buber (1878-1965) Spuren hinterlassen.
14. Dieser Text steht in Auseinandersetzung mit dem kognitiven Ansatz der Religionswissenschaft. Vgl. Pascal Boyer, Religion Explained. The Evolutionary Origins of Religious Thought, London 2001. Der Titel der deutschen Übersetzung: »Und Mensch schuf Gott, Stuttgart 2004, gibt diesem Ansatz eine religionskritische Intention, die nicht notwendig mit ihm verbunden ist.

Doch Religion und Poesie bestehen in Grenzüberschreitungen:
Belebtes wird in Unbelebtes hineingelegt,
die Morgensonne zum Morgengesang.
Dichtung vermenschlicht die Welt,
verwandelt Landschaften in Innenräume.
Durch sie fliegen Vögel hindurch,
wachsen Gefühle,
die Abendsonne verzaubert Wiesen durch ihr Licht.
Sind das illegitime Grenzüberschreitungen religiöser Poesie,
oder gehört alles, was ist,
in der Tiefe zusammen?

Sachen und Werke,
Pflanzen, Tiere und Personen –
alles gehört zum Sein.
Alles steht dem Nichts gegenüber.
Alles könnte auch nicht sein.
Religion blendet das Nichts
in jeden Augenblick ein.
Konfrontiert mit dem Nichts
wird *alles* Sein zur Einheit.
Jede Grenze wird überschritten.

Wir wissen nicht genau,
worin das Sein uns verwandt ist.
Aber *dass* im Staunen über seine Existenz
sich eine tiefe Verwandtschaft offenbart,
steht außer Zweifel.
Es gibt einen Grund,
alle Grenzen innerhalb des Seins
zu überschreiten.

58.

Kann man atheistisch an Gott glauben?

Wer Menschen als molekulare Wolken deutet,
kann Resonanz als Entsprechung
von Gleichem zu Gleichem
in einer materialistischen Welt
auch atheistisch betrachten:

Wenn unsere Person nur die illusionäre Innenseite von Materie ist,
aber ohne eigene Existenz,
um wie viel mehr muss das Gesamtsystem der Welt
eine Innenseite haben,
die genauso Illusion ist wie unser Ich.
Sie wäre Realität wie wir selbst
oder Illusion wie wir selbst!

Auf sie antworten wir mit unserem Leben:
Person begegnet Person,
Materie der Materie.
Entscheidend ist:
Auch Resonanz zwischen Illusionen
wäre keine Illusion,
wenn beide Illusionen im Wunder der Materie
begründet sind
und sich so intensiv erleben
wie in der Religion.

Vielleicht trifft eine menschliche Illusion
auf eine andere Illusion im Kosmos.
Doch viel wahrscheinlicher ist die Deutung:[15]
Das Ordnungsprinzip im Universum
hat Ähnlichkeit
mit unserer Intelligenz.

15. So einer der scharfsinnigsten Religionskritiker, der Philosoph David Hume, Dialoge über natürliche Religion, hg. von N. Hoerster, Stuttgart 1981, 129.

Gewissenserfahrungen als Begegnung mit Gott

59.

Kann Religion Moral begründen?[1]

Religiöse Erfahrungen offenbaren,
was in sich wertvoll ist.
Wir bejahen in ihnen,
was wir erfahren,
und erfahren,
was uns bejaht.
Moralische Imperative entstehen
durch Widersprüche
zwischen Wert
und Unwert
in unserer Erfahrung.

Leben soll sein!
Erfahrung von Sinn macht gewiss:
Es ist gut, dass wir existieren.
Aber in unserer Lebenswelt ist vieles,
was nicht gut ist.
Wir sind dem Leiden ausgesetzt.
Wir sind vergänglich.
Wir scheitern.
Dieser Widerspruch erzeugt
einen EXISTENZIELLEN IMPERATIV:
Leben soll sein
trotz Tod![2]

Regeln sollen sein!
Wo wir Sinn entdecken,

1. Zu allen Fragen der Ethik habe ich viel gelernt von W. Härle, Ethik, Berlin 2011.
2. Anregung erhielt ich zu diesem grundlegenden Imperativ durch H. Jonas, Das Prinzip Verantwortung, Frankfurt 1979, vgl. Abschnitte wie »Das Ja des Lebens emphatisch als Nein zum Nichtsein« (S. 156f.) oder »Sollenskraft des ontologischen Ja für den Menschen« (S. 157f.).

entdecken wir Struktur und Maß.
Die Antike staunte über die Ordnung der Sterne.
Wir berechnen ihr pulsierendes Leben
mit Formeln und Gleichungen.
Die ganze Welt ist geformt nach universalen Gesetzen,
die wir immer klarer erkennen.
Doch in unserer Welt
erkennen wir umso mehr die Verstöße
gegen Regel und Gesetz.
Dieser Widerspruch erzeugt
den KATEGORISCHEN IMPERATIV:
Universale Normen
sollen sein
trotz Chaos.

Liebe soll sein!
Wenn wir im Geheimnis des Seins geborgen sind,
haben wir mit allem Frieden.
Aber unser Leben ist ein *struggle for life*
mit Konflikt und Konkurrenz.
Dieser Widerspruch erzeugt
den SOZIALEN IMPERATIV,
Selektionsdruck zu reduzieren.
Die Bibel steigert ihn
zum Aufstand
gegen die Selektion:
Liebe soll sein
trotz Konflikt!

Freiheit soll sein!
Weil unser Handeln so unbegründet ist wie das Sein,
erfahren wir uns als frei.
Nur wir haben die Fähigkeit, etwas anzufangen,
das ohne uns nicht existieren würde.
Doch unsere Bestimmung zur Freiheit
reibt sich an jeder Unterdrückung
und jedem Zwang.
Dieser Widerspruch erzeugt
den FREIHEITLICHEN IMPERATIV.
Freiheit soll sein
trotz Zwang!

Lebensbejahung,
Regelorientierung,
Mitmenschlichkeit
und Freiheit
können in religiösen Erfahrungen begründet sein.
Sie schaffen ein Sollen
im Widerspruch zur Realität.
Sie schaffen zugleich ein Leid,
das sich an der Realität wund reibt.
Darum werden wir immer wieder
zurückgeworfen auf den Imperativ zum Sein:
Bejahe trotz allem das Leben!
Einmal hast du erfahren,
was dich bejaht.

60.

Wie können religiöse Erfahrungen zu Verpflichtungen werden?

Was uns in religiösen Erfahrungen zum Schwingen bringt,
bejahen wir spontan.
Es ist etwas Wertvolles.
Wir wollen, dass es geschieht.
Daher sollen wir es auffinden,
sollen es erleben,
sollen es vermehren!
Doch ohne unser Wollen
verwandelt sich kein Sein in Sollen.
Vergleichbar ist das Sehen:
Ohne Zutun der Augen
verwandeln sich elektromagnetische Wellen
nicht in Farben.
Moralische Imperative sind sowenig
Fiktion wie Farben.
Sie sind objektiv begründet,
aber subjektiv geformt.[3]

3. Diesen Standpunkt des »schwachen Realismus« habe ich mir angeeignet von Michael Quante, Einführung in die Allgemeine Ethik, Darmstadt 2003.

Religiöse Erfahrung verpflichtet,
RESONANZ ZU ENTDECKEN.
Wir sollen die Welt abtasten
nach den Wundern des Seins.

Religiöse Erfahrung verpflichtet,
RESONANZ ZU ERLEBEN:
Wir teilen den genetischen Kode mit allen Lebewesen,
denken in Strukturen,
die allem Sein entsprechen.
Lust des Erkennens ist darin begründet,
aber auch Freude an der Natur,
wenn sie sich in unserem Erleben vollendet.

Religiöse Erfahrung verpflichtet,
RESONANZ FÜR ALLE ZU VERMEHREN:
Hungrige Menschen haben keinen Sinn
für die Fülle des Lebens.
Sie brauchen Nahrung.
Gedemütigte Menschen haben keinen Sinn
für Vergnügen.
Sie brauchen Achtung.
Abhängige Menschen kennen nicht die Motivationskraft
selbstbestimmten Lebens.
Sie brauchen Freiheit.
Ohne menschenwürdiges Leben
erlebt niemand
die Fülle des Sinns!
Ohne Sinn bemüht sich niemand
um ein erfülltes
und menschenwürdiges Leben.

Religiöser Glaube verpflichtet,
Sinn zu entdecken,
Sinn zu erleben,
Sinn zu schaffen.
Ein Sonnenaufgang,
der den Himmel in Farbenspiele verwandelt,
wird zur Offenbarung von Sinn.
Gott hält sein Versprechen.
Das gibt Mut, einer absurden Welt
im Kleinen zu widerstehen.

61.

Was spricht dagegen, Gebote religiös zu begründen?

Heute sagen viele:
Moral muss autonom begründet sein,
damit sie moralisch ist.
Verpflichtung von außen vergifte die Moral.
Aber gibt es überhaupt
eine Letztbegründung
der Moral?

Begründet man Moral
in einer Entscheidung,
so können Menschen
ihre Entscheidung
revidieren.

Begründet man sie
in einem Gefühl,
kann man nur appellieren:
Habt ihr dieselben Gefühle?

Begründet man sie
im Nutzen für alle,
kann jeder sie verabschieden,
sobald sein Kalkül keinen Nutzen erkennt.

Begründet man sie
in einem Konsens,
so lässt er sich jederzeit
aufkündigen.

Unser Wissen von der Welt sagt nur,
was faktisch geschieht,
nicht aber, was geschehen *soll*.
Unser Wissen von Normen sagt nur,
dass einige Normen gelten,
nicht aber, warum sie gelten *sollen*.

Es gibt keine Letztbegründung der Ethik.
Auch Religion liefert keine Begründung,
aber eine Erfahrung:
Gott ist ein Wert in sich.
Ebenso der Mensch, sein Ebenbild.
Dadurch ist gewiss:
Leben soll sein!
Menschen sollen leben!
Mit dieser Gewissheit
muss das Gewissen
selbst herausfinden,
was zu tun ist
an Gutem.

62.

Warum kann auch religiöse Moral autonom sein?

Gott ist wie ein Mathematiklehrer,
der seinen Schülern eine schwierige Aufgabe stellte
und dann den Klassenraum verließ.
Alle rechnen und rechnen.
Die Aufgabe scheint sich nicht lösen zu lassen.

Einige werden misstrauisch und sagen:
Die Aufgabe ist unlösbar.
Der Mathematiklehrer war boshaft.
Andern dämmert es,
dass sie mit den bekannten Formeln nicht auskommen.
Sie müssen neue Formeln entwickeln.
Sie können sich nicht vorstellen,
dass es einen boshaften Lehrer geben könne.
Sie halten an dem Glauben fest:
Der Lehrer hat uns eine Aufgabe gegeben
und uns zugetraut, sie zu lösen.
Er hat uns mehr zugetraut,
als wir uns selbst zutrauen,
und mutet uns zu, neue Wege zu gehen.

So können auch wir sagen:
Gott ist kompliziert,
aber nicht boshaft.
Er hat uns eine schwere Aufgabe gestellt,
aber sie ist nicht prinzipiell unlösbar.
Wir müssen auf neuen Wegen
selbst eine Lösung suchen
oder neu bestimmen,
was eine Lösung ist.

63.

Wie kann Vernunft moralische Imperative begründen?

Soll man nicht mehr suchen
nach einer Letztbegründung der Ethik,
weil die vergebliche Suche nach ihr
die Moral untergräbt?
Doch wer darüber verzweifelt,
dass wir ethische Normen nicht begründen können,
untergräbt nicht die Moral.
Er bejaht zumindest drei Werte.

Ethische Verzweiflung bejaht
SELBSTACHTUNG.
Wir wollen Rechenschaft ablegen,
warum wir so handeln, wie wir tun.
Wer sich als determiniert betrachtet,
hat keinen Grund,
um Selbstachtung zu ringen.
Er kann nur sagen:
Ich bin so und nicht anders.
Ethische Verzweiflung setzt
Freiheit voraus.

Ethische Verzweiflung bejaht
ACHTUNG VOR ANDEREN:
Warum hätten wir Grund zur Verzweiflung,
wenn nicht die Zustimmung anderer Menschen
für uns unverzichtbar wäre.
Sie sind freie Menschen wie wir.

Ohne ihre Zustimmung soll nichts geschehen.
Ethische Verzweiflung setzt
Achtung vor Anderen voraus.

Ethische Verzweiflung bejaht
ACHTUNG VOR REGELN:
Wenn wir verzweifelt fragen,
warum andere unseren Handlungen zustimmen sollen,
suchen wir nach Grundsätzen,
die für alle gelten.
Wir bejahen den Wert von Regeln.
Ethische Verzweiflung setzt
Achtung vor Regeln voraus.

Verzweifeln müssten wir erst,
wenn wir keine Verzweiflung
mehr spürten.
Dann wäre alles gleichgültig
oder eine Frage
der Macht.

64.

Wie verhalten sich religiöse und autonome Begründungen der Ethik zueinander?

ACHTUNG VOR REGELN
fordert der kategorische Imperativ.
Jeder Grundsatz soll daran geprüft werden,
ob er verallgemeinert werden kann
oder partikularen Interessen dient.
Allgemein sind die Gesetze der Natur.
Wir sollen sie nicht übernehmen,
aber unser Leben so regeln,
als handelten wir
wie der Gesetzgeber der Natur.
Sein Geist wird dann unser Geist,
Pflichten werden
zu Selbstverpflichtungen.

Achtung vor anderen
fordert das Nächstenliebegebot.
Wir sollen so handeln,
als stünden wir an der Stelle des anderen.
Seine Bedürfnisse liegen in unserer Hand,
besonders wenn er schwächer ist als wir
als Kind und Greis,
Kranker oder Behinderter,
Flüchtling und Außenseiter.
Hören wir in ihm den Ruf Gottes,
dann wird sein Ruf
zur eigenen Stimme.

Achtung vor uns selbst
fordert unsere Selbstbestimmung.
Mit jedem ist ein singulärer Ton in die Welt gekommen.
Leben gelingt, wenn wir der eigenen Melodie folgen.
Selbst wenn wir scheitern,
bleibt sie unsere Melodie.
Wenn wir dem folgen,
der uns geschaffen hat,
folgen wir nicht nur uns selbst,
sondern vollenden
seine Musik.

Wenn der Geist dessen in uns wohnt,
der alles geschaffen hat,
folgen wir seinem Gebot durch
Achtung vor Regeln,
Achtung vor Anderen,
Achtung vor uns selbst.
Dann vereint sich Gottes Geist
mit unserem Geist.

65.

Bleibt eine Spannung zwischen autonomer und religiöser Moral?

Wenn der Geist Gottes in uns wohnt,
muss er sich gegen unseren Geist durchsetzen:
Wir wollen Gutes,

bewirken aber Böses.
Wir bewirken Böses,
deuten es aber als Gutes.

Achtung vor Regeln
muss sich durchsetzen gegen die Tendenz,
Regeln für Interessen zu verbiegen.
Aber unser Leben verläuft eher
nach dem Programm:
Tu, was du willst,
in deinem Interesse,
begründe es aber universal.

Achtung vor anderen
muss sich durchsetzen gegen die Tendenz,
Außenseitern Achtung zu entziehen.
Aber unser Leben verläuft eher
nach dem Programm:
Achte den anderen nur,
soweit er dir nutzt.

Achtung vor uns selbst
muss sich durchsetzen gegen die Tendenz,
sich selbst zu verachten,
weil wir in unseren Lebensentwürfen scheitern.
Aber unser Leben verläuft eher
nach dem Programm:
Schütze dich vor Selbstverachtung
durch Vergessen und Verdrängen.

Gottes Geist ist die Kraft,
Regeln gegen eigene Interessen zu akzeptieren.
Achtung gegen Verachtung zu setzen.
Selbstverachtung durch Selbstannahme zu überwinden.
Gottes Geist widerspricht
unserem Geist.

66.

Gibt es eine Gemeinsamkeit zwischen religiöser und autonomer Moral?

Jesus lehrte die Goldene Regel,
eine allgemeine Weisheit aller Völker:
»Alles, was ihr wollt,
dass euch die Menschen tun, –
so tut auch ihnen.«[4]

Die Goldene Regel umfasst
ACHTUNG VOR ANDEREN:
Wir müssen uns
in andere versetzen,
so dass wir uns
mit ihren Augen betrachten.

Die Goldene Regel verlangt
ACHTUNG VOR SICH SELBST:
Unsere Wünsche sind
der Maßstab des Guten.
Wir vertrauen darauf,
dass sie berechtigt sind.

Die Goldene Regel verlangt
ACHTUNG VOR REGELN.
Sie gilt als allgemeiner Maßstab
unterschiedslos
gegenüber allen Menschen.

Nach Paulus hat Gott universale Gebote
den Menschen ins Herz geschrieben.[5]
Alle folgen der Stimme ihres Herzens,
wenn sie diese Gebote erfüllen.
Gott hat sie am Sinai bestätigt
und sein Volk darauf verpflichtet.
Das Gewissen bezeugt sie jedem Menschen.

4. Mt 7,12.
5. Röm 2,12-16.

Die Goldene Regel ist zugleich
universal einleuchtender Maßstab
und Zusammenfassung von Gesetz und Propheten.[6]

67.

Gefährdet Religion durch weltfremde Forderungen die Moral?

Moral ist gefährdet,
wenn Gesinnung über die Realität triumphiert
oder Gesinnung
vor der Realität kapituliert.

Jede Moral enthält
einen Überschuss über die Realität.
Was gestern weltfremd war, ist heute normal:
Sklaverei ist geächtet,
Prügelpädagogik verboten.
Todesstrafe gilt in vielen Ländern als Barbarei.
Sollte es nicht möglich sein,
auch Kriege zu ächten?
Religiöse Moral
hält an utopischen Zielen fest:
»Selig sind die Friedensstifter!«[7]

Religiöse Moral
erkennt Grenzen an:
Niemand kann gegen
Grundbedingungen der Schöpfung handeln.
Wir leben in einer unerlösten Welt.
Selbst für den Krieg
muss man sich wappnen
und in einer bösen Welt ausharren.
»Selig der Mensch, der die Anfechtung erduldet!«[8]

Glaube gibt zu beidem Kraft:
Mögliches zu tun,
Grenzen zu ertragen.

6. Mt 7,12.
7. Mt 5,9.
8. Jak 1,12. Dort ist allerdings nur vom »Mann« die Rede.

Niemand kann verlangen,
was unmöglich ist,
niemand verbieten,
was möglich sein wird.
Was heute als utopisch gilt,
ist morgen vielleicht
selbstverständlich.

68.

Übt die Religion durch Gewissensbindung Macht aus?

Nicht mehr zu entfernen ist der Verdacht,
in unserem Gewissen klinge
die Stimme anderer Menschen nach.

Zuerst die Stimme der Eltern.
Vielleicht ist das Gewissen
eine parasitäre Struktur,
mit der wir für ihre Bedürfnisse
umprogrammiert wurden.

Dann die Stimme der Lehrer:
Sie werden dafür bezahlt,
dass sie uns zurechtfeilen
für die Bedürfnisse der Gesellschaft.

Schließlich die Stimme des Staates:
Er fordert von uns,
was zu seiner Erhaltung notwenig ist,
und nicht, was zu unserem Heil erforderlich wäre.

Die Bibel aber enthält ein Gegenprogramm.
Sie lässt den Herrn der Welt sagen:
»Ich bin hungrig gewesen,
und ihr habt mir zu essen gegeben.
Ich bin durstig gewesen,
und ihr habt mir zu trinken gegeben.
Ich bin ein Fremder gewesen,
und ihr habt mich aufgenommen.
Ich bin nackt gewesen,

und ihr habt mich gekleidet.
Ich bin krank gewesen,
und ihr habt mich besucht.
Ich bin im Gefängnis gewesen,
und ihr seid zu mir gekommen.«[9]

Das Gewissen ist Hinweis auf Gott,
wenn die Stimme des Gewissens
zur Stimme der Opfer wird,
die keine Macht haben.

69.

Welchen Ort hat menschliche Moral in der Evolution?

Alles Leben ist Anpassung an die Wirklichkeit.
Durch *trial and error* entstanden
komplexe Strukturen,
fähig zur Reduplikation
und Entwicklung noch komplexerer Ordnung.

Dasselbe System der Realität hat uns
und alle Dinge hervorgebracht.
Es erhält und »richtet« uns.
Es akzeptiert nur,
was seinen Bedingungen entspricht.
Von diesem Gesamtsystem der Realität
sind wir bis in die letzte Faser
unseres Leibes abhängig.

Aber wir haben eine Sonderstellung:
Alle Dinge erleiden stumm ihre Anpassung.
Nur wir erleben sie als Aufgabe.
Nur wir erleben sie als Geschenk.
Nur wir nehmen stellvertretend für alle Kreaturen
den Dialog mit der Gesamtrealität auf.
Nur uns zeigt sie sich im Glauben
als Geheimnis der Wirklichkeit.

9. Mt 25,35-36.

Die Evolution des Lebens entstand
durch Aufhebung des
Entropieprinzips
in lebendigen Systemen.
Sie kommt voran
durch Auslöschung des Ungeeigneten,
Bevorzugung des Geeigneten.
Den Menschen aber zeigt sie sich in anderer Weise:
Sie vernichtet nicht das Scheiternde,
sondern verlangt den Schutz des Schwachen.
Menschliche Moral unterläuft
in humanen Gesellschaften das
Selektionsprinzip.
Doch Moral hat Grenzen.
Menschen scheitern an ihr.
Noch einmal hat sich das Geheimnis der Wirklichkeit
anders und neu offenbart.
Gott spricht in der Bibel:
»Ich will nicht den Tod des Sünders,
sondern dass der Sünder umkehrt und lebt.«[10]
Seine Gnade ist Aufhebung des
Moralprinzips
in der Religion.

10. Hez 18,23; 33,11.

Der Gott der Bibel: Der sich offenbarende Gott

70.

Warum muss sich Gott offenbaren?[1]

Wodurch wissen wir,
dass die Sonne existiert?
Weil Strahlen auf unsere Netzhaut einwirken.
Wir verwandeln Wellen in Lichtempfinden
und formen mit ihnen den Raum,
in dem wir die Sonne sehen.
Ohne Einwirkung der Sonne auf uns
würden wir sie nicht sehen.

Gott ist mehr als die Sonne.
Gott hat alles geschaffen:
auch die Sinne,
mit denen wir ihn erfassen;
auch die Gedanken,
mit denen wir ihn denken;
auch unser Leben,
mit dem wir ihm antworten.
Wenn wir ihn erkennen,
erkennen wir zugleich:
Alle Bedingungen
für seine Erkenntnis
hat er geschaffen.

Das Wunder des Seins
umfasst uns und alle Gedanken,
mit denen wir es denken.
Nichts kann sich ihm entziehen.
Und doch bleibt es
uns entzogen.

1. Den folgenden Gedanken verdanke ich Gesprächen mit dem praktischen Theologen Günther Dehn (1882-1970). G. Dehn war ein Freund von Karl Barth und teilte dessen Offenbarungstheologie.

Wo Gott erkannt wird,
gibt er sich selbst zu erkennen.
Die Bibel bezeugt
den sich offenbarenden Gott.
Offenbarung geschieht,
wo immer er will.

71.

Offenbart sich Gott in der Bibel in Grenzerfahrungen?

Israel entdeckte in Grenzerfahrungen
den verborgenen Gott.
Er spricht zu den Menschen:
»Meine Gedanken sind nicht eure Gedanken,
und eure Wege sind nicht meine Wege,
sondern soviel der Himmel höher ist als die Erde,
so sind auch meine Wege höher als eure Wege
und meine Gedanken als eure Gedanken.«[2]

Verborgen ist Gott
in Krankheit und Tod.
Darum hören wir den Schrei:
»Mein Gott, mein Gott,
warum hast Du mich verlassen?«
Du legst mich in des Todes Staub.[3]

Verborgen ist Gott
in Schuld und Versagen.
Darum lesen wir die Bitte:
»Wenn du, Herr,
Sünden anrechnen willst –
Herr, wer wird bestehen?«[4]

Verborgen ist Gott
in Sinnlosigkeit und Unrecht.
Darum lesen wir als Fazit zur Welt:

2. Jes 55,8 f.. Deuterojesaja spricht in Jes 45,14 vom verborgenen Gott.
3. Ps 22,2.16.
4. Ps 130,3.

»Alles ist eitel,
es ist alles ganz eitel.«[5]

Verborgen ist Gott
in Katastrophen.
Darum begegnet die Klage:
»Euer Land ist verwüstet,
eure Städte sind mit Feuer verbrannt.«[6]

Adam und Eva scheitern,
die Welt als Garten zu erhalten.
Trotzdem hält Gott
sie am Leben.

Kain und Abel scheitern,
friedlich zusammen zu leben.
Trotzdem schützt Gott
Kain vor Totschlag.

Die Menschheit scheitert
beim Turmbau am Sprachengewirr.
Trotzdem spricht Gott
zu allen Völkern seine Verheißung.

Israel scheitert,
im Lande zu bleiben.
Trotzdem bleibt Gott
seinem Volk treu.

Jesus scheiterte
mit seiner Botschaft.
Trotzdem bekennt sich
Gott zum Gekreuzigten.

Im Scheitern erfahren wir
den lebendigen Gott.
Grenzerfahrungen
offenbaren
den Gott der Bibel.

5. Pred 1,2.
6. Jes 1,7.

Offenbart sich Gott in der Bibel in Kreaturerfahrungen?

Die Bibel erzählt:
Am Anfang schuf Gott Himmel und Erde.[7]
Er gibt dem Menschen Verantwortung für die Schöpfung,
schenkt ihm Geborgenheit am Sabbat,
begründet Sein und Nichtsein.
Krisen und Anfechtungen
erneuern seine Erfahrung.
Drei Mal offenbart er Moses
seinen NAMEN.

Gott offenbart sich in der Krise,
als dem Volk droht,
dass es vernichtet wird.
Er definiert sich am Dornbusch mit den Worten:
»Ich bin, der ich bin,
Ich werde sein, der ich sein werde.«[8]
Das ist sein NAME,
Mose soll ihn dem Volk mitteilen:
»Sage ihnen, dass ich der Seiende bin,
belehre sie über den Unterschied
zwischen Sein und Nichts.
Mir allein kommt das Sein zu.
Es gibt keinen treffenden Namen für mein Wesen.«[9]
Gott offenbart sich
als Grund für Sein und Nichtsein.

Er offenbart sich in der Wüste
einem murrenden Volk mit dem NAMEN:
»Ich bin JHWH, dein Gott,
der ich dich aus Ägypten aus der Sklaverei geführt habe.
du sollst keine anderen Götter haben neben mir.«[10]
Ein Gott, der nicht in die Freiheit führt,

7. Gen 1,1.
8. Ex 3,14.
9. Frei formuliert nach Philo, vita des Moses I,75.
10. Ex 20,2.

ist nicht der wahre Gott.
Gott offenbart sich
als Grund der Freiheit.

Er offenbart sich am Sinai
trotz Abfalls der Menschen.
Mose verzweifelt,
weil das Volk das Goldene Kalb verehrt.
Aber Gott zeigt sich als der Barmherzige,
der an Menschen festhält, die ihn ablehnen.
Gott sagt: »Ich will vor dir kundtun den NAMEN des Herrn.
Ich bin gnädig, dem ich gnädig bin,
und wessen ich mich erbarme,
dessen erbarme ich mich.«[11]
Mose erfährt trotz aller Brüche
Geborgenheit in Gottes Güte.
Gott offenbart sich
als Grund des Vertrauens.

73.

Offenbart sich Gott in der Bibel in Sinnerfahrungen?

Gott offenbart sich im Neuen Testament
als Geist, Licht und Liebe.

Jesus sagt zur Samaritanerin:
»Gott ist Geist,
und die ihn anbeten,
müssen ihn im Geist
und in der Wahrheit anbeten.«[12]
Weil Gott Geist ist,
sollen Menschen Geist sein.
Verwandtschaft mit Gott ist
Fülle des Sinns.

11. Ex 33,19.
12. Joh 4,24. Im Folgenden werden die drei einzigen Definitionen Gottes im NT zitiert.

Der Johannesbrief
definiert Gott als Licht
in einer finsteren Welt:
»Gott ist Licht,
und in ihm ist keine Finsternis.
Wenn wir unser Leben in Finsternis führen,
tun wir nicht die Wahrheit.«[13]
Weil Gott Licht ist,
sollen Menschen Licht sein.
Spiegelung von Licht in Licht ist
Fülle des Sinns.

Der Johannesbrief definiert
Gott als Liebe
in einer feindlichen Welt:
»Gott ist die Liebe;
und wer in der Liebe bleibt,
der bleibt in Gott und Gott in ihm.«[14]
Weil Gott Liebe ist,
sollen Menschen Liebe sein.
Verbundensein in der Liebe ist
Fülle des Sinns.

Menschen werden Gottes Ebenbild
durch Geist, Licht und Liebe.
Gott ist
Fülle des Sinns.

74.

Offenbart sich Gott in der Bibel in Gewissenserfahrungen?

Der Widerspruch der Erfahrung Gottes
zur Erfahrung der Welt
begründet in der Bibel drei Imperative:
Leben, Freiheit und Liebe!

13. 1 Joh 1,5-7 (mit Auslassungen).
14. 1 Joh 4,16.

Leben soll sein!
Kain ermordet seinen Bruder.
Aber der Mörder wird durch ein Zeichen geschützt.
Sein Leben ist heilig.
Nach der Sintflut verheißt der Regenbogen
unverbesserlich bösen Menschen:
Leben soll sein!
Das erste Gebot nach der Sintflut schützt Leben:
Menschen dürfen kein Blut trinken.[15]
Blut ist die Kraft des Lebens.
Leben ist heilig.

Freiheit soll sein!
Die zehn Gebote wollen die Freiheit bewahren,
die der Auszug aus Ägypten brachte.
Deswegen sind sie überschrieben
»Ich bin der Herr, dein Gott,
der ich dich aus Ägyptenland,
aus der Knechtschaft geführt habe.«[16]
Dann folgen die Pflichten
befreiter Menschen
gegen Gott
und gegeneinander.

Liebe soll sein!
Am Sinai wurde die Nächstenliebe entdeckt:
»Du sollst deinen Nächsten lieben wie dich selbst.
Ich bin der Herr.«[17]
Verbote gehen voran,
Behinderung nicht auszunutzen,
nicht unrecht zu richten,
sich nicht zu rächen.
Nächstenliebe ist von Anfang an
Liebe zum Schwachen,
zum Feind und zum Fremden.
»Du sollst ihn lieben wie dich selbst,
denn ihr seid auch Fremde gewesen in Ägyptenland.«[18]

15. Gen 9,4.
16. Ex 20,2.
17. Lev 19,18.
18. Lev 19,34.

Nur die Liebe erfüllt die Forderung,
die über allem steht:
»Ihr sollt heilig sein,
denn ich bin heilig,
der Herr, euer Gott.«[19]

75.

Was sagen die zehn Gebote dem Gewissen?[20]

Die zehn Gebote verpflichten,
Freiheit zu wahren durch Bindung an Gott.
Am Anfang steht die Selbstvorstellung Gottes
als Vorwort vor allen Geboten:
»Ich bin der Herr, dein Gott,
der ich dich herausgeführt habe
aus dem Land Ägypten,
aus dem Sklavenhaus.«[21]

Das erste Gebot bindet die Befreiten exklusiv an diesen Gott:
»Du sollst nicht andere Götter haben neben mir.«[22]
Nur der eine und einzige Gott verdient Verehrung,
der in die Freiheit führt,
kein anderer Gott an seiner Statt.
Ein Gott, der nicht in Freiheit führt,
ist ein falscher Gott.
Ursprünglich glaubte man,
die anderen Götter existieren,
man dürfe sie nur nicht verehren.
Dieses Gebot wurde radikalisiert:

19. Lev 19,2.
20. Diese Auslegung der Zehn Gebote ist gewidmet Gittel Esther Devorah Heschel zur Bat Mitzvah, 4. Februar 2012. Informationen zu den zehn Geboten verdanke ich vor allem Matthias Köckert, Die zehn Gebote, München 2007.
21. Ex 20,2 / Dtn 5,6. Text hier nach M. Köckert. Luther ließ in seinem Katechismus die Herausführungsformel weg. In seiner Auslegung wird nicht der Exodus, sondern die Schöpfung zur »Präambel« über allen Geboten. Dass Christen die Geschichte Israels als ihre Geschichte übernehmen, wie ein Mensch die Geschichten der Familie seines Ehepartners übernimmt, ist aber für das Christentum ganz entscheidend.
22. Ex 20,3 / Dtn 5,7.

Es leugnete bald alle Götter
und erklärte sie zum Produkt
von Phantasie und Abhängigkeit.

Das zweite Gebot wurde oft ausgelassen,
weil Bilderstürmer Kunst ablehnten:[23]
»Du sollst dir kein Gottesbild machen ...!
Du sollst sie nicht anbeten
und dich nicht zu ihrem Dienst verleiten lassen ...!«[24]
Das Verbot meint Kultbilder:
Der wahre Gott ist anders als Sonne oder Mond am Himmel,
anders als ein Mensch auf Erden,
anders als ein Ungeheuer des Meeres.
Denn Gott ist anders als die Welt.
Man darf ihn nicht in Gestalt von Kälbern
wie in Bethel verehren,[25]
noch darf man in Jerusalem ein Bild der Aschera
neben ihm aufstellen.[26]
Der neue Tempel enthielt
an Stelle aller Götterbilder nur
die Bundeslade mit zehn Geboten.
In seinen Geboten ist Gott gegenwärtig.
Seine Gebote zu halten, ist wahrer Gottesdienst.
Bilder wurden immer mehr
nicht nur im Tempel verboten,
sondern auch im Alltag und in der Familie.
Denn wo es Götterbilder gab,
konnten sie nur fremde Götter meinen.
Sie waren Abfall vom einen und einzigen Gott.
Auch das Bilderverbot wurde radikalisiert.

23. In Luthers kleinem Katechismus wird es einfach ausgelassen. Orthodoxe, anglikanische und reformierte Kirchen zählen das Bilderverbot als zweites Gebot, Katholiken und Lutheraner ziehen es dagegen zum ersten Gebot, weil es nicht Bilder an sich, sondern nur die Verehrung von Bildern anderer Götter verbietet.
24. Ex 20,4 f. / Dtn 5,8 f.
25. 1 Kön 12,25.28 f.
26. 2 Kön 23,6. Die Göttin Aschera galt als Frau Jahwes.

Die beiden Gebote
zum Gebrauch seines Namens und seines Sabbats
lehren, wie man Gott verehren soll:
»Du sollst den Namen des Herrn, deines Gottes
nicht unnütz brauchen!«[27]
Man soll seinen Namen nicht zum Betrug
und nicht zum Schaden anderer verwenden.
Gottes Namen soll zum Segen dienen.
Kein falscher Schwur,
kein feindseliger Fluch
darf in seinem Namen geschehen.

Dass Gott für alle Menschen Gutes will,
sagt auch das Feiertagsgebot:
»Du sollst den Sabbat heiligen!«[28]
Freiheit von Arbeit gibt allen Menschen
Wert und Würde,
auch Sklaven und Fremden.
Sogar das Vieh soll sich von Mühsal erholen.
Gott soll durch Arbeitsruhe verehrt werden.
Denn Israel war selbst in Ägypten versklavt.[29]
Alle sollen am Sabbat
an seiner Befreiung teilhaben.
Daher hören wir als zweite Begründung:
Gott ruhte nach der Schöpfung der Welt.[30]
Der Sabbat ist ein Geschenk an *alle* Menschen.
Das Gebot wurde universalisiert.

Das nächste Gebot lehrt die Pflicht,
sich um alte Eltern zu kümmern:
»Du sollst deinen Vater und deine Mutter ehren!«[31]
Wer sie durch Not und Hunger vorzeitig sterben lässt,
hat kein langes Leben verdient.
Wer sie ehrt, hat die Verheißung, lange zu leben.
Denn seine Kinder werden ihn später unterstützen.
Aber nicht nur die Erhaltung des Lebens

27. Ex 20,7 / Dtn 5,11.
28. Ex 20,8 / Dtn 5,12.
29. Dtn 5,15.
30. Ex 20,11 vgl. Gen 2,1f.
31. Ex 20,12 / Dtn 5,16.

wird vom Elterngebot geschützt,
sondern auch die Gestaltung des Lebens
durch Gebote und Tradition.
Ohne Eltern würden die zehn Gebote
den Kindern nicht mehr weiter gegeben.
Daher wurde das Gebot bald
auch zur Weisung an unmündige Kinder,
den Eltern zu gehorchen.
Das Gebot wurde ausgeweitet.
Es gilt allgemein.

Weitere Verbote schützen Menschen voreinander.
Verboten ist die illegitime
Tötung unschuldigen Lebens:
»Du sollst nicht töten!«[32]
Mord und Totschlag zerstören die Freiheit.
Auch dieses Gebot wurde verallgemeinert.
Die Todesstrafe wird heute
in vielen Ländern geächtet,
Kriege sollten wir ächten.
Bis heute setzen wir
die Tendenz zur Universalisierung fort.
Leben hat Vorrang vor dem Tod!

Verboten ist die illegitime Zeugung neuen Lebens:
»Du sollst nicht ehebrechen!«[33]
Wer in eine andere Ehe einbricht,
zerstört das Vertrauen,
dass Menschen ihre eigenen Kinder aufziehen.
Anfangs richtete sich das Gebot nur an Männer.
Nur sie konnten die Ehe eines andern brechen.
Bald richtete es sich an beide,
Männer und Frauen.
Jede Untreue ist Ehebruch –
nicht nur wegen des Nachwuchses.
Denn Treue zwischen Mann und Frau
ist Echo der Treue Gottes,
der beide schuf.

32. Ex 20,13 / Dtn 5,17.
33. Ex 20,14 / Dtn 5,18.

Auch dieses Gebot
wurde generalisiert.

Die nächsten Gebote schützen
Besitz und Ruf des Nächsten:
»Du sollst nicht stehlen!«[34] meint:
Du sollst anderen nichts wegnehmen,
was beweglich ist,
erst recht darfst du
keinen Menschen rauben
und ihm die Freiheit nehmen
aufzubrechen,
wohin er will.

Menschenfeindlich ist die Zerstörung des guten Rufes:
»Du sollst nicht falsch Zeugnis reden
wider deinen Nächsten!«[35]
Geächtet wird die Falschaussage vor Gericht,
die andere ins Unglück stürzt.
Aber auch sonst darfst du das Ansehen anderer
nicht durch üble Nachrede schädigen.
Daraus wurde das Verbot, die Unwahrheit zu sagen
So wurde das Verbot verallgemeinert.

Am Ende steht das Verbot des Begehrens:
»Du sollst nicht begehren deines Nächsten Haus,
du sollst nicht begehren deines Nächsten Frau,
Knecht, Magd, Vieh noch alles, was sein ist!«[36]
Es schützt den Besitz freier Menschen
vor dem Übergriff der anderen.
Das verallgemeinerte Gebot heißt schlicht:
»Du sollst nicht begehren!«[37]
Der Mensch soll nicht
von Trieben getrieben werden.
Er soll sich selbst beherrschen.

34. Ex 20,15 / Dtn 5,19.
35. Ex 20,16 / Dtn 5,20.
36. Ex 20,17 / Dtn 5,21.
37. Röm 7,7.

Am Sinai wurden die Zehn Gebote
nicht durch Vermittler übergegeben.
Gott spricht direkt zu Israel.
Später schloss man daraus:
Menschen kennen diese Gebote
unabhängig von menschlicher Tradition
als Stimme Gottes,
die sie in ihrem Gewissen vernehmen.
Die sozialen Gebote wurden zum Naturrecht,
das alle verpflichtet.

In der Auslegung der Zehn Gebote
hat eine generalisierende Kraft
Spuren hinterlassen.
Es ist dieselbe moralische Kraft,
die den kategorischen Imperativ hervorachte
und uns verpflichtet,
alles zu überprüfen,
ob es als allgemeine Regel vertretbar ist.
Der kategorische Imperativ
ist Echo der Stimme vom Sinai.
Doch sind die Gebote Israel gesagt,
das dem Sklavenhaus in Ägypten entronnen war.
Lassen sich ihre Adressaten
verallgemeinern?

Am Beispiel Israels dürfen alle Menschen lernen:
Alle sind Freigelassene der Schöpfung.
Alle sind der Natur entronnen
und haben die Verpflichtung,
Freiheit bei sich und anderen zu bewahren.
Alle Völker sind
Israel zu Dank verpflichtet,
weil es den einen und einzigen Gott entdeckt
und seine Gebote angenommen hat.
Alle Völker werden durch die zehn Gebote verpflichtet,
die ihnen geschenkte Freiheit zu bewahren.
Allen Menschen ist dieser Auftrag
ins Herz geschrieben
als unauslöschliches Siegel
unserer Ebenbildlichkeit.

76.

**Warum besteht die Bibel darauf,
dass Gott der eine und einzige Gott ist?**

Ein griechischer Philosoph erkannte:
»Ein einziger Gott ist
unter Göttern und Menschen der Größte,
weder dem Körper noch der Einsicht nach
den sterblichen Menschen gleich.«[38]
Der philosophische Gott
ist unter den Göttern einzigartig und groß.
Er ist Exemplar einer Gattung
und könnte in vielen Exemplaren existieren.
Er gehört zur Welt.

Israel aber erkannte:
Gott fällt unter keinen Gattungsbegriff.
Er ist kein Exemplar einer Gottheit.
Er ist kein Teil der Welt.
Er kann nur mit Eigennamen bezeichnet werden.
Mit diesem Namen offenbart er sich Mose
als JHWH: Ich bin, der ich bin.
Gott ist singulär,
weil er der Gott
einer singulären Welt ist.

Gott wird erfasst,
wenn man sich von ihm beauftragen lässt.
Sein Eigenname bedeutet auch:
Ich werde sein, der ich sein werde.
Er beauftragt Mose,
das Volk in die Freiheit zu führen.[39]
Gott ist singulär,
weil er der Gott
einer singulären Geschichte ist.

38. Der Vorsokratiker Xenophanes, Fragment 34 (6. Jh.).
39. Ex 3,1-22.

Sein Auftrag ist,
durch die Wüste des Lebens
den Weg in die Freiheit zu finden.
Aber wir tanzen lieber
ums Goldene Kalb,
als dem Ruf in die Freiheit zu folgen.
Gott ist singulär,
weil er der Gott
singulärer, freier Menschen ist.

77.

Warum soll man den einen und einzigen Gott von ganzem Herzen, ganzer Seele und allen Kräften lieben?

Der Mensch ist von selbst keine Einheit.
er wird hin und her gerissen
zwischen Impulsen und Trieben.
Er kann alles durch seine Vernunft steuern.
Dann hat er ein Zentrum im Innern.
Er kann alles auf Gott auszurichten.
Dann hat er ein Zentrum außerhalb seiner selbst.
Beides kann sich
gegenseitig verstärken.

Deshalb hat Jesus das Gebot,
»Gott zu lieben mit ganzem Herzen,
ganzer Seele und allen Kräften«,
durch die Forderung ergänzt,
ihn auch mit dem Verstand zu lieben.

Doch welcher Mensch ist
ganz und gar von Gott durchdrungen?
Wer liebt ihn mit seinem ganzen Wesen,
dass er immer eins ist
mit sich selbst
und mit ihm?

78.

**Warum wird in der Bibel verboten,
dass man andere Götter neben Gott hat?**

Wenn Gott der eine und einzige ist,
ist jede andere Gottheit
ein Stück der Welt.
Die Natur beeindruckt durch Ordnung,
aber sie ist nicht Gott.
Der Nächste fordert uns heraus,
aber er ist nicht Gott.
Die Gesellschaft verpflichtet uns,
aber sie ist nicht Gott.
Dem Geld ist alles unterworfen,
aber der Mammon ist nicht Gott.
Er ist ein Götze.

Andere Götter führen nicht aus Sklaverei in die Freiheit,
sondern aus Freiheit in Sklaverei.
Andere Götter fordern nicht
Nächstenliebe,
sondern Hass.

Ein Gott,
in dessen Namen man Kreuzzüge führte,
Hexen verbrannte,
Juden verfolgte
und das eigene Volk über alle Völker setzte, –
war ein Götze,
auch wenn Christen ihn verehrten.

Doch welcher Mensch
ist ohne Götzendienst?
Wer hat nie das Endliche
mit dem Unendlichen
verwechselt,
das Geschöpf mit dem Schöpfer,
die Welt mit Gott?

79.

Warum verbietet die Bibel, dass man sich von Gott ein Bild macht?

Götterbilder waren gemacht zur Anbetung.
Niemand soll sie verehren.
Gott ist anders als Holz und Stein.
Darum sagt das Gebot:
»Du sollst dir kein Bildnis
noch irgendein Gleichnis machen,
weder von dem,
was oben im Himmel,
noch von dem,
was unten auf Erden,
noch von dem,
was im Wasser unter der Erde ist:
Bete sie nicht an und diene ihnen nicht!«[40]

Die Bildlosigkeit Gottes wurde
zum zweifachen Symbol:
Der Mensch soll frei werden
gegenüber allem,
was er selbst geschaffen hat.
Er soll sein Werk
nicht mit Gott verwechseln.

Aber auch Gott soll frei sein
gegenüber allem,
was der Mensch über ihn denkt.
Der Mensch soll nicht
seine menschlichen Vorstellungen
mit Gott verwechseln.

Gott ist nicht sichtbar
im Bild,
Gott ist hörbar
im Wort.

40. Ex 20,4.

80.

Inwiefern schützt die Bildlosigkeit Gottes die Freiheit des Menschen?

Die Bildlosigkeit Gottes
ist ein Bild für menschliche Freiheit
gegenüber allem,
was der Mensch geschaffen hat.
Er nimmt Holz und macht mit einer Hälfte Feuer,
um sich daran zu wärmen.
»Die andere Hälfte macht er zum Gott,
dass es ein Götze sei,
vor dem er kniet und niederfällt
und betet und spricht:
Errette mich, denn du bist mein Gott!«[41]
Götterbilder zeigen:
Wir machen uns abhängig von dem,
was wir produzieren,
und durchschauen es nicht.

Was sind unsere Götterbilder heute?
Alles von uns Hervorgebrachte,
dem wir dienen,
obwohl es uns dienen soll:
Dienen soll uns das Geld,
doch wir bedienen es mit unserer Gier.
Dienen soll uns die Technik,
doch wir unterwerfen uns ihrem Restrisiko.
Dienen soll uns der Staat,
doch der rechnet zynisch damit,
dass wir uns fügen.
Es gibt keinen Menschen,
der nicht Götzendienst getrieben hat.

41. Jes 44,16-17.

81.

Inwiefern schützt die Bildlosigkeit Gottes die Freiheit Gottes?

Die Bildlosigkeit Gottes
wurde zum Bild dafür,
dass Gott anders ist
als alle Vorstellungen von ihm.
Alle unsere Bilder von Gott
stehen im Verdacht,
Projektion von Wunsch und Angst zu sein.

Doch sind auch unsere Bilder von anderen Menschen
Projektionen und Wünsche.
Wenn sie Zusammenleben ermöglichen,
sind sie rechtfertigt –
ebenso wie Bilder von Gott,
wenn sie helfen,
Kontakt mit ihm zu halten.

Was sind also legitime Gottesbilder?
Alle Vorstellungen und Gedanken,
die erkennen lassen,
dass er unerkennbar ist.

Unerkennbar
ist auch der Mensch
als Ebenbild Gottes.
Auch vom Menschen
darfst du dir kein Bild machen,
das endgültig ist.

82.

**Warum finden wir in der Bibel
so viele bildlichen Vorstellungen für Gott?**

Je mehr die Bilder
aus Holz und Stein verschwanden,
umso mehr schuf poetische Vorstellungskraft
Bilder von Gott.

Gott ist der Architekt der Welt.
Er schafft in sechs Tagen die Welt
voll lebensfreundlicher Ordnung für Mensch und Tier.
Lebensfreundlich ist am siebten Tag
die Ruhe für alle Geschöpfe.[42]
Weil der Mensch Leben nicht schaffen kann,
beweist er seine Macht,
indem er Leben zerstört:
Kain tötet seinen Bruder.[43]
Das Böse triumphiert.
Aber der Mensch ist dazu bestimmt,
es zu besiegen.[44]

Gott ist der Beschützer der Familie.
Er begleitet Sippen auf der Suche nach Land.
Er ist ein Gott der Hoffnung,
der Nachkommen verheißt,
ein Gott des Friedens,
der Verständigung mit den Nachbarn will,
ein Gott der Versöhnung,
der Brüder zusammenführt.
Joseph wird in die Sklaverei verkauft.
Doch er verzeiht um Gottes willen:
»Menschen gedachten, Böses zu tun,
Gott aber gedachte, es gut zu machen.«[45]

Gott ist der Befreier des Volkes.
Sein Volk entsteht durch Auszug aus Sklaverei.
Gott offenbart sich ihm als JHWH:
»Ich bin, der ich bin.
Ich werde sein, der ich sein werde.«[46]
Er ist der Gott, der in die Freiheit führt,
aber auch durch Tötung der Erstgeburt derer,
die einst die Kinder Israels töten wollten,
Schrecken verbreitet.

42. Gen 2,1-3 in Verbindung mit Ex 20,8-11.
43. Gen 4.1-16.
44. Gen 4,7.
45. Gen 50,20.
46. Ex 3,14.

Gott ist ein Gott des Rechts.
Er gibt am Sinai Gebote,
um die Freiheit zu bewahren.
Er bietet Sühne und Umkehr an.
Selbst wenn Menschen ums Goldene Kalb tanzen,[47]
verwirft er sie nicht,
sondern erneuert sein Gesetz.
Sein Gesetz ist Gnade,
Barmherzigkeit sein Wesen.[48]

Gott ist ethische Energie
beim Propheten Amos.
Die Glut seines Zorns bedroht alle Menschen.
nicht nur in Israel,
auch, wenn andere Völker einander Unrecht tun.[49]
Niemand besteht vor seinem Zorn.
Gott ist ein brüllender Löwe,[50]
vor dem die Erde erschrickt.

Gott ist glühende Liebe
beim Propheten Hosea.
Er bleibt seiner untreuen Frau treu.
Er wartet nicht, bis die Menschen zu ihm umkehren,
sondern kehrt zu ihnen
in grundloser Liebe um.
Er bindet Menschen an sich,
die weg von ihm streben.

Gott ist unnahbar
beim Propheten Jesaja.
Er thront in seinem Thronsaal
umgeben von Heiligkeit,
zwischen himmlischen Wesen,
die ihre Augen verhüllen,
weil sie ihn nicht schauen können.
»Heilig, heilig, heilig ist Gott«.[51]

47. Ex 32.
48. Ex 33,19.
49. Amos 2,1-3.
50. Amos 3,8.
51. Jes 6,1-12.

Kein Mensch kann ihm dienen.
Alles versinkt vor ihm in Asche und Staub.

GOTT IST ERLÖSER UND SCHÖPFER
beim Zweiten Jesaja im babylonischen Exil.[52]
Die Götter der Völker sind Trug und Illusion.
Nicht sie haben über Israel gesiegt,
sondern der eine und einzige Gott.
Er und kein anderer
hat Israel für vergangene Sünden bestraft.[53]
Er und kein anderer
wird Israel aus dem Exil erlösen.[54]
Er und kein anderer
will in Zukunft sein Gott sein.
Israel soll sein Zeuge sein,
Zeuge des einen und einzigen Gottes.[55]

GOTT IST WEISHEIT.
Die Weisheit ist seine Frau und Gespielin.[56]
Durch sie hat er die Welt geschaffen.
Seine Weisheit ist allen zugänglich.
Leben kann gelingen,
wenn sich alle an sie halten.
Doch der Prediger Salomo erkennt:
Alles ist nichtig und Haschen nach Wind.[57]
Hiob erkennt:
Alles Leiden ist ohne Sinn.
Gott offenbart sich in Untieren.[58]
Wann offenbart er sich endlich als Mensch?

GOTT IST DER MENSCHENÄHNLICHE.
Daniel deutet in seiner Vision[59]
die Reiche der Welt,

52. Jes 40-55.
53. Jes 42,24.
54. Jes 43,1-7.
55. Jes 43,10-13.
56. Spr 8,22-31.
57. Pred 2,11.26.
58. Hiob 40,15-41,26.
59. Dan 7.

Babylonier, Meder, Perser und Griechen,
als Herrschaft von Tieren.
Sie werden am Ende abgelöst
von der Herrschaft des Menschen.
Ein ›alter‹ Gott überträgt im Himmel
dem ›Menschen‹ seine Herrschaft,
damit die Erde menschlich wird.
Doch wann offenbart sich endlich der Mensch?

GOTT WIRD MENSCH
im Neuen Testament.
Als Geist verwandelt er Menschen zu einem neuen Leben.
Als Licht entreißt er Menschen der Finsternis.
Als Liebe überwindet er ihre Feindschaft.
Gott wird Mensch,
damit auch der Mensch
menschlich wird.

Alle Bilder von Gott sind vorläufig.
Ihre Vielzahl sagt:
Kein Bild ist letztgültig.
Ihre Folge zeigt:
Auch das allerletzte Bild
wird einmal
überholt sein.

83.

Wie sollen wir uns Gott vorstellen, wenn alle Bilder vorläufig sind?

Was wir über Gott sagen, ist ein Bild.
Unbildlich ist nur eine Aussage:
GOTT IST SEIN.
Einige Bilder sprechen besonders an,
um das Geheimnis des Seins zu erschließen.

GOTT IST LICHT,
das aus einer Quelle stammt,
die niemand sehen kann.
Wie Pflanzen sich zum Lichte wenden,
ohne zu wissen, was sie bewegt,

wächst alles diesem Lichte zu.
Oft wird es verfinstert.
Dunkle Wolken verhüllen das Licht,
das ständig durch sie strömt.
Je finsterer es wird,
umso klarer wird:
Du selbst sollst ein Licht
für andere sein.

GOTT IST MUSIK,
die von allen Seiten ertönt,
ohne dass man sagen kann,
woher sie kommt.
Alle Dinge verwandeln sich in Töne.
Unser Leben ist eine Melodie.
Wir müssen uns aufeinander abstimmen,
damit wir zusammen
sein Lob singen!

GOTT IST SCHWINGUNG,
die alle Dinge durchzieht
von den Sternen bis in die kleinsten Nerven.
Sie erschüttert Belebtes und Unbelebtes.
Gott »freut sich seiner Werke.
Er schaut die Erde an, so bebt sie.«[60]
Dieses Beben verbindet mit allem,
was ist und was war
und was sein wird.

GOTT IST EIN MAGNETISCHES FELD,
unsichtbar und allgegenwärtig,
nur wenn es Eisen erfasst,
wird es sichtbar.
Was müssen wir tun,
dass wir nicht stummes Holz sind,
sondern Eisen,
das sich an seinem Kraftfeld orientiert?
An ihm können wir unseren Kompass ausrichten,
damit unser Leben ein Ziel hat.

60. Ps 104,32.

Gott ist Energie.
ein Feuer der Liebe,
das zum Höllenfeuer wird,
wenn man sich gegen ihn stellt.
Unbewusst wirkt seine Kraft
in Steinen, Pflanzen und Tieren.
Sie kommt zu Bewusstsein im Menschen.
Nur Menschen können diese Kraft erkennen.
Nur Menschen werden von ihr erfasst.
Jeder hat zwischen Geburt und Grab
einen einzigartigen Auftrag.
»Gott ist ein verzehrendes Feuer.«[61]

Gott ist ein Programm,
das die Welt durch viele Programme steuert.
Gottes Programme steuern
die Bewegung der Sterne,
den Aufbau der Atome,
das Wachsen der Pflanzen,
den Stoffwechsel der Tiere,
den Kreislauf des Bluts,
das Denken des Gehirns.
Gottes Programme sind ein Gewebe
aus vorgegebenen Strukturen
und offenen Prozessen,
aus Zufall und Notwendigkeit.
Naturgesetze sind seine Gedanken,
Chaos ist sein Spiel.
Doch wir haben das Privileg,
seine Programme zu entziffern
und dürfen als letzten Schritt
uns selbst eintragen
und seine Programme weiter schreiben.

Alles, was wir über Gott sagen,
ist nur ein Bild.
Unbildlich ist nur eine Aussage:
Gott ist Sein.

61. Hebr 12,29.

Gott ohne Grenzen:[1]
Gott in anderen Religionen

84.

Ist der Gott Israels auch der Gott der Christen und Moslems?

Alle drei Religionen
bezeugen dasselbe Geheimnis des Seins
unter verschiedenen Aspekten.

Das JUDENTUM lehrt Verantwortung.
Dem Menschen ist die Thora gegeben,
die ihn für sein Leben und für die Welt
verantwortlich macht.
Vor ihm liegt der Weg
zum Leben und zum Tod.
Mose ist Lehrer der Freiheit
und des Gewissens.

Das CHRISTENTUM hat Gott als Geborgenheit erlebt.
Paulus bringt sein Vertrauen so zum Ausdruck:
»Weder Tod noch Leben,
weder Engel noch Mächte noch Gewalten,
weder Gegenwärtiges noch Zukünftiges,
weder Hohes noch Tiefes
noch eine andere Kreatur
können uns scheiden von der Liebe Gottes,
die in Christo Jesus ist, unserem Herrn.«[2]
Jesus vermittelt Liebe und Sinn.

Der ISLAM lehrt ein unbedingtes Abhängigkeitsbewusstsein.
Gott ist der Schöpfer des Himmels und der Erde.
Alles ist in jedem Augenblick
Schöpfung aus dem Nichts.

1. Vgl. den Titel des Buches von Perry Schmidt-Leukel, Gott ohne Grenzen. Eine christliche und pluralistische Theologie der Religionen, Gütersloh 2005.
2. Röm 8,38 f.

Naturgesetze sind Gewohnheiten Gottes,
die er jederzeit durchbrechen kann.
Mohamed ist Lehrer
des inneren Friedens in Abhängigkeit von Gott

Die Gottesbilder sind verschieden,
doch offenbart sich in ihnen derselbe Gott:
In allen drei Religionen
ist Gott der Schöpfer der Welt.
In allen drei Religionen
fordert er vom Menschen Verantwortung.
In allen drei Religionen ist er barmherzig und gnädig,
wenn Menschen sich verfehlen.
Kreaturbewusstsein, Verantwortung und Geborgenheit
bestimmen alle drei
biblischen Religionen.

85.

Wie verhält sich der Gott der Bibel zu den fernöstlichen Religionen?

DIE FERNÖSTLICHEN RELIGIONEN
vertreten eine Mystik,
die uns mit dem Sein
oder mit dem Nichts vereint.

TAOISMUS ist eine Mystik des Seins.
Er lehrt, sich einzufügen
in die kosmische Harmonie.
Erfahrungen von Resonanz bestimmen ihn:
Er hört die Musik der Welt
als lautlose Symphonie.

BUDDHISMUS ist eine Mystik des Nichts.
Er verwandelt die Angst vor dem Tod
in Sehnsucht nach Aufgehen im Nichts.
In ihm bestimmt alles Tun und Denken
die Erfahrung der Grenze
als Konfrontation mit dem Nichts,
das sich als erfüllte Leere offenbart.

Von fernöstlichen Religionen können die westlichen lernen:
Eine Mystik des Seins
ist in allen Sinnerfahrungen enthalten,
eine Mystik des Nichts
in allen Grenzerfahrungen.
Daher entstehen immer wieder
mystische Strömungen
aus dem Zentrum des eigenen Glaubens
auch unter Juden, Christen und Moslems.

Alle Religionen
im Osten und im Westen haben gemeinsam:
Sie lehren den Menschen,
Egozentriertheit zu überwinden.
Sie verlagern das Zentrum des Lebens
ins Zentrum der Realität,
in Gott, ins Sein oder in ein erfülltes Nichts.
Wer mit einem Zentrum verbunden ist,
findet in sich eine Mitte,
öffnet sich für andere Menschen
und für das Leben.[3]

86.

Was können Christen vom Judentum lernen?

Das Christentum meinte,
als Religion des neuen Bunds
das Judentum überholt zu haben.
Gerade deshalb können wir vom Judentum lernen,
denn auch das Christentum gilt heute
oft als überholt.

Eine moderne Diagnose sagt über Menschen,
die an Religion erkrankt sind,
ein aufklärungsresistenter Bazillus habe sie befallen.

3. Das ist eine kurze Zusammenfassung eines zentralen Gedankens von John Hick (1922-2012). Zur pluralistischen Religionstheologie vgl. Reinhold Bernhardt (Hg.), Der Absolutheitsanspruch des Christentums. Von der Aufklärung bis zur Pluralistischen Religionstheologie, Gütersloh 1990.

Sie seien die Fußkranken der modernen Gesellschaft.
Die Diagnose folgt alten Mustern.

Die Christen waren Kinder des Judentums,
aber kritisierten die Juden,
weil die Juden ihrer Wahrheit
nicht folgen wollten.

Das Christentum brachte aufgeklärte Kinder hervor.
Sie kritisierten die Christen,
weil sie mit ihrem »Fortschritt«
nicht Schritt hielten.

Die Aufklärung wurde
durch ihre postmodernen Kinder überholt.
Sie kritisierten vormoderne Wahrheitsansprüche in ihr:
Unbedingtheit vom Sinai,
Metaphysik aus Griechenland,
Seligpreisungen aus Galiläa.
Soll man diese Relikte der Wahrheit austilgen?

Oder soll man sich die Juden zum Vorbild nehmen,
die an ihrer Tradition festhielten,
als andere sie für überholt erklärten?
Sie sind vorbildlich für das Christentum.
für die Aufklärung
und ihre postmodernen Kinder,
wenn diese einst selbst überholt sein werden.

Im Bekenntnis zu Gott
waren Juden immer voraus.

87.

Was können Christen vom Islam lernen?

Der Islam sieht in Mohamed
die Vollendung der Offenbarung.
Er ist das »Siegel der Propheten«,
das alle bisherige Offenbarung überbietet.
Von ihm können wir lernen:

Es ist unsere Aufgabe,
unsere Religion zu vollenden.
Darin sollen Religionen konkurrieren.
Dazu dürfen sie voneinander lernen.

Mohamed wollte
den Glauben an den einen und einzigen Gott wiederherstellen,
wie Mose ihn gelehrt hat.
Doch kamen erst Propheten im Exil
zur Erkenntnis des einen Gottes.
Die Erkenntnis Gottes stand nicht am Anfang,
sondern am Ende einer langen Geschichte.
Gott wird in der Religionsgeschichte
erst in der Zukunft erkennbar –
auch über Mohamed hinaus.

Mohamed wollte
den Glauben an den einen und einzigen Gott wiederherstellen,
wie Jesus ihn gelehrt hat.
Jesu Verkündigung der Gottesherrschaft
war radikaler Monotheismus:
Der eine und einzige Gott
sollte sich gegen alle Mächte durchsetzen.
Erst aufgrund von Kreuz und Ostern
trat Jesus neben Gott,
nicht um den Glauben an den einen Gott zu überwinden,
sondern um ihn zu retten.

Mohameds Verkündigung enthält eine Wahrheit
über den einen und einzigen Gott.
Im Bewusstsein,
dass alle Religionen vollendet werden müssen,
war Mohamed allen voraus.

88.

Was können Christen vom Buddhismus lernen?

Buddhismus und Christentum haben gemeinsam:
Beide sehnen sich nach einem Leben,
das nicht auf Kosten anderen Lebens lebt.

Buddhisten überwinden in sich den Durst nach Leben
und lassen ihn verlöschen.
Dann sind sie frei, alles loszulassen.
Auch der Schwache kommt bei ihnen zur Geltung.
Er wird nicht verdrängt.
Christen wollen den Lebensdurst
in Liebe verwandeln,
die auch den Schwachen stützt
und ihn zur Geltung kommen lässt.
Beide Religionen folgen einem antiselektiven Imperativ,
der Buddhismus
durch Verneinung des Willens zum Leben,
das Christentum
durch Verwandlung des Willens zum Leben
in Liebe.

Wenn alles nichtig ist,
weil es vergänglich ist,
dann ist auch das Leid nichtig.
Denn auch das Leid vergeht.
Es ist nicht der einzige Schlüssel zum Leben.

Lernen können Buddhisten von Christen,
Leid zu überwinden,
um in die Dunkelheit des Lebens
Licht zu bringen.

Lernen können Christen von Buddhisten,
das Leben loszulassen
und ohne Angst in die Dunkelheit des Todes zu gehen,
wo alles Leid überwunden wird.
Darin sind uns Buddhisten voraus.

89.

Ist der eine und einzige Gott mit seinen unbedingten Forderungen ein Hindernis für Toleranz?[4]

Biblischer Glaube ist überzeugt:
Gott ist transzendent.
Er ist mit nichts in der Welt identisch.
Er ist nur begrenzt erkennbar.
Intoleranz hält dagegen
Unerkennbares für erkennbar,
Bedingtes für unbedingt,
Relatives für absolut.
Gott aber ist transzendent.
Man darf sich von ihm kein Bild noch Gleichnis machen.
Das begründet Toleranz im biblischen Glauben.
Aber warum verwirft der biblische Gott
andere Religionen und andere Götter?

Der Alternative von Gott und Göttern
verdanken wir Umkehr und Bekehrung.
Um des einen Gottes willen
muss man die anderen Götter verwerfen,
um der einen Wahrheit willen
sich abwenden vom Irrtum.
Die Fähigkeit zur Umkehr zeigt:
Wir sind nicht festgelegt auf das,
was wir von Natur aus sind.
Wir können ausziehen aus
dem Sklavenhaus unserer Vergangenheit.
Umkehr ist FREIHEIT,
Freiheit ist Voraussetzung für Toleranz.
Daher begegnen wir dem,
der Freiheit abschaffen will,
mit Intoleranz.

4. Die Diskussion um den Monotheismus wurde vor allem durch Jan Assmann, Die Mosaische Unterscheidung oder Der Preis des Monotheismus, München 2003, angeregt. J. Assmann formuliert zweideutig: Der »Preis« des Monotheismus ist einerseits ein »Loblied« auf ihn, andererseits macht er die Schattenseite des Monotheismus bewusst.

Warum warnt der biblische Gott vor fremden Völkern?
Schon immer finden wir nebeneinander
Nächstenliebe und Fremdenfeindschaft.
Das Gebot: »Du sollst deinen Nächsten lieben wie dich selbst«[5]
gilt schon im Alten Testament
für den fremden Nachbarn im eigenen Land.[6]
Er ist kein Feind.
Gott liebt den Fremden.[7]
Gott verspricht aber,
das Land von Feinden zu befreien,
die seine Existenz in Frage stellen.
Doch auch diese Abgrenzung gegen Feinde wird
Im Neuen Testament in Frage gestellt:
Hier gilt die NÄCHSTENLIEBE
dem Fremden wie dem Feind.
Immer klarer wird in der Bibel erkannt:
Gott ist ohne Grenzen.
Diese Nächstenliebe ist Voraussetzung für Toleranz.

Dass Freiheit und Nächstenliebe
in Gott begründet sind,
verbietet jede Intoleranz,
die sich auf Gott beruft.
Freiheit und Nächstenliebe
müssen unbedingte Forderungen bleiben.

5. Lev 19,18.
6. Lev 20,23.
7. Dtn 19,18.

Der dreieinige Gott: Gott im kirchlichen Dogma[1]

— 90. —

Was sagt der Glaube an den *dreieinigen* Gott??

Gott ist der eine und einzige Gott,
der in drei Personen begegnet.
Die Bibel kennt nur trinitarische Formeln,[2]
keine Trinität von gleichberechtigten Personen.
Jesus und der Geist sind untergeordnet.[3]
Erst theologisches Nachdenken gab gleiche Würde
dem Schöpfer der Welt,
dem Sohn und dem Heiligen Geist.

Gott ist in sich Gemeinschaft:
Das sagt der Trinitätsglauben.
Er entstand in vielen Konflikten.
Politiker plädierten für Rangunterschiede
in der innergöttlichen Gemeinschaft,
Theologen setzten Gleichheit durch.
Deswegen wurde 381 n. Chr. in Konstantinopel zum Bekenntnis:
Gleiches Wesen haben alle drei Personen
trotz Unterschiede zwischen Vater, Sohn und Heiligem Geist.
Diese Bilder umkreisen
das Geheimnis des Seins.
Gott ist in sich Gemeinschaft
von Personen gleichen Rangs.

1. Zur Trinitätslehre vgl. A. M. Ritter, Dogma und Lehre in der Alten Kirche, in: Handbuch der Dogmen- und Theologiegeschichte Bd. 1, Göttingen ²1999, 99-283, bes. 163-221.
2. Mt 28,19; 1 Kor 12,4-6; in 1 Joh 5,7 f wurde die Trinitätslehre in der lateinischen Bibel sekundär eingefügt: »drei sind, die das bezeugen [im Himmel: der Vater, das Wort und der heilige Geist; und diese drei sind eins. Und drei sind, die das bezeugen auf Erden:] der Geist und das Wasser und das Blut«. Der eingeklammerte Abschnitt fehlt in den griechischen Handschriften.
3. Jesus ist nach Joh 1,1 »Gott«, erklärt sich in Joh 10,30 für »eins mit dem Vater«; er wird in Hebr 1,8 von Gott als »Gott« angeredet, aber er wird auch im JohEv und Hebr eindeutig Gott untergeordnet.

Wenn wir in Gemeinschaft leben
werden wir sein Ebenbild.
Das Geheimnis des Seins ist
Gemeinschaft.

GOTT IST IN SICH BEZIEHUNG.
Augustinus hat die Dreiheit in Gott begründet
als Beziehung zwischen Personen:
Gott ist Liebe
als Beziehung von Personen,[4]
Gott ist Geist
als Beziehung zu sich selbst.[5]
Diese Bilder umkreisen
das Geheimnis des Seins.
Wer in Beziehung lebt,
wird sein Ebenbild.
Das Geheimnis des Seins ist
Beziehung.

GOTT IST IN SICH LIEBE.
Augustinus sagt:
Gott ist der Liebende,
der Sohn der Geliebte,
der Heilige Geist die Liebe,
die beide verbindet.
Liebe kennt keine Hierarchie.
Was diese Bilder sagen,
umkreist das Geheimnis des Seins.
In seiner Tiefe ist Liebe zum Leben verankert.
Liebe bejaht alles Sein.
Wer in Liebe lebt,
ist sein Ebenbild.
Das Geheimnis des Seins ist
Liebe.

GOTT IST IN SICH GEIST.
Augustinus sagt:
Des Menschen Geist ist Erinnerung,

4. 1 Joh 4,16.
5. Joh 4,24.

durch die er derselbe bleibt
als Ebenbild Gottes.
Sein Denken ist ein inneres Wort,
das hörbar nach außen tritt,
wie das Wort Gottes in Jesus nach außen trat und sichtbar wurde.
Des Menschen Wille ist Selbstbestimmung
und handelt in Übereinstimmung mit sich selbst,
wie Gott und Sohn im selben Geiste handeln.
All diese Bilder umkreisen
das Geheimnis des Seins.
Sein ist zur Selbstorganisation fähig
und bezieht sich auf sich selbst.
Durch Selbstbestimmung
sind wir sein Ebenbild.
Das Geheimnis des Seins ist
Geist.

Das Geheimnis des Seins
ist in Bildern der Dreieinigkeit verborgen:
Gott ist ein System von Beziehungen,
Gott ist als Liebe allem zugewandt.
Gott ist als Geist seiner selbst bewusst.
All diese Bilder umkreisen
das Geheimnis des Seins.
Wenn wir diesem Geheimnis entsprechen.
sind wir Gottes Ebenbild.
Das Geheimnis des Seins ist
Gott.

91.

Welche Probleme haben die Entwicklung des Gottesbildes zum dreieinigen Gott notwendig gemacht?

Das trinitarische Gottesbild
war Antwort auf unlösbare Probleme
des Glaubens an den einen und einzigen Gott.
Wie können Menschen Gott erkennen?
Wie können Menschen Leid ertragen?
Wie können Menschen Freiheit bewahren?

Das erste Problem ist:
Wenn Gott transzendent ist –,
wie kann er zugänglich werden für Menschen?
Darauf antwortet der Glaube an Gott den Schöpfer:
Gott hat Spuren in der Welt hinterlassen.
Sichtbar ist er in seinen Werken.
Wenn nicht Undankbarkeit das Herz verfinstert,
erkennt der Mensch:
Sein Grund ist begründet in Gott,
seine Grenze grenzt an Gott,
sein Unwissen ist Unwissenheit von Gott.
Er kann in der Schöpfung Gott ahnen.
Wie aber soll er Gott erkennen?
Muss Gott ihn durch seinen Geist erleuchten?
Muss der unsichtbare Gott
in einem Menschen sichtbar werden?
Weil Gottes Spuren auch in Jesus und im Geist begegnen,
wurde der unzugängliche Gott
für Menschen zugänglich.

Das zweite Problem ist:
Wenn Gott gütig ist –
warum lässt er Leiden zu?
Darauf antwortet der Glaube an Jesus
als den Mensch gewordenen und gekreuzigten Gott:
Leiden lässt sich leichter ertragen,
wenn auch Gott es erträgt.
Der Mensch bleibt nicht allein im Leiden.
In seiner Verlassenheit von Gott
verlässt Gott nicht den Menschen.
Gott selbst ruft an seiner Statt:
»Mein Gott, mein Gott,
warum hast du mich verlassen!«[6]
Durch den Gekreuzigten stellt sich Gott
auf die Seite der Menschen.
Durch den Auferstandenen
erhebt er den Menschen zu sich
jenseits des Leids.

6. Ps 22,2 = Mk 15,34.

Das dritte Problem ist:
Wenn Gott alles verursacht –
wo bleibt die Freiheit des Menschen?
Vor Gottes Allmacht wird menschlicher Wille zunichte.
Darauf antwortet der Glaube
an den Heiligen Geist:
Der Geist des Allmächtigen wohnt im Menschen,
er beteiligt den Menschen an seiner Macht.
Gott wirkt im Menschen
nicht als Fremdbestimmung,
vielmehr wird er eins mit seinem Geist.
Menschen tun spontan,
was Gottes Willen ist.
Gottes Geist gibt Freiheit.

Der Glaube an die Trinität
folgt aus dem Glauben
an den einen und einzigen Gott.
Glaube an die Trinität ist kein Abfall von ihm.
Er bringt unlösbare Probleme
in Bildern
zeitlos zum Ausdruck.

92.

Warum begegnet der dreieinige Gott vor allem in Lob und Dank?

Segen, Lob und Dank
geschehen im Namen des dreieinigen Gottes
immer wieder im Gottesdienst.
Immer wieder erklingt in ihm
das *Gloria in excelsis:*
»Ehr sei dem Vater und dem Sohn,
dem Heiligen Geist in seinem Thron,
der Heiligen Dreieinigkeit
sei Lob und Preis in Ewigkeit.«[7]

7. Letzte Strophe des Liedes: »Herr öffne mir die Herzenstür« von Johann Olearius 1671.

Warum wird dieses Lob der Dreieinigkeit
immer wieder gesungen?
Gottesdienst ist Einüben von Dankbarkeit.
Glaube an den dreieinigen Gott
ist dreifache Dankbarkeit.

Der Glaube an den Schöpfer ist
DANKBARKEIT FÜR DIESE WELT.
Einige zweifelten daran,
dass ein gütiger Gott diese Welt geschaffen hat.
Sie glaubten, ein unwissender »Weltschöpfer«
habe die Welt gemacht.
Deshalb sei sie so mangelhaft.
Man könne sie nur verfluchen.
Gegen diese *Gnostiker*[8] bekannten die Christen,
dass die Schöpfung gut ist.
Sie ist von Gott geschaffen
und kann sich zum Guten entwickeln,
auch wenn sie unvollkommen ist
und auf Erlösung wartet.
Menschen dürfen den Schöpfer loben
und für die Schöpfung dankbar sein.

Der Glaube an den Sohn ist
DANKBARKEIT FÜR DAS MENSCHLICHE LEBEN.
Wenn Gott Mensch wurde
von der Krippe bis zum Kreuz,
ist menschliches Leben unendlich wertvoll.
Doch manche zweifelten,
dass der unsterbliche Gott sterblich
und der unvergängliche Gott vergänglich werden kann.
Nur zum Schein könne er Mensch geworden sein.
Gegen diese *Doketen*[9] bekannten Christen,
dass Gott in Jesus nicht nur scheinbar Mensch war,
sondern wirklich Mensch.

8. Eine Strömung im Urchristentum, die im 2. Jh. blühte. Ihr Name kommt von »Gnosis« = Erkenntnis. Zu dieser Erkenntnis gehörte, dass die Welt nicht von dem gütigen Gott geschaffen ist, sondern von einem unwissenden »Demiurgen« (wörtlich = Handwerker).
9. »Doketismus« von griech. »dokein«: »scheinen«, »zum Schein sein« ist die Lehre, dass sich Gott nur zum Schein mit Jesus verbunden hat.

Mit der Menschwerdung Gottes
hielten sie an der Verheißung unserer Menschwerdung fest.
Der Mensch ist zu Großem bestimmt:
Gott will in ihm wohnen,
obwohl er endlich ist.
Gott will in ihm wohnen,
obwohl er unvollkommen ist.
Menschen dürfen für ihr Leben dankbar sein.

Der Glaube an Gott den Heiligen Geist ist
DANKBARKEIT FÜR DIE GEMEINSCHAFT MIT GOTT:
Gott beteiligt den Menschen daran,
seine Welt zu vollenden –
nicht durch Gebote von außen,
sondern von innen durch seinen Geist.
Gegen *den Klerikalismus*[10] bekennen Christen:
Wir glauben an den Heiligen Geist.
Alle Christen sind durch den Geist belehrt.
Alle können durch Dialog
gemeinsam die Wahrheit finden,
die Kirche leiten
und die Welt gestalten.
Gottes Geist ist Freiheit.
Wir dürfen im Geiste
Gott zusammen loben und danken.

10. Klerikalismus meint, dass der Klerus, also Priester und Pastoren, in der Kirche die entscheidende Macht haben sollen.

93.

Wie verhält sich der Glaube an den dreieinigen Gott zu anderen Religionen?

Der dreieinige Gott
ist ein Gott ohne Grenzen.

Der Glaube an Gott den Schöpfer
verbindet die Religionen des Westens:
Der eine und einzige Gott offenbart sich
als Abhängigkeit im Islam,
als Gesetz im Judentum.
als Liebe im Christentum.
Und ist doch in allen drei Religionen
der Barmherzige,
der Ursprung der Gebote,
der Schöpfer des Himmels und der Erde.

Der Glaube an den Heiligen Geist
verbindet mit den Religionen des Ostens:
Der Geist wohnt in den Menschen
und wird mit ihnen eins:
Der Geist schafft aus dem Nichts.
Leben im Geiste
ist Mystik des Nichts.
Der Geist schafft Harmonie mit dem Kosmos.
Leben im Geiste
ist Mystik des Seins.
Östliche Mystik
ist Erfahrung des Geistes.

Der Glaube an Jesus
als Mensch gewordenem Gott
verbindet mit dem modernen Humanismus.
Der Mensch wurde in Jesus
zur Wohnstätte Gottes,
damit die Menschwerdung aller Menschen gelingt.
Alles, was sinnvoll ist,
verwirklicht sich zwischen Geburt und Grab.
Die Menschwerdung Gottes
ist Gottes Humanismus.

— 94. —

Wie verhält sich der Glaube an den dreieinigen Gott zum Atheismus?

Religionskritik nimmt den Glauben
an den dreieinigen Gott beim Wort:
Alle drei Personen sind gleichen Rangs.
In allen dreien begegnet Gott ohne Vorbehalt:
Gott wurde Mensch.
und kann in jedem Menschen begegnen.
Gott wurde Geist
und kann in jedem Menschen wirken.
Ohne Vorbehalt
ist er im Menschen da.

Der Mensch gewordene Gott
ist in der Religionskritik
nur noch Mensch,
sein transzendenter Ursprung
wird bestritten.

Gottes Geist im Menschen
ist in der Religionskritik
nur noch menschlicher Geist.
sein transzendenter Ursprung
bleibt verborgen.

Gott wird im Atheismus
durch Kritik gekreuzigt
und begraben.
Er erlebt eine Auferstehung
im Menschen
nur als Mensch.
Menschen treten an Gottes Stelle.
Religionskritik ist Trinitätsglaube
ohne Gott.

95.

Wie verhält sich der Glaube an den dreieinigen Gott zur Geschichte?[11]

Der Glaube an den dreieinigen Gott
ahnt in der Evolution des Universums
den Offenbarungsort Gottes.

Gott schuf ein Universum,
das zur Selbstorganisation fähig ist:
Leben konnte entstehen
durch Überwindung
von Entropie.
Höhere Lebewesen konnten sich entwickeln
durch Selektion.
Menschlichkeit konnte sich entfalten
durch Moral.
Die Selbstorganisation des Universums
fand im Menschen ihr Abbild:
Er kann sich selbst organisieren
als Ebenbild des Seins
durch Freiheit und Kooperation.
Er kann Gott erkennen und verehren.
Gott wurde im Alten Testament
zum wichtigsten Anliegen des Menschen.

Als Mensch erscheint Gott
in Jesus von Nazareth
mitten in der Geschichte Israels.
Gott offenbart sich in dieser Geschichte
als Gesetz und Evangelium:
Zusammenfassung des Gesetzes
ist die Nächstenliebe,
die auch dem Feind,
dem Fremden und dem Sünder gilt.

11. Meine evolutionäre Deutung der Trinitätslehre ist von G. E. Lessing (1729-1781) beeinflusst. Lessing unterschied drei Phasen der »Erziehung des Menschengeschlechts« (1780) durch Gott, in denen er sich als Vater, Sohn und Geist zeigt und die Menschen zu einer autonomen Vernunftreligion erzieht.

Zusammenfassung des Evangeliums
ist die Rechtfertigung,
die auch dem Menschen gilt,
der dem Nächsten schadet.
Auch ihm gilt die Vergebung.
Die Menschwerdung Gottes
zielt auf Menschwerdung
des verlorenen Menschen.
Der Mensch wurde im Neuen Testament
zum wichtigsten Anliegen Gottes.

Der Geist ist die Verheißung,
dass die Offenbarung noch nicht abgeschlossen ist.
Die Verheißung zielt darauf,
dass Menschen spontan das Gute tun.
Unvollendet ist die Wahrheit,
unvollendet der Mensch,
unvollendet die Religion.
»Doch wenn der Geist der Wahrheit kommen wird,
wird er euch in alle Wahrheit leiten.«[12]
Dann wird der Geist des Menschen
sich mit Gottes Geist vereinen.
Dann wird die Entwicklung
von Religion und Welt
zum gemeinsamen Anliegen
von Gott und Mensch.

12. Joh 16,13.

II. Meditationen über Jesus

Wer war Jesus?

96.

Wie können wir von Jesus etwas wissen?

Von Alexander wissen wir durch Schriften,
die 400 Jahre nach seinem Tod entstanden sind.
Keiner zweifelt, dass er gelebt
und ein Weltreich gegründet hat.
Von Jesus wissen wir durch Schriften aus drei Generationen nach ihm.
Keiner muss zweifeln, dass er gelebt hat.
Doch hat er ein anderes Weltreich gegründet als Alexander.

Alles, was Paulus in der ersten Generation von Jesus sagt,
wird vom Markusevangelium bestätigt:
Er galt als Davidssohn.
Einer seiner Brüder hieß Jakobus.
Weitere Brüder sind bekannt.[1]
Er wollte, dass sich niemand scheiden lässt.
Alles hielt er für rein.[2]
Seine Jünger sandte er ohne Vorrat in die Welt.
Unter ihnen war zumindest Petrus verheiratet.[3]
Jesus deutete bei seinem letzten Mahl seinen Tod.[4]
Er wurde verraten, misshandelt, gekreuzigt und begraben.[5]
Juden und Römer waren beteiligt.[6]
Nach seinem Tod erschien er Petrus und den Zwölfen.[7]

1. Davidssohn: Röm 1,3; Mk 10,47 f.; Jakobus: Gal 1,19; 1 Kor 15,7; weitere Brüder: 1 Kor 9,5; Mk 6,3.
2. Scheidungsverbot: 1 Kor 7,10; Mk 10,10-12; Reinheit: Röm 14,14; Mk 7,15.
3. Aussendung: 1 Kor 9,14; Mk 6,8 f.; der verheiratete Petrus: 1 Kor 9,5; Mk 1,29-21.
4. Vgl. die Einsetzungsworte 1 Kor 11,21-26; Mk 14,22-25.
5. Misshandlung: Röm 15,3; Mk 15,15.19; Kreuzigung: Gal 3,1; Mk 15,24; Begräbnis: 1 Kor 15,3; Mk 15,42-47.
6. Juden: 1 Thess 2,15; Mk 14,53-65; Römer: 1 Kor 2,8; Mk 15,1 ff.
7. 1 Kor 15,3; Mk 16,7.

Sie waren überzeugt:
Er lebt.[8]

Neben den Paulusbriefen sind die ältesten Quellen
eine Sammlung seiner Worte
und das Evangelium des Markus.
Manche Worte sind in beiden Quellen erhalten.
Durch solche Doppelüberlieferungen wissen wir:
Jesus lehrte ein strenges Familienethos:
Kinder (oder Jünger) soll man aufnehmen.[9]
Ehescheidung lehnte er ab.[10]
Seine Jünger sandte er ohne Vorräte zur Predigt.[11]
Er verlangte von ihnen den Bruch mit der Familie,[12]
erwartete deren Zerfall in der Endzeit,[13]
forderte Selbstdisziplin bis zum Opfer von Auge und Hand.[14]
Er sagte ihnen Verfolgungen voraus.[15]
Sie sollten sich nicht sorgen,
was sie vor Gericht zur Verteidigung sagen.[16]
Wer sich zu ihm bekennt,
zu dem werde er sich vor Gott bekennen.[17]
Er lehrte in Gleichnissen vom Reich Gottes:
Es wächst so schnell wie ein Senfkorn.[18]
Man muss es erwarten wie ein Türwächter den Herrn.[19]
Das Reich des Satans zerfällt, der Satan ist gefesselt.[20]
Winzige Dinge haben große Wirkung:
Ein Senfkorn Glauben kann Berge versetzen;[21]
wenig Salz ist entscheidend.[22]

8. 1 Kor 15,3 ff.; Mk 16,6.
9. Mk 9,37 vgl. QLk 10,16.
10. QLk 16,18 / Mk 10,11 f.
11. QLk 10,4 ff. / Mk 6,8 ff.
12. QLk 14,26 f. / Mk 10,29 f.
13. QLk 12,53 / Mk 13,12.
14. QLk 5,29 f. / Mk 9,43 ff.
15. QLk 5,29 f. / Mk 9,43 ff.
16. QLk 12,11 f. / Mk 13,11.
17. QLk 12,8 f. / Mk 8,38.
18. QLk 13,18 f.
19. QLk 12,57 / Mk 13,34 f.
20. QLk 11,15-18.21 f. / Mk 3,22-27.
21. QLk 17,6 / Mk 11,22 f.
22. QLk 14,34 / Mk 9,50.

Was verborgen ist, wird ans Licht kommen.[23]
Wer sein Leben verliert, wird es gewinnen.[24]

Jesus hat viele Spuren hinterlassen,
die in unabhängigen Quellen
in den Evangelien mehrfach wiederkehren:
dass er ein Schüler des Täufers war,
das Reich Gottes verkündigte,
Jünger in seine Nachfolge berief,
das Liebesgebot lehrte.
Mehrfach belegt sind die Formen seiner Verkündigung:
Seligpreisungen, Weherufe und Sprichwörter,
Gleichnisse vom Gewohnten im Alltag
und Parabeln vom Ungewöhnlichen.
Er provozierte durch Zeichenhandlungen seine Umwelt,
vollbrachte Heilungen und trieb Dämonen aus.

Die deutlichsten Spuren hat er in dem hinterlassen,
was Christen in Verlegenheit brachte
und ihrem Glauben widersprach:
Jesus ließ sich als Sünder taufen.[25]
Seine Familie hielt ihn für verrückt.[26]
Seine Gegner warfen ihm ein Bündnis mit dem Teufel vor.[27]
Niemand sollte ihn »gut« nennen, weil Gott alleine gut ist.[28]
Schmählich wurde er verraten, verleugnet, verlassen
und zwischen Verbrechern hingerichtet.[29]

Alle Spuren Jesu können wir heute
immer besser in seine historische Welt einordnen:
Jesus berührte z. B. nie die Hauptstadt Galiläas.
Der Fürst des Landes misstraute ihm.
Es kursierte eine Weissagung,
das Reich Gottes werde kommen,
wenn seine Herrschaft zu Ende geht.

23. QLk 12,1 und 14,35b / Mk 4,22 f.
24. QLk 17,33 / Mk 8,35.
25. Mk 1,9-11.
26. Mk 3,21.
27. Mk 3,22.
28. Mk 10,17 f.
29. Mk 15,27.

Jesu Botschaft war für ihn eine Bedrohung.
Auch Pilatus hat er verunsichert.
Durch Inschrift wissen wir:
Pilatus gehörte nicht zur erfahrenen Herrschaftselite.
Das erklärt sein Schwanken,
wie er mit Jesus verfahren soll.

Dennoch wissen wir von Jesus nichts mit absoluter Gewissheit.
Der Glaube hat die Erzählungen von ihm gefärbt,
Verehrung sein Bild verklärt.
Seine Geburt wurde durch Engel und Hirten ausgemalt,
seine Taufe durch Öffnung des Himmels,
sein Wirken durch Wunder gesteigert,
die Kreuzigung durch Sonnenfinsternis verdunkelt.
Wir müssen gegen viele poetische Ausmalungen skeptisch sein.

Diese Skepsis nutzen Theologen
manchmal für ihre erbaulichen Zwecke:
Je historischer Jesus in seinem Kontext wird,
umso menschlicher wird er,
umso jüdischer und rebellischer.
Wem aber passt das
heute noch
ins Konzept?

97.

Was wissen wir über Jesus? Wer war er?

Geboren in einem kleinen Ort Galiläas,
am Ende der Regierungszeit Herodes I.
Sohn des Holz- und Steinarbeiters Joseph und seiner Frau Maria,
Bruder mehrerer Geschwister.
Lesen hat er gelernt,
wahrscheinlich auch schreiben.
Er lehrte in Synagogen,
war mit den Traditionen seines Volkes vertraut.
Manchmal wurde er sogar »Rabbi« genannt.

Jesus war Anhänger des Täufers.
Er glaubte dessen Predigt:

Das Gericht ist nah.
Wer seine Sünden bekennt und sich taufen lässt,
erlangt Vergebung der Sünden
unabhängig von Sühneriten des Tempels.
Dem Volk, das zur Umkehr bereit war,
verhieß der Täufer Rettung.
Dem Fürsten Herodes Antipas
drohte er mit dem Gericht.
Der hatte gegen Gottes Gesetz
die Frau seines Bruders
noch zu dessen Lebzeiten geheiratet
und war nicht zur Umkehr bereit.
Jesus ließ sich von Johannes taufen.
Wie alle anderen hat er
sich vorher als Sünder angeklagt.
Wie alle anderen Anhänger des Täufers hat er
mit dem nahen Gericht Gottes gerechnet.

Jesus trat mit eigener Botschaft auf,
als der Täufer inhaftiert wurde.
Der Täufer wurde hingerichtet.
Doch es kam kein Strafgericht.
Antipas überlebte,
die Welt ging weiter.
Jesu Botschaft war:
Es ist ein Zeichen der Gnade Gottes,
dass Gott seine Sonne weiter
über Guten und Bösen aufgehen lässt.
Gott schenkt Zeit zur Umkehr.
Eine Wende zum Guten ist schon geschehen.
Der Satan ist besiegt,
das Böse überwunden.
Menschen werden geheilt.
Dämonen fliehen.
Das Reich Gottes bricht an.

Woher nahm Jesus diese Gewissheit?
Sah er in einem Sternschnuppenfall,
den Satan vom Himmel stürzen?[30]

30. Lk 10,18.

War deshalb der Himmel nicht länger verdunkelt?
Einige Menschen fassten Vertrauen durch ihn
zu ihrem Vater im Himmel.
Spürte er in seinen Heilkräften
in sich den Anbruch des Gottesreiches?
Einige Menschen wurden durch ihn gesund.
Spürte er in sich Gottes Macht,
durch Worte Menschen zu verändern?
Einige Menschen kehrten durch seine Predigt um.
Trug ihn eine im Volk lebendige Erwartung,
das Gottesreich werde bald kommen?
Einige Menschen fassten Hoffnung durch ihn:
Gott werde sich überall durchsetzen.

JESUS WAR EIN WANDERPREDIGER.
Er verbreitete seine Botschaft
in kleinen Orten am galiläischen See.
Aus Fischern und Bauern wählte er zwölf Jünger,
Repräsentanten der zwölf Stämme Israels.
Sie sollten das neue Israel regieren.
Auch Frauen folgten ihm.
Maria Magdalena war seine Jüngerin.
Familienangehörige hielten ihn für verrückt,
seine Gegner für besessen,
seine Anhänger hofften,
er werde der Messias sein.

JESUS WAR EIN JUDE.
Seine Verkündigung vom Reich Gottes
ist radikaler Monotheismus:
Der eine und einzige Gott ist ethische Energie.
Sie durchdringt die Welt,
gibt den Armen Macht,
heilt Schwache und Kranke.
Für alle wird sie zum Höllenfeuer,
wenn sie sich ihr widersetzen.
Jeder hat die Wahl
und jeder eine Chance,
Zöllner, Sünder und Prostituierte
mehr als die Frommen.
Jesus vertraute auf seine Macht,

alle zur Umkehr zu bewegen,
niemand musste sie durch Selbstanklage
und Taufe unter Beweis stellen.
Gottes Vergebung war Gewissheit
auch ohne Riten.

Jesus war ein Prophet:
Gott wird als Vater zur Macht kommen
in einem paradoxen Königreich:
Nie spricht Jesus von Gott
als König und Herrscher.
Dennoch ist das Heil ein Königreich.
Aber es kommt nicht als Imperium,
sondern als Familienfest
mit Abraham, Isaak und Jakob.
Jesus nahm es in Zeichenhandlungen vorweg,
in Festmählern mit Außenseitern.
Einfachen Menschen gab er
ein »aristokratisches« Bewusstsein:
Alle haben eine große Verantwortung vor Gott,
alle dürfen im Leben etwas riskieren.
Einfache Menschen sollen
Salz der Erde
und Licht der Welt sein.

Jesus war ein Heiler:
Seine Heilungen waren
Zeichen der Gottesherrschaft.
In ihnen wirkte die Kraft menschlichen Glaubens.
Der Glaube rettet.
Ein Senfkorn ist schon genug.
Schon zu seinen Lebzeiten raunte das Volk
von unglaublichen Brotvermehrungen,
weil viele hinter ihm herzogen,
ohne zu verhungern.

Jesus war ein Lehrer.
Er lehrt uns:
Nur der ist gut,
der weiß, dass er nicht gut ist.
Er verschärfte universale Gebote,

die Menschen verbinden,
an erster Stelle die Liebe zu Gott und zum Nächsten.
Er weitete die Nächstenliebe
auf Feinde, Fremde und Sünder aus.
Er entschärfte rituelle Gebote,
die Menschen trennen in Juden und Heiden.
Liberal war auch sein Verhalten am Sabbat:
Ausnahmen zur Lebensrettung am Sabbat
deutete er als Pflicht zur Lebensförderung.
Unterschiede von rein und unrein hielt er für Fiktion.
Den Opferkult im Tempel kritisierte er.
Wahrscheinlich hielt er ihn für überflüssig.

Mit Pharisäern und Schriftgelehrten diskutierte er.
Er stand ihnen nahe.
Auch sie wollten das Leben
mit dem Willen Gottes durchdringen.
Über manches dachte er anders.
Aber entscheidend war:
Er begründete seine Meinung
nicht durch Schriftauslegung,
sondern appellierte an menschliche Einsicht.

An seine Nachfolger stellte er radikale Anforderungen:
Manchmal verlangte er Verstöße gegen die Thora,
den Bruch des Elterngebots
und der Reinheitsgebote.
Grundsätzlich aber erwartete er von allen,
die ihm nachfolgten,
Freiheit von Familie und Besitz,
von Heimat und Sicherheit.

Jesus war ein Dichter:
Er sprach in Bildern und Gleichnissen,
erfand kleine Geschichten von Gott und Mensch.
Sie hatten für ihn mehr Überzeugungskraft
als schriftgelehrte Argumente.
Man muss nur die Augen öffnen,
um Gottes Gegenwart in den Bildern der Welt zu sehen.
Man muss nur die Ohren öffnen,
um Gottes Wort in Gleichnissen zu hören.

In den Erinnerungen seines Volkes
griff er auf Gestalten zurück,
die für Nichtjuden attraktiv waren:
Salomo der weise König
hatte eine heidnische Königin überzeugt,
Jona, der Prophet Ninives,
hatte Heiden zur Umkehr gebracht.

Jesus wurde zum Märtyrer:
Zum Verhängnis wurde ihm
sein Zug zum Passahfest nach Jerusalem.
Die politische Elite provozierte er durch einen Einzug
mit messianischen Erwartungen.
Sein Gefolge erwartete,
er werde der neue König sein.
Die religiöse Elite provozierte er durch
seine Kritik am Tempel.
Der Täufer hatte den Tempel nur indirekt kritisiert,
Jesus griff ihn direkt an:
Gott werde einen neuen Tempel
an die Stelle des alten setzen.
Er störte den Tempelkult.
Für seine Jünger setzte er einen neuen Ritus ein:
ein schlichtes Essen,
das er vor Beginn des Passafestes
mit ihnen zusammen feierte.
Er schwankte wie im Gethsemanegebet
zwischen Todesfurcht und Hoffnung.
Vielleicht würde Gott noch vor seinem Tode eingreifen
und seine Herrschaft verwirklichen.

Judas, einer seiner Jünger,
verriet seinen Aufenthaltsort.
Deshalb konnte er nachts verhaftet werden.
Tagsüber hätte das Volk ihn geschützt.
Die Aristokratie, die ihn festnahm,
nahm ihn wegen Tempelkritik fest.
Tempelkritik war Angriff auf ihre Macht.
Aber sie klagte ihn vor Pilatus
aus politischen Gründen an:

Er habe als Königsprätendent
nach der Macht gegriffen.
Ein Messiasanspruch war Angriff
auf die Macht der Römer.

War Jesus der Messias?
Das erwarteten viele im Volk.
Er sollte Israel zu neuer Macht führen.
Doch Jesus hat sich nie dazu bekannt,
der Messias zu sein.
Er hat sich aber auch nicht vor Pilatus
von dieser Hoffnung distanziert.
Er konnte es nicht.
Denn er war überzeugt,
dass Gott eine entscheidende Wende
durch ihn herbeiführen will.
Was alle Propheten erwartet hatten,
sollte durch ihn erfüllt werden.
Als politischer Unruhestifter wurde er verurteilt.
Zusammen mit zwei Banditen
wurde er an einem Apriltag
etwa 30 n. Chr. gekreuzigt.
Seine Jünger waren geflohen.
Nur einige Jüngerinnen erlebten
die Kreuzigung von fern.

Nach seinem Tod erschien er zunächst
dem Petrus und der Maria Magdalena,
dann mehreren Jüngern zusammen.
Sie kamen zur Überzeugung, dass er lebt.
Ihre Erwartung, Gott werde kommen,
war anders in Erfüllung gegangen,
als sie gehofft hatten.
Sie begegneten nicht Gott,
sondern dem auferstandenen Jesus
an Gottes Stelle.
Von da ab rückte Jesus für sie auf die Seite Gottes.
Nach seinem Tod und seiner Auferstehung erkannten sie:
Er war der Messias.
Doch hätten sie nie erwartet,
dass er ein leidender und gekreuzigter Messias sein werde.

Sie erinnerten sich:
Jesus hatte von sich als »MENSCHENSOHN« gesprochen
gerade dann, wenn er mit hohen Erwartungen konfrontiert wurde.
Er hat diesem Begriff für jeden Menschen
eine messianische Aura gegeben.
Jetzt kamen sie zur Einsicht:
Jesus war der »Menschsohn«,
dem Gott nach der Weissagung in Dan 7
alle Macht im Himmel und auf Erden gegeben hat.
Sie deuteten ihn als GOTTES SOHN.
Denn der Messias sollte Sohn Gottes sein,
damit er alle Menschen
zu Söhnen und Töchtern Gottes macht.

Der christliche Glaube war geboren:
ein messianisches Judentum,
das sich im Laufe der Zeit
nach und nach
von seiner Mutterreligion trennte.

Jesus in seiner Geschichte: Seine Verkündigung und sein Wirken

98.

Welche Bedeutung hat Jesus für den Glauben?

Jesus hat die Möglichkeit erneuert,
Gott zu erfahren:
durch Grenzerfahrungen
durch Kreaturerfahrungen,
durch Offenbarung von Sinn,
durch Forderungen des Gewissens.

Jesus verkündigt das Gericht Gottes.
Bilder vom Gericht sagen:
Wir scheitern an der Wirklichkeit.
Selektion bedroht unser Leben.
Jesus erleidet sie stellvertretend am Kreuz
und überwindet sie für uns:
GRENZERFAHRUNGEN
werden durch ihn zu Chiffren für Gott.

Jesus bringt das Reich Gottes.
Bilder vom Reich Gottes sagen:
Gott will sich in der Welt durchsetzen.
Das Reich Gottes erneuert die Schöpfung.
In der Osterbotschaft wird Jesus selbst
zur neuen Schöpfung aus Nichts:
KREATURERFAHRUNGEN
werden durch ihn zur Begegnung mit Gott.

Jesus lebt Gemeinschaft.
Er lud Außenseiter zum Essen,
gab Kranke ihren Familien zurück,
gab Jüngern Lebenssinn.
Liebe ist Wiederkehr paradiesischen Glücks:
SINNERFAHRUNGEN
werden durch ihn zum Leben mit Gott.

Jesus fordert die Liebe zu Gott und zum Nächsten.
Rituelle Gebote werden entschärft,
wenn sie vom Nächsten trennen.
Ethische Gebote werden verschärft,
wenn sie dem Zusammenleben dienen.
Sie lassen erkennen:
Alle sind schuld.
Keiner soll sich über den andern erheben.
GEWISSENSERFAHRUNGEN
verändern durch ihn unser Verhältnis zu Gott.

Während seines Lebens
stand Jesus auf Seiten der Menschen.
Er machte diese Welt transparent für Gottes Gegenwart.
Viele spürten Gott in den Bildern seiner Worte
und in seinen symbolischen Handlungen.
Aber er weckte die noch größere Sehnsucht,
Gott zu sehen:
»Selig sind, die reinen Herzens sind;
denn sie werden Gott schauen.«[1]
Nach seiner Hinrichtung sahen die Jünger nicht Gott,
sie sahen Jesus:
Da trat Jesus für sie an die Seite Gottes.

»Niemand hat Gott je gesehen.«[2]
Jesus wurde für sie die sichtbare Seite Gottes
in dieser Welt.

99.

Wodurch erneuert Jesus die Erfahrung Gottes als Grenzerfahrung?

Die Wirklichkeit setzt Grenzen.
Nichts kann existieren,
das ihnen widerspricht.
Gott setzt Grundbedingungen für alle Dinge.
Ihnen muss sich alles anpassen.
Sie entscheiden über Existenz und Nichtexistenz.

1. Mt 5,8.
2. Joh 1,18.

Der Druck der Realität erscheint
in Bildern vom Jüngsten Gericht.
Apokalyptisches Feuer bedroht die Welt.
Johannes der Täufer sah,
wie die Axt an die Wurzel der Bäume gelegt ist.
Alles wird vernichtet,
was nicht den Bedingungen der Wirklichkeit entspricht
und keine Früchte bringt.
Rettung liegt nur in der Umkehr zur Moral.
Gott verhüllt sich in dieser Drohung
als verborgener Gott.

Jesus aber kam zur Gewissheit:
Das Gericht kommt noch nicht.
Noch immer lässt Gott
seine Sonne aufgehen über Gute und Böse.
Noch immer lässt er
regnen auf Gerechte und Ungerechte.
Noch immer lässt er Zeit zur Umkehr.
Drohender Selektionsdruck
verwandelt sich in eine Chance,
vernichtender Moraldruck
in Gnade für verlorenes Leben.
Das aufgeschobene und aufgehobene Gericht
offenbart Gottes Güte.

Durch Heilungen gab Jesus
Hoffnung den Kranken,
durch Einladung zum Essen
Anerkennung den Außenseitern,
durch Berufung zu Jüngern
Orientierung denen, die ziellos lebten.
Glücklich sollen sein, die unglücklich sind!
Glücklich, die sanftmütig sind.
Glücklich, die reinen Herzens sind.[3]

Dagegen rief er Wehe über Weise und Gelehrte.
Sie verschließen den Zugang zu Gott.[4]

3. Mt 5,3-10.
4. Lk 11,52.

Mit Verachtung strafte er Priester und Leviten.
Sie gingen vorbei an dem,
der unter die Räuber gefallen war.[5]
Scharf kritisierte er Fürsten und Mächtige:
Sie unterdrücken ihre Völker
und lassen sich als Wohltäter feiern.
»So soll es unter den Jünger nicht sein«.[6]
Er geißelte die Reichen und Mächtigen.
Sie dienen dem Mammon, nicht aber Gott.
Doch können sie Schätze im Himmel erwerben,
wenn sie sich von ihrem Reichtum trennen und anderen helfen.[7]

›Wehe‹ rief er über alle,
die wehtun!
Und brachte für alle die gute Botschaft:
Gott will nicht,
dass die Verlierer
verloren gehen.

100.

Wodurch erneuert Jesus die Erfahrung Gottes als Kreaturerfahrung?

In der Gottesherrschaft
wird die Welt als Schöpfung Gottes vollendet.
Am Anfang gab es keine bösen Mächte.
Sie entstanden durch gefallene Himmelsbewohner.[8]
Jesus war überzeugt:
Das Böse ist überwunden, die Dämonen fliehen.
Die Welt wird wieder dämonenfrei
WIE AM ANFANG DER SCHÖPFUNG.

Am Anfang gab es keinen Unterschied
zwischen rein und unrein.
Alles war von Gottes Güte durchdrungen.[9]

5. Lk 10,25-27.
6. Lk 22,24-27.
7. Mt 6,19-24.
8. Gen 6,1 ff.
9. Die Reinheitsgesetze werden erst am Sinai erlassen.

Jesus war überzeugt:
Es gibt weder rein noch unrein; alles ist rein
WIE AM ANFANG DER SCHÖPFUNG.

Am Anfang gab es keine Untreue,
weder Ehebruch noch Ehescheidung.
Es gab nur ein Paar.
Erst später wurde Scheidung notwendig,
weil Menschen unvollkommen sind.
Jesus war überzeugt:
Treue ist möglich
WIE AM ANFANG DER SCHÖPFUNG.[10]

Am Anfang wurden die Menschen geschaffen,
erst danach Sabbat und Opfer, Tempel und Priester.
Jesus war überzeugt:
»Der Sabbat ist für den Menschen gemacht,
nicht der Mensch für den Sabbat«.[11]
SO WAR ES AM ANFANG DER SCHÖPFUNG.

Am Anfang aßen die Menschen keine Tiere.
Erst nach der Sintflut
wurden Tiere geopfert und geschlachtet.
Jesus vertrieb die Opfertierhändler aus dem Tempel.
Er war überzeugt:
Im neuen Tempel
wird es keine Tieropfer geben
WIE AM ANFANG DER SCHÖPFUNG.

101.

Wodurch erneuert Jesus die Erfahrung Gottes als Offenbarung von Sinn?

Liebe zu Gott umfasst den ganzen Menschen,
Herz, Seele, Vernunft und alle Kräfte.
Liebe richtet alles auf Gott aus
und gibt dem Leben Sinn.
Das schafft ein einheitliches Selbst.

10. Mk 10,2-9.
11. Mk 2,28.

Nächstenliebe nimmt dieses *Selbst*
zum Maßstab der Liebe:
Den Nächsten sollst Du lieben wie Dich *selbst*
als Ich und einheitliches Selbst.
Was Ich und Du voneinander verlagen können,
sagt die Goldene Regel:
»Tut allen Menschen, wie ihr wollt, dass sie euch tun.«[12]

Nächstenliebe verändert das Selbst:
Wir verändern unsere Verpflichtungen gegenüber anderen
und tun ihnen das,
was wir von ihnen wünschen,
wenn wir auf sie angewiesen wären.
Das schafft Verständnis füreinander.

Nächstenliebe schützt das Selbst.
Wir verändern unsere Erwartungen an andere
und verlangen von ihnen genau das,
was sie von uns erwarten dürften,
wenn sie auf uns angewiesen wären.
Das schafft Achtung voreinander.

Doch bleibt ein entscheidender Unterschied:
Gottesliebe ist ohne Grenzen,
Nächstenliebe hat Grenzen.
Gott soll mit allen Kräften,
der Nächste wie wir selbst geliebt werden.
Liebe zum Nächsten darf endlich sein.
Unendlich ist nur Gott.

Dennoch treibt Gott auch die Liebe zum Menschen
über Grenzen hinaus.
Auch der Fremde ist dein Nächster:
Du sollst ihm helfen.
Auch der Sünder ist dein Nächster:
Du sollst ihm vergeben.
Auch der Feind ist dein Nächster:
Du sollst ihn lieben.

12. Mt 7,12.

Gott lässt seine Sonne über Gute und Böse scheinen,
lässt regnen auf Gerechte und Ungerechte.
Gott ist ohne Grenzen,
ebenso sein Ebenbild
trotz seiner Grenzen.

102.

Wodurch erneuert Jesus Erfahrung von Gott als Gewissenserfahrung?

Jesus schärft das Gewissen
bei moralischen Geboten,
die Menschen über alle Grenzen hinweg teilen
und verbinden.

Das Gesetz sagt:
»Du sollst nicht töten!«
Jesus verurteilt schon den inneren Zorn,
der zum Mord führt.[13]

Das Gesetz sagt:
»Du sollst nicht ehebrechen!«
Jesus verurteilt schon das Begehren,
das zum Ehebruch verführt.[14]

Das Gesetz sagt:
»Du sollst deine Gelübde erfüllen!«
Jesus verlangt Aufrichtigkeit für jedes Wort,
nicht nur für den Eid.[15]

Jesus lehrt dagegen Toleranz
bei rituellen Geboten,
die Grenzen zwischen Menschen errichten
und sie voneinander unterscheiden.

13. Mt 5,21-22.
14. Mt 5,27-28.
15. Mt 5,33-37.

Juden halten den Sabbat,
andere Völker nicht.
Wer bei heiligen Zeiten von anderen abweicht,
geht eigene Wege.
Jesus aber kann den Sabbat brechen,
um zu helfen.[16]

Juden halten die Reinheitsgebote,
andere Völker nicht.
Wer die Reinheit abweichend von anderen bestimmt,
geht eigene Wege.
Jesus öffnet die Grenzen
und erklärt alles für rein.[17]

Manchmal schärft Jesus das Gewissen
und lehrt zugleich, tolerant zu sein.
Er ist streng gegen Männer bei Sexualfragen:
Ihr Begehren ist schon Ehebruch.
Er stellt sich schützend vor Frauen:
Eine Ehebrecherin bewahrt er vor Steinigung.[18]
Er widerspricht der Doppelmoral,
die den Männern erlaubt,
was Frauen verboten ist.

Entscheidend ist:
Jeder muss selbst entscheiden,
wo er Gebote verschärft oder entschärft.
Jeder muss sagen können:
Ihr habt gehört,
was die Tradition vorschreibt.
ICH ABER SAGE EUCH,
dass wir die Tradition um der Liebe willen
neu interpretieren müssen.[19]

16. Mk 2,23-27; 3,1-6.
17. Mk 7,15.
18. Joh 8,1-11.
19. Vgl. die Antithesen Jesu Mt 5,21 f.27 f.31 f.; 5,33 f.38 f.43 f.

103.

Was sagt die Botschaft von der Gottesherrschaft?

Die Hoffnung auf die Gottesherrschaft ist radikaler Monotheismus:
So wie die Welt bisher war,
bleibt Gott in ihr verborgen.
Wenn sich Gott durchsetzen wird,
wird er offenbar.

Gott wird offenbar,
wo das Böse überwunden wird.
Gott wird offenbar,
wo der Satan seine Macht verliert.
Gott wird offenbar,
wo Sünde überwunden wird.

An den einen und einzigen Gott
kann nur glauben,
wer überzeugt ist:
Die Welt kann sich ändern
im Großen und Kleinen,
damit Gott offenbar wird.

104.

Wo ist das Reich Gottes?

Die Frage: Wo ist Gott? Wo ist sein Reich?
hat Jesus in einem Wort beantwortet,
das viele Deutungen zulässt:
Das Reich Gottes ist in eurer Mitte.[20]

Die erste Deutung sagt:
Gott ist in der Zukunft.
Er ist jetzt verborgen,
wird sich aber bald offenbaren,
wie das Samenkorn in der Erde
einst reifes Korn wird.

20. Lk 17,21.

Die zweite Deutung sagt:
Gott ist in der Gemeinde,
wo zwei oder drei
in seinem Namen versammelt sind
und sein Geist Menschen
zu Brüdern und Schwestern macht.

Die dritte Deutung sagt:
Gott ist in Jesus.
Gott hat die Freiheit,
überall zu begegnen.
Doch die Verheißung, ihn zu finden,
haben wir nur bei Jesus.

Die vierte Deutung sagt:
Gott ist im Innern,
wo die Träume herkommen.
Durch Mystik gehen wir den Weg nach Innen.
Dort beginnt das Reich Gottes.

Alle Erfahrungen, in denen wir Gott spüren,
können wir an Jesus prüfen.
Hier gilt sein Wort:
»Wer nicht gegen mich ist,
ist für mich!«[21]

105.

Was sagt die Botschaft der Exorzismen und Wundertaten Jesu?

Heiler wirken bis heute in vielen Völkern
und auch unter uns.
Ihre Heilgabe gehört zur Schöpfung.
Einige gehen mit ihr verantwortlich um,
andere missbrauchen sie.
Manche sprechen auf ihre Suggestionen an,
andere nicht.

21. Mk 9,40.

Wir sind Nachfahren der Menschen,
denen diese Gaben geholfen haben.
Die weniger ansprechbar waren,
hatten weniger Chancen,
unser Vorfahren zu werden.
Wir begegnen in uns
verschütteten eigenen Möglichkeiten,
wenn wir von Jesu Heilungen hören.

Kranke und Behinderte strömten zu ihm.
Sie erhofften alles vom großen Wundertäter.
Jesus aber sagt ihnen:
Nicht ich heile euch,
sondern eure eigene Kraft.
»Dein Glaube hat dich gerettet«.[22]
Jesus entdeckte die Zuversicht,
die auch bei unwirksamen Medikamenten wirkt.
Bei uns zerstört Aufklärung ihre Wirkung.
Placebos setzen voraus, dass wir uns täuschen lassen.
Doch Jesus klärt über den Glauben auf,
ohne dessen Wirkung aufzuheben.
Das Wunder beginnt im Innern des Menschen.
Dort wohnt der Glaube,
der Berge versetzt
und Heilung schafft.

Auch die Gottesherrschaft wird
als kosmischer Wandel erwartet.
Zeichen kündigen sie an.
Alle werden ihr Kommen beobachten.
Damals sagten die meisten:
Der Mensch kann sie nicht herbeiführen.
Jesus aber sagt:
»Die Gottesherrschaft ist in euch.«[23]
In euch liegt
der Schlüssel zu ihr.

22. Mk 5,34; 10,52; Lk 7,50; 17,19; 18,42; vgl. Mt 8,13.
23. Lk 17,20.

Jesus bringt sie durch Veränderung des Inneren:
»Wenn ich mit dem Finger Gottes die Dämonen vertreibe,
ist die Gottesherrschaft schon bei euch angekommen!«[24]
Sie zieht im Inneren ein,
wo vorher Dämonen wohnten.
Sie beginnt, wo Menschen ihr Leben
wieder selbst bestimmen.
Die Gottesherrschaft ist in uns.

Wunder und Exorzismen
sind Zeichen der Gottesherrschaft.
Der Glaube an den einen Gott
ist Glaube an die Veränderung der Welt.
Sie beginnt mit Veränderungen
im Herzen der Menschen.

106.

Welche Botschaft vermitteln die Gleichnisse Jesu?

Gleichnisse setzen Bilder in Bewegung,
um Gottes Geheimnis zu erschließen.
Die Bilder sind nicht selbst das Geheimnis,
auf das sie hinweisen.
Gott entzieht sich den Bildern.
GLEICHNISSE LASSEN FREIHEIT,
WIE WIR ÜBER GOTT DENKEN.

Gleichnisse setzen Bilder in Bewegung,
um von Gott sprechen zu können.
Schriftgelehrte sprachen von Gott
durch Auslegung der Schriften.
Einige stiegen in Visionen bis in den Himmel,
wo sie Gott schauten.[25]

24. Lk 11,20.
25. Der Prophet Hezekiel sah den Thronwagen Gottes (Ez 1). Henoch wurde nach Gen 5,21-24 in den Himmel entrückt. Auch von ihm erzählt man, wie er Gott selbst schauen dürfte in Äthiopischer Henoch 12,1-16,4. Er sah den Thronwagen Gottes, die »Merkabah«. Daraus entstand in der Spätantike die jüdische Merkabah-Mystik.

Jesu Gleichnisse aber schauen sich auf der Erde um.
Sie machen den Alltag transparent für Gott.
GLEICHNISSE LASSEN FREIHEIT,
WIE WIR ÜBER GOTT SPRECHEN.

Gleichnisse setzen Bilder in Bewegung,
um das Geheimnis Gottes zu umkreisen.
Der Hörer hat die Freiheit,
ob er in Gott einen Vater sehen will[26]
oder einen Richter[27]
oder einen Gutsherrn,
der seine Arbeiter gleich belohnt.[28]
GLEICHNISSE LASSEN FREIHEIT,
WIE WIR UNS GOTT VORSTELLEN.

Gleichnisse setzen Gefühle in Bewegung.
Sie diktieren nicht,
was wir fühlen sollen
bei der Rückkehr des verlorenen Sohns.
Es liegt bei uns,
ob uns Freude ergreift
oder ob wir uns ärgern.
GLEICHNISSE LASSEN FREIHEIT,
WIE WIR GOTT ERLEBEN.

Wenn Jesus für seine Anhänger zum Gleichnis wurde,
so ist er ein Gleichnis und ist es auch nicht.
Er offenbart sich als Licht der Welt,
als Brot des Lebens,
Tür zum Leben und guter Hirte,
als der Weg, die Auferstehung und das Leben.[29]
Viele Bilder kreisen um ihn.
JESUS LÄSST FREIHEIT,
WIE WIR ÜBER IHN DENKEN.

26. Lk 15,11-32; Mt 21,28-32.
27. Lk 18,1-8; Mt 5,25-26.
28. Mt 20,1-16.
29. Vgl. die Ich-bin Worte Joh 6,35; 8,12; 10,7.9.11; 11,25; 14,6; 15,1.5.

Von Gott kann man nur
in Bildern und Gleichnissen sprechen.
GOTT LÄSST FREIHEIT,
WIE WIR ÜBER IHN DENKEN.

107.

Welche Botschaft vermitteln die Zeichenhandlungen Jesu?

Jesus erfand neben Gleichnissen
gleichnishafte Handlungen.
Mit ihnen brachte er Protest zum Ausdruck.
Sie wirkten mehr als Worte.

JESUS LUD ZU SEINEN MAHLZEITEN ZÖLLNER UND SÜNDER EIN.[30]
Er protestierte gegen ihre Verachtung
und brachte die Botschaft unter das Volk:
Gott erkennt Außenseiter an.
Auch Sünder gehören zu uns.

JESUS ERWÄHLTE ZWÖLF JÜNGER[31]
und ernannte sie zu Herrschern Israels.[32]
So protestierte er gegen die Herrscher.
Nicht Römer, Fürsten oder Hohepriester
werden Israel regieren,
sondern Bauern und Fischer
aus dem einfachen Volk.

JESUS SANDTE SEINE JÜNGER AUS,
um die Gottesherrschaft anzukündigen
als Friedensbotschaft in allen Dörfern und Städten.[33]
Damit protestierte er gegen Rebellen, die forderten:
›Zahlt dem Kaiser keine Steuern.
Das Land gehört nicht dem Kaiser.
Gott allein soll herrschen und Abgaben erhalten.‹
Verweigerung von Steuerzahlung war Kriegserklärung.

30. Mk 2,15-17; Mt 11,19.
31. Mk 3,13-19.
32. Mt 19,28 / Lk 22,28-30.
33. Mt 10,5-15 / Lk 10,1-12; Mk 6,7-13.

Jesus zog nach Jerusalem zum Fest
auf einem Esel als ein antimilitärischer König
ohne Truppen und Waffen.[34]
Damit protestierte er gegen den Einzug der Römer.
Zu jedem Fest kamen sie mit Kohorten nach Jerusalem,
um Ruhe und Ordnung zu erzwingen.

Jesus störte den Tempelbetrieb,
stürzte die Tische der Geldwechsler um
und vertrieb die Tierverkäufer.[35]
Damit protestierte er gegen den Tempel,
in dem das Geld der Fremden
willkommener war als die Fremden.
Auf der tyrischen Münze,
mit der man im Tempel zahlte,
war ein heidnischer Gott abgebildet.
Das störte niemanden.
Geld war auch damals wichtiger als Gott.

Jesus setzte das Abendmahl ein
in Vorahnung seines Todes.[36]
Es sollte Ersatz für den Tempelkult sein,
den er gestört und beendet hatte,
als er die Opfertierhändler vertrieb.
Damit protestierte er dagegen,
dass wir vom Tode anderer leben.
Wir opfern fremdes Leben,
um Leben für uns zu gewinnen.
Doch wahres Leben ist dort,
wo Menschen etwas für andere opfern
und nicht auf Kosten anderer leben.

34. Mk 11,1-11.
35. Mk 11,15-19.
36. Mk 14,22-25.

108.

Was sagt Jesu Botschaft über den Umgang mit Schuld und Moralismus?

Sokrates hat uns gelehrt,
dass wir weise sind,
wenn wir uns eingestehen,
dass wir nichts wissen.
Jesus lehrt uns,
dass wir moralisch sind,
wenn wir bekennen,
nicht moralisch zu sein.
NIEMAND IST OHNE SCHULD.

Jesus sagt:
»Ihr habt gehört, dass zu den Alten gesagt ist:
Du sollst nicht töten.
Ich aber sage euch:
Jeder, der seinem Bruder zürnt, ist des Gerichts schuldig.«[37]
Jesus sagt nicht:
Du sollst nicht zürnen!
Zorn lässt sich nicht vermeiden.
Das wusste auch er.
Er stellt nur fest:
Jeder, der zürnt, ist schuldig.
NIEMAND IST OHNE SCHULD.

Jesus sagt:
»Ihr habt gehört, dass gesagt ist:
Du sollst nicht ehebrechen.
Ich aber sage euch:
Jeder, der eine Frau ansieht, um sie zu begehren,
hat schon mit ihr die Ehe gebrochen.«[38]
Jesus sagt nicht:
Du sollst nicht begehren.
Erotische Faszination lässt sich nicht vermeiden.
Das wusste auch er.

37. Mt 5,21.
38. Mt 5,27f.

Jesus stellt nur fest:
Wer eine fremde Frau begehrt, ist schuldig,
als hätte er mit ihr die Ehe gebrochen.
NIEMAND IST OHNE SCHULD.

Daher sagt Jesus,
als Pilger von Pilatus getötet wurden
und Jerusalemer von einem Turm erschlagen wurden:
»Glaubt nicht, dass diese schuldiger waren als andere.
Wenn ihr nicht umkehrt,
wird es euch allen so ergehen.«[39]
NIEMAND IST OHNE SCHULD.

Jesus lehrt uns,
dass wir moralisch sind,
wenn wir uns eingestehen,
unmoralisch zu sein.
Doch wenn wir das Gleichnis vom Pharisäer und Zöllner hören,[40]
sagen wir uns:
Wir danken dir Gott,
dass wir nicht sind wie der Pharisäer,
der auf den Zöllner herabblickt.
Denn wir wissen:
NIEMAND IST OHNE SCHULD.

Deshalb lehrt Jesus,
dass wir durch Moralismus unmoralisch werden:
»Warum entdeckst du den Splitter im Auge deines Bruders
und siehst nicht den Balken im eigenen Auge?
Oder wie kannst du zu deinem Bruder sagen:
Lass mich den Splitter aus deinem Auge ziehen?«[41]
Wenn wir hören:
»Wer ohne Sünde ist, der werfe den ersten Stein«,[42]
lassen wir die Steine fallen.

39. Lk 13,1-5.
40. Lk 18,9-14.
41. Mt 7,2-4.
42. Joh 8,7b.

Doch macht es uns oft ein großes Vergnügen,
sie so heftig auf den Boden zu werfen,
dass alle es hören müssen.
NIEMAND IST OHNE SCHULD.

Es ist nicht leicht,
auf rechte Weise zur moralischen Einsicht zu kommen,
dass wir alle unmoralisch sind.
NIEMAND IST OHNE SCHULD.

109.

Was sagt die Botschaft Jesu von Gott dem Vater?

Ob wir unsere Existenz einem Zufall oder einer Macht verdanken,
die uns den Auftrag zum Leben gab, entzieht sich der Erfahrung.
Aber es entzieht sich uns auch die Geschichte der Liebe unserer Eltern,
in der unsere Existenz begründet ist.
Von ihr können wir nur hören.
Auch eine DNA-Analyse erfasst sie nicht.

Es ist vernünftig darauf zu vertrauen,
dass es Liebe war, die uns zum Dasein verhalf,
oder zumindest Sehnsucht nach Liebe.
Wenn wir darauf vertrauen,
werden wir im Zusammenleben mit unseren Eltern
viele Bestätigungen dieses Glaubens finden.
Und wir werden durch Krisen zwischen unseren Eltern und uns
darin nicht irre gemacht.

Wenn wir aber misstrauisch sind und argwöhnen,
dass es keine Geschichte der Liebe war,
der wir unsere Existenz verdanken,
sondern etwas anderes –
Berechnung oder Zufall oder Gedankenlosigkeit –,
dann werden wir viele Zeichen finden,
die unser Misstrauen rechtfertigen.

So verhält es sich mit dem Glauben an Gott:
Wenn wir den Erzählungen vertrauen,
dass es eine Geschichte der Liebe ist,

der wir unsere Existenz jeden Tag neu verdanken,
werden wir jeden Tag Erfahrungen machen,
die dieses Vertrauen bestätigen.
Es ist vernünftig, dieses Vertrauen zu haben –
auch durch Krisen und Katastrophen hindurch.

110.

Worum bitten wir im Vaterunser?[43]

VATER UNSER!

Diese Anrede steht vor jeder Bitte.
Es ist wie mit Kindern,
die ihren Vater nur aus Erzählungen kennen,
bis er nach langer Abwesenheit heimkommt
und sie ihn kennen lernen.
So geht es vielen mit Gott.
Sie hören von ihm aus Erzählungen
und hoffen, dass er einmal in ihr Leben tritt.
Durch Jesus tritt ein unbekannter Vater
in unser Leben.

GEHEILIGT WERDE DEIN NAME!

Gott heiligen heißt:
Unser Leben als Antwort auf seinen Ruf leben
und erkennen, dass wir uns ändern müssen,
wollen wir ihm entsprechen.
Gott ist überall präsent,
aber nicht überall anerkannt.
Nur selten tritt er aus seiner Anonymität hervor,
wenn uns etwas aus dem Alltag herausreißt.
Dann bedrängt uns seine Gegenwart so stark,
dass wir mit Körper und Nerven, Gedanken und Taten
zur Antwort auf seinen Ruf werden –
und darüber erschrecken,
weil wir ihm die Antwort schuldig blieben.
Darum bitten wir, dass sein Name geheiligt werde.

43. Lk 11,2-4 // Mt 6,9-13. Zur Auslegung vgl. vor allem U. Luz, Das Evangelium nach Matthäus I/1, Düsseldorf / Neukirchen [2]2002, 432-458.

Dein Reich komme!

Um Gott zu entsprechen,
muss auch die Welt sich ändern.
Dann wird Gott aus seiner Unsichtbarkeit heraustreten.
Eine von Gottes Gegenwart durchdrungene Welt
kann nicht diese Welt sein.
Sie ist nur ein Übergang.
Aber eine neue Welt beginnt verborgen schon jetzt
in Menschen wie Jesus oder Franziskus
oder im Nachbarn, der dich besucht, wenn du krank bist.
Durch sie geschieht Gottes Wille
nicht nur im Himmel,
sondern auch auf Erden.

Unser täglich Brot gib uns heute!

Genau übersetzt heißt es:
»Gib uns schon heute unser Brot für morgen.«
Wir bitten um mehr, als nicht zu verhungern,
wir bitten um ein Leben ohne Angst vorm Verhungern
auch am nächsten Tag.
Brot ist knapp in der Welt.
Lebensgüter sind begrenzt.
Im Verteilungskampf herrscht Misstrauen,
es sei nicht genug für alle da.
Daher müsse einer dem anderen wegnehmen,
was andere selber brauchen.
Wir leben auf Kosten anderer Menschen
und durch Verdrängung anderer Lebewesen.
Heute verzehren wir das Brot für übermorgen.
Heute plündern wir den Planeten,
so dass die nach uns Lebenden fürchten müssen,
nicht mehr viel zu finden.
Aber auch die Hungrigen neben uns lassen wir leer ausgehen.
Keiner entrinnt diesem Zusammenhang.
Darum beten wir:

Und vergib und unsre Schuld,
wie auch wir vergeben unseren Schuldigern.

In diesem Verteilungskampf um Lebenschancen
werden wir alle schuldig.
Wir sind verstrickt in ein ungerechtes System.
Wir ahnen: Unser geordnetes und erfolgreiches Leben
steht in Zusammenhang mit denen,
die in unserer Gesellschaft scheitern.
Wo es Gewinner gibt, gibt es auch Verlierer.
Die Spielregeln sind unfair.
Wer am Spiel teilnimmt,
bestätigt sie gegen seinen Willen.
Gerade das ist eine Versuchung zum Zynismus.
Darum beten wir:

Und führe uns nicht in Versuchung.

Als der Versucher an Jesus herantrat,
versuchte er ihn mit Bibelzitaten.
Unbestreitbare Wahrheiten werden zur Versuchung.
Unbestreitbar ist Leben ein Verteilungskampf,
den wir nur unvollkommen begrenzen.
Unbestreitbar überfordert es unser Gewissen,
wenn wir uns für alles verantwortlich fühlen.
Unbestreitbar ist, dass wir die Welt nur begrenzt verändern können.
Deshalb sagt die Stimme der Versuchung:
Wenn du deinen Teil im Verteilungskampf des Lebens ergattert hast,
wenn du genug an Nahrung, Bildung, Besitz und Ansehen hast,
was kümmern dich die anderen!
Du kannst ihnen ohnehin nicht helfen.
Wir werden versucht durch einleuchtende Wahrheiten.
Wir vergessen, dass wir das Leben Gott verdanken.
Vor ihm haben alle das gleiche Lebensrecht.
Wir vergessen, dass die Veränderung der Welt
Gottes Herrlichkeit für alle sichtbar machen wird.

Denn Dein ist das Reich und die Kraft und
die Herrlichkeit.
Amen

Jesus in der Offenbarung Gottes: Kreuz und Auferstehung Jesu

111.

Was bedeutet das Sterben Jesu für uns?

Jesus wurde verurteilt und gekreuzigt:
Er war ein Opfer von Konflikten
zwischen Herrschern und Beherrschten,
Land und Stadt,
Armen und Reichen.
Er litt unter Gottes Verborgenheit.
Er schrie: »Mein Gott, mein Gott,
warum hast du mich verlassen?«[1]
Wollte er verzweifelt schreien:
Wozu hast du mich verlassen?
Welchen Sinn hat diese Qual?
Gerade deshalb hat diese Sinnlosigkeit
einen Sinn für uns.
Gott versichert durch Jesu Sterben:
Ich verlasse euch
auch in Gottverlassenheit nicht.

Viele hofften, Jesus werde der neue König sein.
Mit ihm sollten Frieden und Freiheit beginnen.
Doch Jesus wollte nicht herrschen.
Er sagte: Machthaber herrschen über ihre Völker.
So soll es unter euch nicht sein.
»Wer der Erste ist, soll bereit sein, der Letzte zu werden.«[2]
Jesus wurde der Letzte durch seinen Tod am Kreuz.
Gerade deshalb starb er für uns.
Gott verkündigt durch seinen Tod:
Ich erwähle,
was in der Welt nichts ist,

1. Mk 15,34. Dass dieser Ruf auch als Ruf nach dem Sinn des Leidens (»wozu?«) verstanden werden kann, ist eine Idee von Christoph Burchard.
2. Mk 10,43 f.

und mache zunichte,
was groß in ihr ist.
Was in der Welt gilt,
gilt nicht für euch.

Als Jesus verurteilt wurde,
wurde ein anderer freigelassen,[3]
die Jünger flohen, verrieten, verleugneten ihn.
Sie suchten ihr Heil,
indem sie Jesus opferten.
Sein Sterben wurde Lebensgewinn für viele.
Christen erkennen:
Er starb nicht nur für die,
die ihn verrieten.
Er starb für uns.
Er starb für alle.
Dass Menschen andere Menschen
für sich sterben lassen,
ist nicht Grund der Erlösung.
Es ist das Unheil,
das nach Erlösung schreit.

Von Jenseits der Todesgrenze hören wir die Botschaft:
Das ist Sünde, die Bereitschaft,
andere Menschen für sich sterben zu lassen.
Doch Gott verkündigt durch Christi Tod:
Davon will ich euch befreien.
Ihr seid nicht dazu verdammt,
auf Kosten anderer zu leben.
Ihr dürft für andere leben.
Denn auch Christus ist nicht nur gestorben,
sondern lebt für euch.
Darum dürft auch ihr leben
und im Leben
für andere da sein.

3. Mk 15,6-15.

Ist die Vorstellung vom Sühnetod Jesu inhuman?

Der Sühnetod Christi ist ein Ärgernis.
Er passt nicht zu unserem Gottesbild:
Braucht Gott den Tod eines anderen,
um vergeben zu können?
Muss er seinen Zorn demonstrieren,
um gütig zu sein?
Ist er nicht bedingungslose Liebe?

Der Sühnetod widerspricht unserem Menschenbild:
Schulden kann ein Mensch für andere bezahlen,
Schuld aber ist unübertragbar.
Niemand kann uns enteignen
von uns selbst.
Der Sühnetod Christi ist ein
doppeltes Ärgernis.

Freilich wissen viele nicht:
Das Opfer Christi soll alle Opfer beenden.
Wegen des einen Sündenbocks
werden viele Sündenböcke gerettet.
Jesus tritt in die Rolle des Sündenbocks,
damit wir durchschauen,
wie Sündenböcke gemacht werden.
Er ist anders als andere Sündenböcke.[4]

Der Sündenbock wird in die Wüste geschickt,
beladen mit den Sünden des Volkes,
um dort zu verenden.[5]
Die Spannungen der Gemeinschaft
sollen mit ihm verschwinden.
Bei jedem Skandal
wird jemand in die Wüste geschickt,

4. Der französische Literaturwissenschaftler René Girard, Der Sündenbock, Zürich 1988, hat viel dazu beigetragen, die Bilder vom Sündenbock besser zu verstehen.
5. Lev 16,20-22.

bei jedem Familienstreit
wird einer zum Schuldigen gestempelt,
bei jedem Versagen
einem die Schuld aufgeladen.
Wer die Existenz von Sündenböcken leugnet,
leugnet die Realität.

Jesus übernimmt die Rolle des Sündenbocks,
um diese Rolle zu durchbrechen:
Er kehrt zurück.
Der Außenseiter wird zum Zentrum der Gemeinschaft,
das Opfer zum Priester,
der Verurteilte zum Richter,
der Ohnmächtige zum Weltenherrn,
der Gekreuzigte bleibt nicht im Tod.
Er lebt für immer in den Herzen der Glaubenden.

Mit ihm werden die Opfer gerettet,
die Verurteilten begnadigt,
die vom Leben Gekreuzigten
erhalten neues Leben.
Niemand soll mehr Sündenbock sein.

113.

Ist der Osterglaube in Visionen begründet?[6]

Unbestreitbar ist:
Jesus wurde nach seinem Tod von seinen Jüngern gesehen.
Sie kamen zu der Überzeugung,
dass er den Tod überwunden hat und lebt.
Jesus erschien nicht in Träumen,
wie damals die Toten den Lebenden erschienen.
Sie erlebten ihn bei hellwachem Bewusstsein.

Zuerst erschien er einzeln Maria Magdalena und Petrus.
Beide wussten nicht, wie ihnen geschah.
Von Maria erzählt man,

6. Das beste Buch dazu ist das von Dale C. Allison, Resurrecting Jesus, New York / London 2005.

sie sei (zusammen mit anderen Frauen)
einem jungen Mann am Grab begegnet,
ohne Jesus zu erkennen.
War es ein Engel? War es Jesus selbst?[7]
Sie wusste es selber nicht.
Man erzählt von ihr,
sie habe ihn für den Gärtner gehalten,
ehe sie ihn an seiner Stimmer erkannte.[8]
Beide Versionen setzen voraus:
Jesus hat sein Grab verlassen.
So entstand die Geschichte vom leeren Grab
aufgrund einer rätselhaften Erscheinung
in der Nähe des Grabes.

Von Petrus erzählte man:[9]
Er habe geglaubt,
als er Jesus in verklärter Gestalt sah,
Jesus gehöre zu den Ahnen
wie Elia und Mose im Himmel.
Alle drei habe er in gleicher Weise ehren wollen,
ehe ihm aufging,
dass Jesus unvergleichlich sei.
Die ersten Erscheinungen vor Maria und Petrus haben irritiert.
Beide tasteten unsicher
nach einer Deutung dessen,
was geschehen war.

Auch die Geschichte von den zwei Jüngern zu Emmaus
ist von Geheimnis umgeben.[10]
Wir erfahren von der Trauer der Jünger.
Eine Welt war für sie zusammengebrochen,
ihre Hoffnung zerstört.
Erst am Ende erkennen sie Jesus im unbekannten Begleiter.
Wenn sie der Auferstandene aus den Schriften belehrt,
dass der Christus leiden müsse,
werden spätere Erkenntnisse
in diese Geschichte gewoben.

7. Mk 16,1-8.
8. Joh 20,11-18.
9. Mk 9,2-10. Hier ist eine Ostererscheinung vor Petrus verarbeitet.
10. Lk 24,13-25.

Geheimnisvolle Erfahrungen,
bei denen unsicher war,
wer den Jüngern begegnet war,
standen am Anfang.
Erst sie waren der Anlass dafür,
dass sich die Zwölf versammelten.
War ihr Auftrag vielleicht doch nicht erloschen?

Die Erscheinung Jesu vor den Zwölfen gab allen die Gewissheit:
Er lebt, sein Auftrag geht weiter.[11]
Die Zwölf sollen Israel auf das Reich Gottes vorbereiten.
Sie begannen wieder mit ihrer Arbeit.
Ihre Mission hatte Erfolg.
Sie sammelten 500 Anhänger.[12]
Das Pfingstfest wurde zum gemeinsamen Erlebnis.[13]
Einige meinten vielleicht, Jesus zu sehen,
andere fühlten nur seine Gegenwart.
Seitdem musste man ihn nicht mehr mit Augen sehen.
In Erfahrungen des Geistes ist er
für immer gegenwärtig.

Zwei Nachzüglern erschien er zuletzt:
Zuerst seinem Bruder Jakobus,[14]
obwohl seine Familie skeptisch gewesen war
und Jesus für verrückt gehalten hatte.[15]
Dann dem Paulus,
obwohl er die Christen verfolgt
und Jesus für einen Verführer gehalten hatte.
Er erschien ihm als Licht
wie das erste Licht der Schöpfung.[16]
Paulus wurde durch dieses Licht vom Feind
zum Anhänger und Missionar.

Gewiss sind die Visionen
der Maria Magdalena und der Jünger

11. Mt 28,16-20 / Lk 24,36-49.
12. 1 Kor 15,6.
13. Apg 2,1-36.
14. 1 Kor 15,7.
15. Mk 3,20f.
16. 2 Kor 4,6.

Trauervisionen vergleichbar,
wie Menschen sie nach dem Tod von Angehörigen haben.
Und doch sind sie anders.
Ungewöhnlich ist: Mehrere Menschen hatten solche Erfahrungen,
einzeln und in Gruppen.
Singulär ist: Sie führten zur Gründung einer neuen Gemeinschaft.
Unbestreitbar ist: Diese Menschen stießen in ihren Visionen
an die Grenze von Tod und Leben,
wo Gottes Geheimnis aufleuchtet als Macht,
die aus Nichts
Sein schaffen kann.

Die Ostererfahrung
ist eine Erfahrung Gottes.
Ostern ist immer,
wo Gott begegnet als Macht,
die das Nichts ins Sein ruft.

114.

Was sagt die Osterbotschaft skeptischen Menschen?

Radikale Aufklärung sagt:
Je klarer wir unsere Stellung im Weltall durchschauen,
umso mehr wird die Sinnlosigkeit des Lebens bewusst.
Wir sind Ergebnis von Zufall und Notwendigkeit.
Materie hat sich so kunstvoll organisiert,
dass unser Großhirn Wertprogramme entwickelt.
Sie sind für das Funktionieren
von Mensch und Gesellschaft notwendig,
weil sie suggerieren, alle Mühe lohne sich,
obwohl alles dem Wärme- oder Kältetod
entgegen treibt wie ein Strom,
der in einen Abgrund stürzt.
Die meisten Menschen bewahrt eine Totalillusion
vor dem Blick ins Nichts.

Radikale Aufklärung durchschaut diese Illusion.
Sie basiert auf jenem Nihilismus, der weiß:
Nichts in der Welt gibt unbedingten Halt
im Leben und im Sterben.

Rechtfertigt ist nur ein begrenztes Vertrauen,
wenn der Körper funktioniert,
wenn die Gesellschaft nicht aus den Fugen gerät,
wenn wir ein wenig Glück haben.
Wir alle wachsen mit diesem Vertrauen auf.

Aber im Leben wird dieses Vertrauen gekreuzigt.
Es stirbt einen vielfachen Tod –
durch Niederlagen und ernüchternde Einsichten.

Dennoch geschieht immer wieder ein Wunder:
Dieses Vertrauen entsteht neu aus dem Nichts.
Man kann das so wenig erklären wie die Existenz der Welt.
Nirgendwo wird die Macht,
die das Nichts ins Sein ruft und Tote lebendig macht,
deutlicher als in diesem Mut zum Leben.
Hier erleben wir unmittelbar Gottes schöpferische Macht.
Ohne Nihilismus würden wir nicht verstehen,
was creatio ex *nihilo* bedeutet:
Schöpfung aus dem Nichts.

Ohne Nihilismus würden wir nie
die Osterbotschaft verstehen.
Sie sagt: Eine aus Nichts schaffende Macht
ist in unser Leben getreten.
Sie ist stärker als das Nichts.

115.

Was sagt die Osterbotschaft religiösen Menschen?

Kreuz und Auferstehung sind Grenzerfahrungen,
an denen wir scheitern
und Gottes Geheimnis im Scheitern spüren.
Mitten in der Zeit bringen sie
vorschnelle Brücken zur Ewigkeit zum Einsturz,
die Schuld und Leid leugnen.

Mitten in der Zeit offenbaren sie das Geheimnis Gottes
nicht als Vollendung dessen,
was gut und wahr und schön ist,

sondern als Widerspruch zu dieser Welt:
Gott erwählt, was töricht ist in der Welt
und ohne Ansehen in ihr.
Was in ihr nichts ist,
erhält neues Leben aus Nichts.
Ostern ist erneuerte Erfahrung der Schöpfung.

Mitten in der Zeit beleuchtet das Osterlicht
die Weisheit der Schöpfung
trotz Torheit der Welt.
Mitten in der Zeit erneuert das Osterlicht
das Leben trotz Vergänglichkeit.
Mitten in der Zeit motiviert das Osterlicht
zur Nächstenliebe trotz Hass.

Kreuz und Auferstehung
erneuern die Gewissheit von Sinn
als Frieden Gottes,
der höher ist als alle Vernunft
und stärker als alle Absurdität der Welt.

Jesus im Mythos: Von der Präexistenz bis zur Parusie

116.

Warum weigerte sich Jesus, eine bestimmte Rolle zu übernehmen?

Jesus war überzeugt,
die entscheidende Rolle zwischen Gott und Mensch zu spielen.
Johannes der Täufer war für ihn der letzte Prophet
und mehr als ein Prophet.[1]
Doch Jesus war sich dessen gewiss:
Er war Erfüllung.
Alle Propheten und Gerechten hatten auf ihn gewartet.
Mit ihm kam das Reich Gottes.

Dennoch stand Jesus auf Seiten der Menschen.
Er ließ sich taufen zur Vergebung der Sünden
und bekannte damit, ein Sünder zu sein.[2]
Niemand durfte ihn »guten Meister« nennen.
Denn niemand ist gut außer Gott.[3]
Jesus war mehr als ein Prophet,
doch weniger als Gott.

Jesus wusste um seine große Sendung.
Er war inspiriert wie andere Propheten.
Mit »Amen« begann er seine Worte.
Mit »Amen« bekräftigte man Worte,
die andere gesprochen hatten,
und sagte damit: »Das ist wahr!«
Jesus bestätigte mit »Amen« Eingebungen,
die er von Gott empfangen hatte.
Er war inspiriert.
Aber auch ein inspirierter Mensch
ist ein Mensch.

1. Mt 11,7-10.11-14.
2. Mk 1,9-11.
3. Mk 10,18.

Jesus betete zu Gott
wie alle anderen Menschen.

Mit »Ich aber sage euch«
legte er das Gesetz aus
und stellte sich neben Mose.
Neben Mose stellte er sich auch,
wenn er behauptete,
dass er mit dem Finger Gottes Dämonen austreibt.[4]
Auch Mose wirkte Wunder als »Finger Gottes«.[5]
Beide, Jesus und Mose,
handelten als Menschen,
nicht als Gott.

War dieser Jesus Messias, Erlöser, Gottes Sohn?
Beanspruchte er einen dieser Titel für sich?
Oder gilt auch für ihn:
Bedeutenden Menschen
bedeuten Titel nicht viel?
Hat Jesus auf alle Titel verzichtet?

In der Antike war man überzeugt:
Keiner kann seine Rolle selbst aussuchen.
Keiner darf sie selbst proklamieren.
Die Welt ist ein Theater:
»Deine Rolle verdankst du dem Schauspieldirektor.
Spiele sie, ob sie nun kurz oder lang ist.
Wenn er verlangt, dass du einen Bettler darstellst,
so spiele ihn angemessen;
ebenso einen Krüppel, einen Herrscher
oder einen Durchschnittsmenschen.
Denn das allein ist deine Aufgabe:
die dir zugeteilte Rolle gut zu spielen,
sie auszuwählen, ist Sache eines anderen.«[6]

Jesus überließ es Gott,
seine Rolle auszuwählen.

4. Lk 11,20.
5. Ex 8,15.
6. Epiktet, Handbüchlein der Moral 17.

Er vertraute auf ihn:
Gott wird ihn zu dem machen,
was er in Ewigkeit sein wird.

117.

Warum konnten die Jünger mehr über Jesus sagen, als er über sich gesagt hat?

Jesus nannte sich SOHN DES MENSCHEN.
So nannte man jeden Menschen.
Wollte Jesus damit zu großen Erwartungen entgegentreten?
Wollte er sagen: Ich bin auch nur ein Mensch?
Oder wollte er große Erwartungen für Eingeweihte wecken?
Daniel hatte in Visionen jemanden wie einen Menschensohn gesehen,
ein himmlisches Wesen *wie* ein Mensch.
Der übernahm im Himmel die Herrschaft,
und löste auf Erden die Herrschaft der Tiere ab.[7]
Er errichtete ein menschliches Reich.
Träumte Jesus davon, seine Rolle einzunehmen?

Auf jeden Fall wollte sich Jesus
in Gottes Gericht zu allen bekennen,
die sich zu ihm als »Mensch« bekannt hatten.[8]
Er wollte ihr Zeuge vor Gott sein
wie die Königin des Südens
und die Niniviten im Gericht.[9]
Sie waren Zeugen, keine Richter.
Sie waren Menschen, keine Engel.
Jesus war wie sie ein Mensch
und kein Gott.

Einige hofften auf ihn,
er werde als Messias das Land befreien.[10]
Andere befürchteten,
er werde das Land ins Chaos stürzen.

7. Dan 7.
8. Lk 12,8 f.
9. Lk 12,29-32.
10. Mk 8,29.

Jesus widersprach weder diesen Befürchtungen noch Hoffnungen.
Als Pilatus ihn als »König der Juden« verurteilte,
hat sich Jesus nicht davon distanziert,
König der Juden zu sein.
Doch wollte er kein König wie die anderen Könige werden.
Er wollte Gottes Königtum verkündigen.
Das brachte genug Unruhe in die Welt
und machte ihn zum Staatsfeind,
obwohl das Königtum Gottes anders ist
als alle Königreiche der Erde.

Jesus sprach von Gott als Vater
und verstand sich als dessen SOHN.
Söhne Gottes nannte er auch alle Menschen,
die ihre Feinde lieben,[11]
alle Menschen,
die Frieden auf Erden stiften,[12]
alle Menschen,
die zurückkehren zu Gott wie der verlorene Sohn.[13]
Wie sie war Jesus ein »Sohn Gottes«,
einzigartig darin,
dass er auch anderen das Vertrauen gab,
Söhne und Töchter Gottes zu sein.

Seine Kreuzigung durchkreuzte alle Erwartungen.
Alle Hoffnungen wurden mit ihr begraben:
die Hoffnung auf den Menschensohn,
auf den Messias
und den Sohn Gottes.
Die Ostererscheinungen aber erweckten
alle Hoffnungen zu neuem Leben
und übertrafen sie durch die Hoffnung
auf Überwindung des Todes.
Deshalb konnten die Jünger sehr viel mehr
über Jesus sagen,
als er über sich gesagt hat.

11. Mt 5,44f.
12. Mt 5,9.
13. Lk 15,1-12.

118.

Warum haben die ersten Christen von Jesus in mythischen Bildern gesprochen?

Die Jünger hatten Jesu Verheißung geglaubt,
Gott in seinem Reich zu sehen:
»Selig sind, die reinen Herzens sind.
Sie werden Gott sehen.«[14]
Ostern sahen sie nicht Gott,
sondern an seiner Stelle Jesus.
Jetzt erst erhielt er für sie göttlichen Rang.
Mit ihm begann das Gottesreich schon jetzt im Himmel,
um bald auf Erden verwirklicht zu werden.
Deshalb konnten seine Jünger
Bilder von Erlösern auf ihn übertragen,
die schon vorher in ihnen lebten.
Jesus aber war weit mehr
als diese Bilder.

Jesus war mehr als Gottes Weisheit
im Ursprung der Schöpfung.[15]
Durch sie hat Gott die Welt geschaffen.
In Jesus war sie nicht nur präsent
wie in vielen anderen Weisen
als Gabe von Einsicht und Vernunft.
In Jesus hatte sich die Weisheit
einmalig und einzigartig inkarniert.

Jesus war mehr als der Menschensohn
am Ende der Schöpfung,
der Gottes Herrschaft übernehmen sollte.
Ihn hatte Daniel in einer Vision geschaut:
eine himmlische Gestalt
ähnlich einem Menschen,
»*wie* ein Menschensohn«,[16]
dem alle Macht gegeben wurde.

14. Mt 5,8.
15. Spr 8,22-31; Sir 23.
16. Dan 7,13.

Jesus war kein Himmelsbewohner.
Er war kein Engel.
Er war nicht nur menschenähnlich,
sondern ›Mensch‹ schlechthin:
Anders als alle Himmelsbewohner
war er als Mensch dem Tode unterworfen.

Jesus war mehr als der Messias.
Er befreite nicht das Volk von seinen Feinden,
sondern Menschen von Sünde und Hoffnungslosigkeit.
Er war kein Sieger auf Erden,
sondern ein Verlierer.
Er wurde hingerichtet:
ein scheiternder Messias.

Jesus war mehr als der Sohn Gottes.
In Israel war ein Sohn Gottes,
wer Gutes tat und sich der Armen und Witwen annahm.[17]
Jesus tat nicht nur das Gute
als ein Sohn Gottes,
sondern Gott spiegelte sich in ihm
vollkommen wider
als sein Ebenbild.
Gott wurde erkennbar in ihm.

Jesus war mehr als die Kaiser,
die Retter und Erlöser genannt
und nach ihrem Tod in den Himmel versetzt wurden.
Jesus herrschte im Himmel
über Mächte und Gewalten,
auch über Kaiser,
die lebenden und die toten.
Am Ende übergab er seine Herrschaft Gott.[18]
Gott wurde am Ende zum einzigen Herrscher
über alle Mächte
durch Jesus.

17. Sir 4,10.
18. 1 Kor 15,28.

Jesus war mehr als die sterbenden Götter,
Symbole der sterbenden und wieder auferstehenden Natur.
Menschen trauern und klagen um sie
im ewigen Kreislauf
von Frühling und Winter.
Nach jedem Winter kommt ein Frühling,
nach jedem Frühling ein Winter.
Die Götter sterben immer wieder.
Immer wieder stirbt mit ihnen die Natur.
Nach Jesus kommt nur Gott.
Gott offenbart endgültig
Leben durch ihn.

Jesus war mehr als die epiphanen Götter,
die auf die Erde herabstiegen
und unerkannt die Menschen aufsuchten.
Sie waren nur scheinbar Menschen geworden.[19]
Jesus aber war wirklich
ein Mensch gewordener Gott.
In ihm wurde das Wort Fleisch.[20]
Gott wurde Mensch in ihm.

Seine Anhänger schufen aus solchen Bildern
ein Drama in zehn Akten:
Mitwirkung bei der Schöpfung,[21]
Inkarnation in einem Menschen,[22]
Geburt aus der Jungfrau,[23]
Schutz durch Engel,[24]
Besiegung des Satans,[25]
Wundertaten auf Erden,
Niederfahrt in die Hölle,[26]
Auffahrt in den Himmel,[27]

19. Vgl. Apg 14,8-20: Die Menschen in Lystra halten Paulus und Barnabas für auf die Erde hinab gekommene Götter: Zeus und Hermes.
20. Joh 1,14.
21. 1 Kor 8,6; Kol 1,15-20; Hebr 1,2.
22. Phil 2,7; Joh 1,14.
23. Mt 1,18-25; Lk 1,14-38.
24. Mk 1,13; Lk 22,43.
25. Mk 3,27; Mt 4,1-11 / Lk 4,1-13.
26. 1 Petr 3,19 f.
27. Lk 24,50-53; Apg 1,9-11.

Inthronisation neben Gott,[28]
Wiederkehr in der Zukunft.[29]
Das Drama spielt auf einer dreistöckigen Bühne
aus Erde, Unterwelt und Himmel.

Niemand muss diese Dichtung für wahr halten.
Sie ist ein Mythos,
eine Geschichte von Gott in poetischen Bildern.
Was einmal geschehen ist,
wird durch sie
zum Geschehen
für immer.

119.

Jesus existierte schon immer bei Gott.
Was bedeutet der Mythos von der »Präexistenz« Jesu?

Religiöse Dichtung versetzt in Gottes Ewigkeit,
was ihr unendlich wertvoll ist.
Für Juden existierte die Thora
von Anfang an bei Gott.
Für Moslems existierte der Koran
schon immer bei Gott.
Sie stritten, ob er erschaffen ist oder nicht.
Christen sagen,
Jesus war schon immer bei Gott.
Ob erschaffen oder unerschaffen,
das war umstritten.[30]

Was religiöse Sehnsucht erschaffen hat,
sollen wir als Bilder schätzen.
Ein Sinn für Ewigkeit hat Jesus in die Ewigkeit versetzt.
Dieser Sinn für Ewigkeit wurde durch Jesus geweckt.

28. Röm 8,34; Mk 12,36.
29. Mk 13,24-27; 1 Thess 5,6.
30. Der Streit ist als arianischer Streit (ca. 318-325 n. Chr.) bekannt. Arius hielt Gott alleine für ewig, Christus für ein Geschöpf. Es gab eine Zeit, in der er noch nicht war. Der Streit wurde durch das Konzil von Nicäa 325 gelöst: Christus wurde für wesensein (griech. *homooúsios*) mit Gott erklärt. Dann aber war er auch ewig.

Er war verschüttet.
Durch Jesus fiel ein Funke Ewigkeit
ins Leben der Menschen.

Jesus schafft Kontakt mit der Ewigkeit,
nicht weil in uns etwas Ewiges ist,
sondern weil dieser Funken
in unser Leben geworfen wurde.

Deshalb hat religiöse Dichtung
Jesus in Gottes Ewigkeit versetzt.
Das ist die Wahrheit des Bildes
von Jesu Präexistenz:
Er weckt den Sinn
für Ewigkeit.

120.

Gott hat durch Jesus alle Dinge geschaffen.
Was bedeutet der Mythos von der »Schöpfungsmittlerschaft« Jesu?

Die Bibel ist überzeugt:
Gott hat mit seiner Weisheit die Welt geschaffen.
Überall hat er das Sein
dem Nichts vorgezogen.
Überall hat er die Welt
mit Verheißung von Sinn ausgestattet.

Jedoch ging bei den Menschen
der Sinn für den Sinn der Welt verloren.
Verdunkelt wurde die Schöpfung.
Darum hat Gott seine Weisheit
als Boten geschickt,
um diesen Sinn zu wecken.

Weisheit Gottes finden Juden in der Thora,
Moslems im Koran,
Christen in Jesus.
Wer von ihr ergriffen ist,
findet sie in der ganzen Schöpfung,
ahnt sie in allen Dingen,

wie Verliebte die Gegenwart der Geliebten spüren,
selbst wo sich ihre Spuren
im Dunkel verlieren.

Doch keine erträumte Allgegenwart der Geliebten
ersetzt ihre Gegenwart und Küsse.
Wer meint, in allen Religionen
Gott gleich nah und fern zu sein,
ist wie ein Verliebter,
der die Allgegenwart seiner Sehnsucht
mit ihrer Erfüllung verwechselt.

Was religiöse Sehnsucht erschaffen hat,
sollen wir als Bild achten und schätzen.
Der Sinn für Weisheit ist verloren gegangen.
Jesus erneuert den Sinn
für den Sinn der Schöpfung.
Deshalb wurde er
zum Schöpfungsmittler.

121.

**Das Wort wurde Fleisch.
Was bedeutet der Mythos von der »Menschwerdung« Gottes?**

Die Menschwerdung Gottes
zielt auf unsere Menschwerdung.
Unsere Kultur ist voll Zynismus.
Unsere Kinderbücher aber sind voll
von einer optimistischen Moral.[31]
Wir geben den Kindern den Glauben,
dass das Leben gelingen kann!
Gegen unsere Überzeugungen
sagt eine souveräne Stimme:
›Jedes Kind hat einen Auftrag zum Leben,
den niemand in Frage stellen darf!‹

31. Dieses Beispiel verdanke ich Knud Einar Løgstrup, Skabelse og tilintetgørelse Metaphysik IV, Kopenhagen 1978, 251 f.

Diese Stimme nahm in einem Kind Gestalt an.
Das Wort wurde Fleisch.
Die Botschaft ist:
Weil dieses Kind auf Erden geboren wurde,
kann das Leben trotz unseres Zynismus auf Erden gelingen.
Seine Menschwerdung hilft uns
zu unserer Menschwerdung.

Die Menschwerdung ist ein Bild.
Gott will im Menschen wohnen
von Geburt bis zum Grab,
vom ersten Schrei bis zum letzten Atemzug,
in Glück und Leid,
in Erfolg und Scheitern.
Der Mensch hat unendlichen Wert
wenn Gott bereit ist,
Wohnung in ihm zu nehmen.

Wenn die Theologen der Alten Kirche
jede scheinbare Menschwerdung ablehnten,
kämpften sie für ihre Menschwerdung,
dafür, dass Gott ihr Leben wirklich
und nicht nur zum Schein durchdringt.

122.

**Jesus wurde von der Jungfrau Maria geboren.
Was bedeutet der Mythos von der »Jungfrauengeburt«?**

War Jesus ein Sohn Davids?
Königskinder sind gefährdet,
nicht nur durch Herodes,
der Bethlehems Kinder ermorden ließ.[32]
Auch die Römer stellten jüdischen Königskindern nach.

Warum aber erzählten die ersten Christen,
dass er durch Gottes Geist gezeugt war?
Wollten sie ihn unter allen Davidssöhnen
noch einmal besonders auszeichnen?

32. Mt 2,16-18.

Auch Alexander war mehr als der Sohn des Philipps,
auch er galt als Sohn einer Gottheit,
Gründer eines Weltreichs.
Hatte nicht auch Jesus ein Weltreich errichtet,
in dem alle vom Geist gezeugt sind:
Sklaven und Freie,
Reiche und Arme,
Männer und Frauen?

Für das Johannesevangelium sind alle Glaubenden
»nicht durch den Willen des Fleisches,
nicht durch den Willen eines Mannes,
sondern durch Gott gezeugt.«[33]
Alle sind vom Geist gezeugt wie Jesus.
Das Bild der Jungfrauengeburt ist für alle wahr:
»Wird Christus tausendmal in Bethlehem geborn
Und nicht in dir, du bleibst doch ewiglich verlorn.«[34]

Die Mächtigen aber werden
erst recht misstrauisch
angesichts so vieler Menschen
von hoher Geburt.

123.

Jesus wurde durch Engel angekündigt und begleitet. Was bedeutet der Mythos von »Engeln«?[35]

Engel sind Boten Gottes.
Wo Gott Menschen anspricht,
aber unerreichbar bleibt,
stellt sich das Bild ein:
Ein Engel war da
und hat eine Botschaft ausgerichtet.

33. Joh 1,13.
34. Angelus Silesius, Der cherubinische Wandersmann, I,61.
35. Über Engel vgl. W. Härle, Dogmatik, Berlin ²2000, 296-300.

Die Engel in der Bibel existieren nur als Auftrag Gottes
und verschwinden nach dessen Erfüllung.
Sie haben kein Eigenleben.
Nur drei erhalten in der Bibel einen Namen:
Gabriel heißt: »Mann Gottes«.
Michael: »Wer ist wie Gott?«
Raphael: »Gott hat geheilt«.
Sie sind nichts anderes
als Erscheinungen Gottes.

Es gibt unheimliche Engel in der Bibel:
Ein Engel vertreibt aus dem Paradies.[36]
Ein Engel ringt mit Jakob am Flussufer.[37]
Engel gießen in der Apokalypse Schalen des Zorns aus.[38]
Todesengel bringen Lazarus in den Himmel.[39]
Er ist die Lichtgestalt
in Nah-Todes-Visionen.

Doch die meisten Engel bringen gute Botschaften
und stehen Menschen bei.
Ein Engel verkündigt Maria die Geburt Jesu.[40]
Engel verkündigen den Hirten Frieden auf Erden.[41]
Engel dienen Jesus in der Wüste,
Engel bewahren ihn vor Hungertod.[42]
Ein Engel stärkt ihn in Todesangst.[43]
Ein Engel verkündigt seine Auferstehung.[44]
Oft begegnen Frauen in der Rolle eines Engels:
Maria und Martha dienen Jesus.
Eine Frau salbt Jesus vor dem Tod.
Frauen bleiben bis zuletzt bei ihm.
Frauen erzählen als erste von seiner Auferstehung.
Engel sind Boten.

36. Gen 3,24.
37. Gen 32,23-33: Ob Gott oder Engel mit Jakob ringen, ist hier offen.
38. Apk 1,1 ff.
39. Lk 16,22.
40. Lk 1,26-38.
41. Lk 2,8-15.
42. Mk 1,13.
43. Lk 22,43.
44. Mk 16,5-7: Der junge Mann wird nicht ausdrücklich »Engel« genannt.

Mancher träumt von einem Boten,
den der Kaiser an ihn,
seinen allerletzten Untertan gesandt hat.
Der Bote passiert den Palast.
Als er den ersten Raum verlässt,
tut sich ein neuer Raum auf,
dahinter wieder eine Türe,
dann das Tor im Hof,
dann wieder Außenpaläste
mit neuen Türen und Pforten,
dann die Stadt mit Straßen,
die im Unendlichen enden.
Der Bote ist unterwegs,
erreicht aber nie sein Ziel.
Doch irgendwo träumt ein Mensch,
dass der Bote eines Tages kommen wird,
wenn er am Fenster sitzt
und in die Abendsonne schaut.[45]

Doch der Bote hat nur eine Botschaft für ihn:
Träume nicht davon, dass ein Bote zu dir kommt.
Du selbst bist ein Bote.
Viele warten auf dich, dass du zu ihnen kommst.
Viele sitzen am Fenster
und ersehnen den Augenblick,
wenn sie dich kommen sehen.

Jeder Mensch kann Gottes Engel werden,
ohne dass es sein Verdienst ist:
jeder, der beim Überleben hilft,
in Angst beisteht,
Sinn erschließt,
jeder, der dem Leben mehr vertraut
als dem Tod.

45. Dieses Gleichnis ist eine Variation von F. Kafkas Parabel: »Eine kaiserliche Botschaft«.

124.

Jesus wurde vom Satan versucht.
Was bedeutet der Mythos vom »Satan«?

Der Satan ist der Widersacher Gottes,
seine dunkle Seite.
Religionen fällt es schwer,
das Böse in der Welt zu erklären.
Sie können es nicht Gott zuschreiben.
Denn Gott will das Gute.
Deshalb erzählen sie von einem Diener Gottes,
der gegen Gott rebellierte
und sich nicht gegen ihn durchsetzen konnte,
aber im Dunkeln gegen ihn arbeitet.

Der Satan ist der Widersacher des Menschen:
Im Buddhismus heißt der Satan Mara.
Mara versperrt Buddha durch Lebensdurst
den Weg zur Erleuchtung.
Buddha wird von ihm versucht.
Durch seine Überwindung
gelangt er zum Frieden.
Auch Jesus wird vom Satan versucht.
Gegen ihn geht er den Weg
des Verzichts auf Macht und Wunder.[46]
Überall provoziert der Satan Kräfte im Menschen,
um das Böse zu überwinden
und zwischen Gott und dem Bösen zu entscheiden.

Der Satan ist der Widersacher des Glaubens.
Wir stehen ständig in Versuchung,
ihn mit Gott zu verwechseln.
Er ist dort am Werk,
wo sich Unbedingtheit in Fanatismus verwandelt,
Heiligkeit in Heuchelei.
Der Glaube an den einen Gott wird so zum Wahn.
Der Satan ist eine Selbstkritik des Glaubens,
ein Warnsystem im Monotheismus:

46. Mt 4,1-11; Lk 4,1-13.

Er warnt vor seinen Risiken und Nebenwirkungen.
Seine erdichtete Gestalt
soll die Augen öffnen
für den missbrauchten Gott.

125.

Jesus vermehrte Brote.
Was bedeutet der Mythos von der Brotvermehrung?

Jesus hat Heilungen vollbracht.
Von ihnen erzählten die Leute schon zu seinen Lebzeiten.
Deshalb trauten sie ihm
noch größere Wunder zu.

Jesus zog viele Menschen an.
Ein Rätsel war, wovon er sie ernähren konnte.
Hatte nicht Elia durch Wunder einer Witwe Speise verschafft?[47]
Hatte nicht Elisa Brote vermehrt?[48]
Hatte nicht Mose das Volk in der Wüste
mit Wachteln und Manna ernährt?[49]
Jesus war ein neuer Mose.
Wenn das Volk zu ihm strömte,
dann musste auch er
es auf wunderbare Weise ernähren.
Die Brotvermehrung wurde
bald aber zum Symbol.[50]

Sie ist ein Symbol für die Fülle des Seins.
Lebensmittel sind knapp.
Sie reichen nicht für alle.
Weil wir davon überzeugt sind,
leben wir unter dem Zwang,
wir könnten nur leben,
indem wir andern etwas wegnehmen.

47. 1 Kön 17,7-15.
48. 2 Kön 4,42-44.
49. Ex 16; Num 11.
50. Mk 6,30-44; 8,1-9.

Wo Lebensmittel unbegrenzt vermehrt werden,
werden sie geteilt
im Vertrauen, dass sie für alle reichen.
Das Reich Gottes beginnt,
wo mit fünf Broten fünftausend Menschen satt werden.
Noch immer arbeiten wir daran,
Brot zu vermehren:
Brot für die ganze Welt.

Das Brotwunder ist ferner ein Symbol der Menschlichkeit.
Sein Kontrast ist das Gastmahl des Herodes.[51]
Keiner seiner Gäste muss Angst haben, zu kurz zu kommen.
Dennoch feiert Herodes kein Gastmahl des Lebens, sondern des Todes:
Er lässt den Täufer hinrichten.
Noch immer gibt es zu viele Gastmähler,
bei denen einige prassen,
während andere sterben.

Die Brotvermehrung ist schließlich ein Symbol des Abendmahls.
Das Markusevangelium erzählt sie zweimal:
»Und er nahm die sieben Brote, dankte und brach sie
und gab sie seinen Jüngern, damit sie sie austeilten.«[52]
Das sind Worte des Abendmahls.
Hier wird kein Prophet für Intrigen geopfert,
sondern Jesus gibt sein eigenes Leben für andere dahin.
Die Jünger sollen allen austeilen,
auch Frauen und Kindern.

Brot ist für alle da,
nicht nur für die Großen der Welt.
Im Abendmahl soll diese Hoffnung
immer wieder erneuert werden,
wenn wir alles
mit allen teilen.

51. Das Gastmahl des Herodes (Mk 6,21-19) geht unmittelbar dem Brotwunder voraus. Beide sollen einen Kontrast bilden.
52. Mk 8,6.

126.

Jesus stieg in die Unterwelt hinab.
Was bedeutet der Mythos von der »Höllenfahrt Jesu«?

Die ersten Christen sahen in Jesus das Heil.
Waren die Menschen deshalb verloren,
die vor Jesus gelebt hatten?
Das war undenkbar.
Daher dichteten sie den Mythos von Jesu Höllenfahrt:
Jesus ist in die Unterwelt gestiegen
und hat den Toten gepredigt,
damit auch sie zum Heil gelangen können.[53]

Früher sprach man von der Höllenfahrt Jesu.
Wie tröstlich war das Bild von einem Erlöser,
der in jede Hölle hinabsteigt
und die Menschen aufsucht am Ort ihrer Qual!
Die Höllenfahrt ist ein Protest gegen die Höllen,
die wir auf Erden einander bereiten,
in Foltergefängnissen, Vernichtungskammern, Hinrichtungszellen.
Auch gegen die kleinen Höllen des Alltags:
gegen Vergewaltigung, Missbrauch, Misshandlung
und das Mobben von Menschen.

Es gibt zu viele Höllen auf Erden.
Wir müssen in sie hinab steigen, um die Opfer zu befreien.
Könnten wir es doch zusammen mit einem Erlöser tun!
Denn auch die Folterknechte und Henker
brauchen einen Erlöser.
Wir wünschen trotzdem ihre Verdammung,
dass sie die Hölle erleiden,
die sie anderen bereiten.
Wer erlöst uns aber von solchen aggressiven Wünschen,
ohne dass wir uns vor den Opfern schämen müssen?

53. 1 Petr 3,19-20.

127.

Jesus fuhr auf in den Himmel.
Was bedeutet der Mythos von der »Himmelfahrt Jesu«?

Jesus sah den Satan vom Himmel stürzen.[54]
Gottes Dunkelheit löste sich auf.
Als Jesus in den Himmel einzog,
erhielt Gott ein menschliches Gesicht.
Religiöse Dichtung inthronisierte
Jesus neben Gott.

Gott herrscht über alles.
Die Übel der Welt gelten als Ausdruck seines Zorns
oder als List des Satans.
Doch Jesus hat alle Übel ertragen
und des Satans Macht gebrochen.
Was uns an Übel trifft,
mag niederdrückend sein,
aber ist nicht Gottes Zorn.
Was uns behindert,
mag schmerzlich sein,
aber ist keine dämonische Macht.
Überwunden ist der religiöse Verfolgungswahn,
der überall Teufel und Dämonen wittert.

Der Satan klagt die Menschen vor Gott an.
Weil Jesus in den Himmel gestiegen ist,
gibt es keinen Ankläger mehr,
nur noch einen Fürsprecher.[55]
Es gibt kein Gericht,
sondern nur die Liebe Gottes,
von der nichts trennen kann.

Jesus war nicht der Erste in der Bibel,
der in den Himmel aufgestiegen ist.
Elia war in den Himmel gefahren, ohne zu sterben.[56]

54. Lk 10,18.
55. Röm 8,31-34.
56. 2 Kön 2,11-12.

Doch Jesus durchquerte
anders als Elia vorher den Tod.

Jesus war nicht der Einzige in der Antike,
der in den Himmel fuhr.
Auch die römischen Kaiser wurden in den Himmel aufgenommen.
Jemand musste bezeugen,
er habe bei der Leichenverbrennung
ihren Geist im Rauch zum Himmel auffahren gesehen.
Jesu Himmelfahrt ist ein Gegenbild zur Himmelfahrt der Kaiser.
Mit ihm stieg kein Herrscher in den Himmel,
sondern jemand, den die Römer verurteilt hatten.
Jesus durchkreuzte Vorstellungen von Ehre und Schande.

Jesus war nicht der letzte,
den die religiöse Phantasie
in den Himmel fahren ließ.
Die katholische Kirche feiert die Himmelfahrt der Maria,
weil sie frei von Schuld sei,
die zum Tode führt.
Sie versetzte in den Himmel,
was ihr wertvoll und teuer ist.
Wir sollten Verständnis dafür haben:
Der Himmel hat durch Jesus
das Gesicht einer Mutter erhalten.

Aber Maria ist auch ein Symbol für die Kirche.
Wir sollten weniger Verständnis dafür haben,
dass sich die Kirche in den Himmel versetzt
als unbefleckt und ohne Sünde.
Ist das nicht Blasphemie?

Christen feiern die Himmelfahrt Jesu
als Verwandlung des Himmels:
Als Jesus in den Himmel einzog,
erhielt Gott ein menschliches Gesicht.
Gottes Dunkelheit löste sich auf.

— 128. —

Jesus herrscht über alle Mächte und Gewalten.
Was bedeutet der Mythos vom »Sitzen zur Rechten Gottes«?

Jesus hatte das Reich Gottes verkündigt.
Alles, was sich Gottes Willen widersetzt,
soll überwunden werden:
das Böse in der Welt,
die Sünde in uns,
der Satan als deren Symbol.
Krankheit und Tod
werden nicht mehr sein.
Gott allein soll auf Erden herrschen.
Das war radikaler Monotheismus.

Als Jesus in göttlicher Herrlichkeit den Jüngern erschien,
wurden sie überzeugt:
Jesus hatte begonnen,
im Himmel Gottes Willen durchzusetzen.
Alles soll ihm unterworfen werden.
Gott selbst hatte zu Jesus gesagt:
»Setze dich zu meiner Rechten,
bis dass ich deine Feinde dir zu Füßen lege.«[57]

Wer sind diese Feinde?
Es sind die vielen antiken Gottheiten:
die Gottheit des Kriegs und des Friedens,
der Liebe und des Zorns,
des Wachstums und des Geldes,
der Seefahrt und der Räuberei.
Alles, was in der Welt Macht hat,
soll dem einen und einzigen Gott untergeordnet sein.

Die Herrschaft Christi im Himmel ist ein Bild:
Über alle Mächte und Gewalten tritt ein Mensch,
der unter diesen Mächten gelitten hat.

57. Ps 110,1.

Dieser Mensch wird Gottes Herrschaft durchsetzen,
damit Gott am Ende
alles in allem ist.[58]

129.

Jesus wird kommen am Ende der Tage.
Was bedeutet der Mythos von der »Wiederkehr Christi«?

Herrschaft war in alten Zeiten
nicht überall im Herrschaftsbereich präsent.
Sie wurde wirksam, wenn ein Herrscher vor Ort erschien.
Das war sein Advent oder seine »Parusie«.
Er trat aus seiner Abwesenheit hervor.
So glaubten auch die ersten Christen an die Parusie Christi.
Verborgen herrscht er schon im Himmel.
Am Ende wird er sichtbar in seiner Parusie.

»Dann werden Himmel und Erde vergehen.
Die Sonne wird ihren Schein verlieren,
der Mond wird sich verfinstern,
die Sterne werden erlöschen.«[59]
Finsternis wird herrschen
wie beim Schöpfungstag.
Dann wird als einziges Licht
Jesus als Menschensohn sichtbar werden.
Das ist seine Parusie,
die Parusie Gottes des Schöpfers.

Wenn alles vorbei ist
und den Kälte- oder Wärmetod gestorben ist,
wird das Licht,
das in Jesus aufgegangen ist,
noch immer leuchten.
Es ist das Licht dessen,
der das Nichts ins Sein ruft.
Jesus wird aufgegangen sein in diesem Lichte
und Gott wird sein
alles in allem.

58. 1 Kor 15,27.
59. Mk 13,24-27.

Jesus in den Evangelien: Markus-, Matthäus-, Lukas- und Johannesevangelium

130.

Was sagt das Markusevangelium über Jesus?

Jesus hat eine verborgene Hoheit,
die nach und nach im Leben Jesu
aus Gottes Geheimnis hervortritt.
Sie offenbart sich denen,
die Jesus nachfolgen
bis zum Tod am Kreuz.

Der Täufer ahnt den Stärkeren in ihm.
Eine Himmelsstimme überbietet seine Prophetie:
Nach ihm kommt einer,
der stärker ist als er.[1]
Nur Jesus hört die Stimme:
»Du bist mein geliebter Sohn,
an dir habe ich Wohlgefallen.«[2]
Nur Jesus weiß bei seiner Taufe,
dass er als Sohn Gottes adoptiert wurde.
Kein anderer erkennt es.
Gleichnisse vermitteln kein Verständnis für ihn,
obwohl sie eigens für die Jünger ausgelegt werden.
Wunder öffnen nicht die Augen
trotz Seewandel und Vermehrung der Brote.
Nur Dämonen ahnen seine Würde.
Alle anderen bleiben blind.

Als erster erkennt Petrus:
»Du bist der Messias«.[3]
Jesus soll Israels Befreier sein.

1. Mk 1,7.
2. Mk 1,11.
3. Mk 8,29.

Petrus denkt menschlich von ihm:
Er hofft auf einen Sieger.
Doch dieser Messias wird leiden müssen.
Nur, wer bereit ist, ihm in seinem Leiden nachzufolgen
und sein Leben mit ihm zu riskieren,
wird ihn in seiner wahren Würde erkennen.
Jesus offenbart sich danach drei Jüngern,
die bereit sind, ihm als Märtyrer zu folgen.
Auf dem Berg der Verklärung
überbietet erneut die Himmelsstimme
das Bekenntnis eines Menschen,
das Messiasbekenntnis des Petrus,
und stellt Jesus der himmlischen und irdischen Welt vor:
Jesus ist mehr als der Messias.
»Dieser ist der Sohn Gottes.
Auf ihn hört!«[4]

Damit sie auf ihn hören, belehrt Jesus die Jünger
über den Frieden in der Gemeinde,[5]
über die Unlösbarkeit der Ehe,[6]
den Wert der Kinder[7]
und die Versuchung des Reichtums.[8]
Er zieht nach Jerusalem,
um seine Lehre öffentlich zu vertreten:

Seine Lehre sagt:
Es gibt nur den einen und einzigen Gott.
»Gebt dem Kaiser, was des Kaisers ist,
und Gott, was Gottes ist.«[9]
Keiner muss um des einen Gottes willen
Steuern verweigern
und Krieg gegen die Römer führen.

4. Mk 9,7.
5. Mk 9,33-35.49-50.
6. Mk 10,2-12.
7. Mk 9,36-37; 10,13-16.
8. Mk 10,17-27.
9. Mk 12,17.

Seine Lehre sagt:
ES GIBT NUR DEN EINEN UND EINZIGEN GOTT,
den Gott Abrahams, Isaaks und Jakobs.
Ihm allein begegnet ihr im Tod.
Denn er »ist kein Gott der Toten,
sondern ein Gott der Lebenden.«[10]
Nur Gott ist im Tod mit euch verbunden,
nicht euer Ehepartner.

Seine Lehre sagt:
ES GIBT NUR DEN EINEN UND EINZIGEN GOTT.
Daher gilt als höchstes Gebot:
»Du sollst Gott lieben von ganzem Herzen, von ganzer Seele,
mit ganzem Verstand und allen Kräften!«[11]
Das zweite Gebot hat gleichen Rang:
»Du sollst deinen Nächsten lieben wie dich selbst!«[12]
Gott verlangt alle deine Kräfte.
Ohne Mitmenschlichkeit verfehlst du ihn.

In Jerusalem kommt es zum Konflikt.
Jesus provoziert die politischen Machthaber
durch seinen Einzug als messianischer König.
Er ist anders als andere Könige,
er reitet auf einem Esel.[13]

Die religiösen Autoritäten provoziert er durch die Tempelreinigung.[14]
Er vertreibt die Geldwechsler, die Opfertierhändler
und hindert Menschen am Weiterbau des Tempels.
Der Tempel soll sich öffnen für alle Völker,
in ihm soll Gott verehrt werden ohne Opfer
wie in einem »Gebetshaus«.
Ein neuer Tempel, den Gott selbst erbaut hat,
wird den alten Tempel ersetzen.[15]

10. Mk 12,26f.
11. Mk 12,29-30.
12. Mk 12,31.
13. Mk 11,1-11.
14. Mk 11,15-19.
15. Mk 14,58.

Die religiösen Autoritäten
klagen ihn wegen seiner Tempelaktion an
und halten ihn wegen Anmaßung gottgleicher Würde
des Todes schuldig.[16]
Pilatus verurteilt ihn als Unruhestifter,
weil die Menschen glauben,
mit ihm komme die Königsherrschaft Davids
und das Ende der Römerherrschaft.[17]

Er wird als »König der Juden« gekreuzigt
zusammen mit zwei Verbrechern.
Noch einmal wendet er sich an Gott
und klagt den Sinn seines Leidens ein:
»Mein Gott, mein Gott, wozu hast du mich verlassen?«[18]
Der Leiter des Exekutionskommandos
erkennt in ihm als erster Mensch Gottes Sohn:
»Wahrhaftig, dieser Mensch war ein Sohn Gottes.«[19]
Er kann nicht ahnen, dass dieser gekreuzigte Mensch
durch Tod zum Leben gelangen wird.

Durch einen Engel am leeren Grab
hören wir zum letzten Mal die Himmelsstimme mit der Botschaft,
die alles überbietet:
»Ihr suchet Jesus von Nazareth,
den Gekreuzigten.
Er ist auferstanden,
er ist nicht hier.
Siehe da die Stätte,
wo sie ihn hinlegten!«[20]

Jesus hat eine verborgene Würde,
sie bleibt in Gottes Geheimnis gehüllt.
Drei Frauen hören die Botschaft
und fürchten sich.[21]

16. Mk 14,55-65.
17. Mk 15,1-15.
18. Mk 15,34 = Ps 2,2.
19. Mk 15,39.
20. Mk 16,6.
21. Mk 16,8. Der plötzliche Abbruch des MkEv hat Abschreiber zu verschiedenen Ergänzungen motiviert, um das Evangelium abzurunden.

Rätselhaft bricht
das Markusevangelium ab,
so rätselhaft von Geheimnis umhüllt,
wie es im Ganzen ist.

131.

Was sagt das Matthäusevangelium über Jesus?

Jesus ist Sohn einer jüdischen Königsfamilie,
der zum Herrscher der Welt aufsteigt:
Ihm ist alle Gewalt gegeben im Himmel und auf Erden.[22]
Doch regiert er nicht durch Truppen, sondern nur durch Worte.
Diese Worte sollen alle Menschen kennen lernen.
Sie sind der Fels, auf den man bauen kann.[23]
Sie sind der Same, der als Frucht das Reich Gottes hervorbringt.[24]

Fünf große Reden fassen Jesu Worte zusammen:
Die *Bergpredigt* ist das Grundgesetz des Reiches Gottes.[25]
Jeder seiner Bürger soll danach handeln.
Die *Aussendungsrede* gibt den Auftrag
zur Gründung von Gemeinden.[26]
Die *Gleichnisrede* stellt das Wachstum der Gemeinden dar:
Sie ist aus guten und bösen Menschen zusammengesetzt.[27]
Die *Gemeinderede* regelt Konflikte unter Christen
durch Vergebungsbereitschaft.[28]
Die *Endzeitrede* kündigt das Gericht an,
vor dem alle Menschen stehen werden.[29]

In seiner Bergpredigt lehrt Jesus Mühseligen und Beladenen,
wie Könige zu leben:
Gebrochenen Menschen soll die Gottesherrschaft gehören,
Sanftmütige sollen das Land besitzen,

22. Mt 28,18.
23. Mt 7,24-27.
24. Mt 13,3-9.
25. Mt 5-7.
26. Mt 10.
27. Mt 13.
28. Mt 18.
29. Mt 23-25.

kleine Leute Frieden stiften,[30]
Verfolgte ihren Feinden vergeben,[31]
Obdachlose frei von Sorgen wie König Salomo sein.[32]
Souverän sollen alle Jünger sein
als Salz der Erde und als Licht der Welt.[33]

Souverän sollen sie gegenüber der Tradition sein.
Ihr gegenüber müssen sie sagen können:
Ihr habt gehört, was früher galt,
ich aber sage euch,
dass es nicht unverändert gelten kann.
Immer wieder neu muss ausgelegt werden,
was Gottes Willen ist.[34]

Souverän sollen sie sein
gegenüber der Kontrolle anderer Menschen.
Nichts sollen sie tun,
um von anderen Menschen gesehen zu werden.
Es genügt, dass der unsichtbare Gott
ihr Handeln im Verborgenen sieht.[35]

Souverän sollen sie sein gegenüber dem Besitz.
Sie sollen die Sorge überwinden,
die dem eigenen Besitz gilt,
Sie sollen den Neid überwinden,
der dem Besitz der anderen gilt.
Sie sollen den Moralismus überwinden,
der dem Wert des anderen gilt:
Den Splitter im Auge des anderen
sieht er als Balken
und sieht nicht den Balken
im eigenen Auge.[36]

30. Mt 5,3-10.
31. Mt 5,43-48.
32. Mt 6,25-34.
33. Mt 5,13-16.
34. Mt 5,21-48.
35. Mt 6,1-18.
36. Mt 6,19-7,5.

Dennoch verlangt Gott von allen Menschen nichts Unerfüllbares.
An alle stellt er zwei Mindestforderungen:
Sie sollen ihren Mitmenschen vergeben,
um selbst Vergebung zu erlangen.[37]
Sie sollen ihren Mitmenschen helfen, Not zu beseitigen,
ohne zu wissen, dass sie in den geringsten Brüdern
Jesus selbst begegnet sind.
Das gilt für Juden, Christen und Heiden,
auch für alle Menschen,
die Jesus nie begegnet sind.[38]

Von den Jüngern fordert Gott fast Unerfüllbares:
den Zorn überwinden, der zum Töten führt,
die Begierde überwinden, die Ehebruch bewirkt,
die Lüge unterlassen, die unaufrichtig macht,
den Hass besiegen, der durch Demütigung geschaffen wird,
auf Besitz verzichten, der daran hindert, Gottes Willen zu tun.
Nicht zufrieden sollen sie damit sein, das Gute zu tun.
Erst mit einer besseren Gerechtigkeit
beginnt eine bessere Welt.[39]

Weil die Jünger aber wie alle Menschen unvollkommen sind,
müssen sie nachsichtig untereinander sein.
Unkraut wächst überall unter dem Weizen in Welt und Gemeinde.[40]
Ohne Vergebung werden radikale Forderungen unmenschlich,[41]
doch ohne radikale Forderungen
verkümmert der Sinn für Menschlichkeit.
Dann wird das Salz fad und das Licht der Welt
verliert seine Ausstrahlungskraft.

Jesus legt die Thora human aus
als leichte Last für Mühselige und Beladene.[42]

37. Mt 6,12.14f.
38. Mt 25,31-46. Diese universalistische Interpretation ist umstritten. Viele Exegeten trauen (m.E. zu Unrecht) einem Christen im ersten Jahrhundert solch eine humane Weite nicht zu.
39. Mt 5,20 als Überschrift über den Antithesen (Mt 5,21-48), in denen diese bessere Gerechtigkeit definiert wird.
40. Mt 13,24-30.36-43.
41. Mt 18,15-35.
42. Mt 11,28-30.

Er legt sie *universal* aus für alle Menschen.
Er legt sie *einsichtig* aus für alle Nachdenkliche.
Er legt sie *authentisch* aus als Vorbild für Nachfolger.
Er fasst sie viermal summarisch zusammen:

Die Goldene Regel umfasst Gesetz und Propheten:
»Was ihr wollt, dass euch die Menschen tun,
so tut auch ihnen!«[43]
Zwei Gebote sind im Gesetz entscheidend:
die Liebe zu Gott und zum Nächsten.[44]
Drei Dinge sind das Wichtigste im Gesetz:
Recht und Barmherzigkeit und Treue.[45]
Sechs Werke der Barmherzigkeit
werden von allen Menschen verlangt:
Hungrige speisen, den Durst anderer stillen,
Nackte kleiden, Obdachlose aufnehmen,
Kranke pflegen und Gefangene besuchen.[46]

Jesus ist im Matthäusevangelium
der zum Weltherrscher aufgestiegene jüdische Königssohn,
der die Welt allein durch ethische Forderungen
und Vergebung
erobern und beherrschen will.

132.

Was sagt das Lukasevangelium über Jesus?

Jesus ist die Mitte der Zeit.
Vor ihm sehnten sich Menschen nach ihm.
Er ist die entscheidende Wende in der Geschichte,
weil er zur Wende im Leben aufruft:
zur Umkehr zu Gott.
In der Zeit nach Jesus ist es Aufgabe der Kirche,
der Welt diese Wende zu bezeugen
und Menschen zur Umkehr zu bewegen.

43. Mt 7,12.
44. Mt 22,34-40.
45. Mt 23,23.
46. Mt 25,35-40.42-45.

Gott wirkt in der Geschichte indirekt durch seinen Geist,
indem er Menschen erleuchtet und zum Handeln motiviert.
Vereinzelt wirkte der Geist vor Jesus in Propheten.
Einzigartig wirkt er in Jesus,
um Armen frohe Botschaft zu bringen.[47]
Überall wirkt er in der Kirche,
um Männer und Frauen, Junge und Alte,
Juden und Heiden, Arme und Reiche
in einer Gemeinschaft zusammenzuführen.

Bei Jesu Geburt verkündigen Engel Frieden auf Erden.
Der Kaiser Augustus kann diese Verheißung nicht erfüllen.[48]
Doch das Kind in der Krippe wird Frieden bringen.
Lukas ist überzeugt:
Hätte man auf seine Botschaft gehört,
der Krieg zwischen Juden und Römern
wäre vermieden worden.[49]

Die Kindheitsgeschichten sind voll Poesie.
Lieder deuten die Geburt Jesu:
Zacharias singt sein Lied,
weil die Hoffnungen Israels erfüllt sind.[50]
Maria singt ihr Lied,
weil Gott die Großen erniedrigt und die Kleinen erhöht.[51]
Simeon singt sein Lied,
weil Jesus Licht für Israel und alle Völker bringt.[52]
Doch Johannes der Täufer ruft grimmig zur Umkehr.
Das Gericht ist nah.
Angst vor dem nahen Gericht
treibt die Menschen zu ihm.

Jesus aber tritt auf,
um das Verlorene zu suchen,
Kranke zu heilen,
Armen frohe Botschaft zu bringen.

47. Lk 4,15-21.
48. Lk 2,1-20.
49. Vgl. Lk 19,41-44.
50. Lk 1,68-79.
51. Lk 1,46-55.
52. Lk 2,29-32.

Das ist die Erfüllung der Zeit,
die große Wende in der Geschichte.
Seine Botschaft fasst er in drei Gleichnissen zusammen:
vom verlorenen Schaf,
vom verlorenen Groschen,
vom verlorenen Sohn.[53]
Die ersten Gleichnisse handeln vom Finden.
Das verlaufene Schaf läuft nicht von selbst zurück.
Der Hirte muss es suchen und finden.
Der verlorene Groschen kann nicht umkehren.
Er bleibt in seiner Ecke liegen, bis er gefunden wird.
Nur der verlorene Sohn kehrt um;
der Vater läuft ihm entgegen.
Lukas zeigt: Jeder Umkehr geht ein Finden voran.
Wir würden nicht umkehren,
hätte Gott uns nicht gefunden.
Noch wichtiger aber ist:
Die Suche nach dem Verlorenen und die Umkehr zu Gott
wird durch Freude motiviert und nicht durch Angst.

Was kann der Mensch tun,
wenn er gewiss ist, dass Freude im Himmel herrscht?
Er kann mit Besitz und Reichtum gelassen verfahren:
Er kann entweder auf ihn verzichten und Jesus nachfolgen,[54]
oder er kann mit ihm andere unterstützen, die Jesus nachfolgen,[55]
oder er kann in einer Gemeinschaft alles mit allen teilen,
im Liebeskommunismus der ersten Christen,
den sie mit Jubel feierten.[56]

Er kann vor die Mächtigen treten,
weil sie keine Angst mehr bereiten,
und ihnen ins Angesicht sagen:
»Man muss Gott mehr gehorchen als Menschen.«[57]
Keiner kann verbieten,
den eigenen Glauben zu bezeugen.

53. Lk 15,3-7.8-10.11-32.
54. Lk 19,18-27; 14,33.
55. Lk 8,1-3.
56. Apg 2,42-47; 4,32-37.
57. Apg 5,29; vgl. 4,39.

Er kann sich denen zuwenden,
die unter die Räuber gefallen sind,[58]
ohne Angst zu haben,
selbst unter die Räuber zu fallen
und alles zu verlieren:
Zeit und Kraft, Geld und Besitz.

Er kann sich Außenseitern zuwenden
wie einer stadtbekannten Sünderin
und ihr sagen:
»Ihr sind viele Sünden vergeben,
darum hat sie viel geliebt.«[59]
Es ist ihm nicht peinlich,
sich von ihr berühren zu lassen.

Er kann beim Zöllner Zachäus einkehren,
einem stadtbekannten Betrüger:[60]
Seine Freude darüber, dass Jesus zu ihm kommt,
ist der erste Schritt dazu,
wieder gut zu machen,
was er an Schaden angerichtet hat.

Im Lukasevangelium ist Jesus die Mitte der Geschichte.
Er bringt eine Wende in der Geschichte
und ruft zu einer Wende auf.
Freude soll im Himmel
und auf Erden herrschen
über jeden, der umkehrt.

133.

Was sagt das Johannesevangelium von Jesus?

Im Johannesevangelium ist Jesus
der sich selbst legitimierende Offenbarer,
der von Anfang an in Gott existierte
wie ein WORT im Menschen existiert,

58. Lk 10,25-37.
59. Lk 7,47.
60. Lk 19,1-10.

bevor es ausgesprochen wird.
Dieses WORT wurde Fleisch
und wurde so in der Welt sichtbar und hörbar.[61]
Es begründet eine neue Gottesverehrung,
die ihr Zentrum in Christus hat.

Der Johannesevangelist deutet neu
den Glauben der ersten Christen:
Sie erwarteten Heil in der Zukunft;
er erfährt es in der Gegenwart.
Sie suchten es im Himmel;
er findet es auf Erden.
Sie beriefen sich auf Wunder;
er deutet sie als Zeichen.
Sie suchten nach Titeln für Jesus;
für ihn offenbart sich Jesus
in Bildern und Gleichnissen.

Der Johannesevangelist ist überzeugt:
DAS EWIGE LEBEN IST SCHON GEGENWART.
Es ist in der Erkenntnis Gottes schon da:
Denn Jesus spricht in ihm: »Das ist das ewige Leben:
dich, den einzig wahren Gott, zu erkennen
und Jesus Christus, den du gesandt hast.«[62]

DAS GERICHT VOLLZIEHT SICH SCHON JETZT
unter den Menschen, wenn sie Jesus annehmen oder ablehnen:
»Wer an ihn glaubt, wird nicht gerichtet;
wer nicht glaubt, ist schon gerichtet.«[63]

DIE AUFERSTEHUNG GESCHIEHT SCHON JETZT.
Jesus sagt: »Ich bin die Auferstehung und das Leben.
Wer an mich glaubt, der wird leben, ob er gleich stürbe.«[64]

61. Joh 1,1-18.
62. Joh 17,3.
63. Joh 3,18.
64. Joh 11,25.

Die Wiederkehr des Herrn ereignet sich schon jetzt.
Jesus bereitet Wohnungen im Himmel, um wiederzukommen,
und verheißt den Jüngern:
Wenn jemand ihn liebt, werden der Vater und Jesus
zu ihm kommen und bei ihm Wohnung nehmen.[65]
Wohnort des Heils ist nicht der Himmel, sondern die Erde.
Die Wiederkehr Christi geschieht im Herzen der Menschen.

Für den Johannesevangelisten ist Jesus der Gesandte Gottes.
Sein Bild gleicht dem eines Boten.

Ein Bote ist gesandt.
Jesus ist der himmlische Gesandte,
der schon immer beim Vater lebte und in die Welt kam.
Seine Sendung führt ans Kreuz:
»Denn also hat Gott die Welt geliebt,
dass er seinen einzigen Sohn hingab,
damit jeder, der an ihn glaubt, nicht zugrunde geht,
sondern das ewige Leben hat.«[66]

Ein Bote muss sich legitimieren.
Jesus hat eine bessere Legitimation als das Zeugnis des Täufers:
Für ihn zeugen seine Werke,
die Stimme Gottes und die Schrift.[67]
Letztlich legitimiert er sich durch sein eigenes Wort.

Ein Bote muss sich vorstellen.
Jesus tut es in seinen Ich-bin-Worten
nicht mit Titeln, sondern mit Bildern:
Ich bin das Brot des Lebens, das Licht der Welt,
die Tür zum Leben, der gute Hirte,
die Auferstehung und das Leben.
Ich bin der gute Weinstock,
der Weg, die Wahrheit und das Leben.[68]

65. Joh 14,23.
66. Joh 3,16f.
67. Joh 5,31ff.
68. Joh 6,35; 8,12; 10,7.9.11; 11,25; 14,6; 15,1.5.

Ein Bote hat einen Auftrag.
Zweimal definiert ihn Jesus.
Sein erster Auftrag ist, das Leben zu offenbaren,[69]
sein zweiter Auftrag das Gebot der Liebe.[70]
Mit ihm hat er *alles* gesagt, was er beim Vater gehört hat.
Seine Sendung hatte das Ziel,
diese Liebe zu offenbaren
als Liebe Gottes und Liebe unter den Menschen.

Ein Bote kehrt zu seinem Auftraggeber zurück.
Jesus kehrt zu seinem Vater zurück.
Er kündigt Maria Magdalena an:
»Ich gehe hinauf zu meinem Vater und zu eurem Vater,
zu meinem Gott und zu eurem Gott.«[71]

Ein Bote legt Rechenschaft ab,
nachdem er seinen Auftrag erfüllt hat.
Jesus rechtfertigt sich vor Gott im »hohepriesterlichen Gebet«:
»Ich habe dich auf Erden verherrlicht
und das Werk zu Ende geführt,
das du mir aufgetragen hast.«[72]

Dieser Gesandte aus dem Himmel verkündigt sich selbst.
In der Begegnung mit ihm entscheidet sich das Heil.
Was er an Leben in der Gegenwart gibt,
kann niemals in Zukunft überboten werden.
Was er an Heil vermittelt,
kann kein Jüngstes Gericht ungültig machen.
Es ist endgültiges Heil mitten in der Zeit.

Was die anderen Evangelien sagen,
ist für den Johannesevangelisten
nur Vorstufe zu dieser Offenbarung.
Nur er hat erkannt:
In Jesus ist der Ursprung aller Dinge gegenwärtig.

69. Joh 12,50.
70. Joh 13,34.
71. Joh 20,17.
72. Joh 17,4.

Er kommt direkt aus dem Herzen des Vaters
und bringt authentische Kenntnis von Gott.
Niemand sonst hat Gott gesehen.[73]

Das Johannesevangelium begründet das Christentum als neue Religion.
Ihr Zentrum ist das ewige WORT,
das in Gott verborgen war
und in Jesus Christus für alle Menschen ausgesprochen wurde.
Es ist das Wort der Liebe.
Denn: »Gott ist Liebe,
und wer in der Liebe bleibt,
der bleibt in Gott,
und Gott bleibt in ihm.«[74]

134.

Welche Botschaft enthalten die apokryphen Evangelien?

Einige verschollene Evangelien enthalten Stimmen,
die zu Unrecht vergessen
und nicht in die Bibel aufgenommen wurden.

Judenchristliche Evangelienfragmente
zeigen einen sozialen Jesus.
Wer alles den Armen abgibt,
erfüllt das Liebesgebot.[75]
Wer Kranke heilt,
gibt ihnen die Chance,
ihr Brot zu verdienen.[76]
Grenzenlos muss man vergeben,
selbst Propheten haben gesündigt.[77]
Im Talentengleichnis wird der Knecht bestraft,
weil er sein Geld mit Hurern verprasst hat,
nicht, weil er es vergraben hat.[78]

73. Joh 1,18.
74. 1 Joh 4,16.
75. Nazarenerevangelium Fragment Nr. 16.
76. Nazarenerevangelium Fragment Nr. 10.
77. Nazarenerevangelium Fragment Nr. 15.
78. Nazarenerevangelium Fragment Nr. 18.

Andere Fragmente zeigen einen Jesus,
der das Leben der Tiere schont.
Er ist dazu gekommen,
die Tieropfer am Tempel abzuschaffen.[79]
Selbst ein Passahlamm weigert er sich zu essen.[80]
Vegetarier gab es schon im Urchristentum.

Das Thomasevangelium bringt Sprüche Jesu
in geheimnisvoller Deutung.
Hier entdeckt der Mensch
den unendlichen Wert seiner selbst.[81]
Das Reich Gottes liegt in seinem Inneren.
Es muss nur noch erkannt werden.[82]
Der Mensch kommt aus Gott
und soll zurückkehren zu ihm.[83]
Diese Entdeckung ist wie das Erwachen aus Trunkenheit.[84]

Die apokryphen Evangelien
zeigen die große Wirkung Jesu im 2. Jahrhundert.
Sie eröffnen keinen neuen Zugang zu seiner Geschichte.
Wohl aber zeigen sie,
wie er immer wieder neu gedeutet wird.

79. Ebionäerevangelium Fragment Nr. 6.
80. Ebionäerevangelium Fragment Nr. 7.
81. ThomEv Nr. 3.
82. ThomEv Nr. 24.
83. ThomEv Nr. 49.
84. ThomEv Nr. 28.

Jesus im Dogma: Zwei-Naturen-Lehre und Absolutheitsanspruch

135.

Was bedeutet: Jesus ist wahrer Mensch und wahrer Gott?

Der *historische Jesus*
steht auf Seiten des Menschen.
Er suchte in Bildern und Gleichnissen
nach Gottes Spuren
in dieser Welt.
Der *Christus des Glaubens*
steht nach seiner Auferstehung
auf Seiten Gottes.
Er wurde zu Gottes Bild
in dieser Welt
und zu seiner Spur
in unserem Leben.

Mose machte
Gott zum zentralen Anliegen der Menschen,
Jesus machte
den Menschen zum zentralen Anliegen Gottes:

Weil Jesus Erfahrungen erneuert,
in denen Gott begegnet,
ist er *Offenbarer.*
Weil er die Finsternis beseitigt,
die Gott und Mensch trennt,
ist er *Erlöser.*

Weil Jesus wie wir alle geboren wurde,
lebte und litt,
ist er *wahrer Mensch,*
weil Gott in ihm begegnet,
wahrer Gott.

Das Konzil von Chalkedon fand für ihn die Formel:[1]
Gott und Mensch
verbinden sich in ihm
als zwei Naturen in einer Person
unvermischt und *unverwandelt,*
ungetrennt und *ungesondert.*

136.

Was sagt die Einheit von Gott und Mensch in Jesus in der Alten Kirche?[2]

Die orthodoxe Kirche
sah eine vergleichbare Verbindung von zwei Naturen
auch in den Ikonen:
Im Bilderstreit wollten Bilderstürmer alle Ikonen
aus den Kirchen entfernen.
Andere setzten die Meinung durch:
Bilder sind unverzichtbar.
Gott ist in Jesus sichtbar geworden.
Jesus ist das Bild Gottes.
Die Ikonen zeigen seine Menschheit.
Seine Gottheit strahlt durch die Ikonen hindurch.
Sie ist in ihnen gegenwärtig
ungetrennt und nicht von dem *gesondert,*
was wir mit Augen sehen.
Doch bleibt der Ursprung göttlichen Lichts
unseren Augen entzogen:
Er bleibt *unvermischt* mit Sinnlichem,
verwandelt sich nicht in Wahrnehmbares.
Anbetung verdient allein das Urbild,
das wir nicht sehen,
das Abbild darf menschlich geehrt werden.

Gottheit und Menschheit in Christus,
Urbild und Bild in der Ikone
öffnen die Augen des Herzen

1. 451 n. Chr.
2. Zum Verständnis der Zwei-Naturen-Lehre des Konzils von Chalkedon vgl. A. M. Ritter, Dogma und Lehre in der Alten Kirche, in: Handbuch der Dogmen- und Theologiegeschichte Bd. 1, Göttingen ²1999, 222-283.

für Gottes Anwesenheit in allen Dingen.
Gottes Licht durchstrahlt die ganze Welt.
Die orthodoxen Christen nannten es das Tabor-Licht.
Es ist das Licht, das Jesus auf dem Berg der Verklärung umstrahlte,[3]
als seine Gottheit aufleuchtete.
Dieses Licht durchleuchtet die ganze Welt.
Sein Ursprung bleibt unseren Sinnen entzogen.
Gott wird in der Schöpfung offenbar
ungetrennt und *ungesondert* von allem,
was wir mit Augen sehen,
unvermischt mit dieser Welt,
ohne sich in die Welt zu verwandeln.

Es ist, wie wenn in einem Menschen
ein Engel begegnet:
Du triffst einen Menschen,
aber in ihm begegnet
unsichtbar Gott.
Meist erkennen wir den Engel erst,
wenn er uns verlässt.

137.

Wie kann man heute verstehen, dass Jesus zwei Naturen in einer Person vereint?

Was die Alte Kirche über Christus sagt,
wiederholt sich in jeder religiösen Erfahrung:
In ihr werden Grenzen
zwischen Seinsbereichen überschritten,
ohne beide zu *vermischen,*
ohne beide ineinander zu *verwandeln.*
Gott bleibt Gott,
und Welt bleibt Welt.
Gott bleibt transzendent.

3. Mk 9,2f. Der Berg der Verklärung wurde mit dem Berg Tabor identifiziert. In der orthodoxen Mystik wurde seit Gregorius Sinaites (gest. nach 1337) und seinem Schüler Gregor Palamas (1296-1359) die Mystik des Tabor-Lichtes entwickelt: Gott ist in seinen Energien so präsent wie die Sonne in ihrem Licht, aber Gott selbst bleibt dem Menschen so entzogen wie die Sonne.

Und dennoch erscheint Gott in der Welt
und ist in ihr ganz gegenwärtig,
ungetrennt und *ungesondert* von dem,
was wir erfahren können.

Gott wird Welt,
und Welt wird Gott.
Dennoch bleiben Gott und Welt getrennt
und verschmelzen nicht.
Denn der Ursprung dessen,
was von Gott gegenwärtig ist,
bleibt unserem Zugriff entzogen,
bleibt *unvermischt* und *unverwandelt*
in Gottes Transzendenz.
Gott offenbart sich
als präsente Abwesenheit
und abwesende Präsenz.

Grenzüberschreitungen
kennen wir auch im Stufenbau des Sein
in dieser Welt.
Poesie verzaubert die Welt:
Die stille Nacht tröstet den Menschen;
Steine schreien.
Personen beleben die tote Natur
in Grenzüberschreitungen
von oben nach unten
in dieser Welt.

Naturwissenschaftliche Erkenntnis
überschreitet Grenzen *in* dieser Welt
von unten nach oben:
Unbelebtes organisiert sich als Leben,
Neues entsteht aus Materie
durch molekularbiologische Muster.
Auch das ist eine Grenzüberschreitung
in dieser Welt.

Religion aber überschreitet eine Grenze
über die Welt hinaus,
die Grenze zwischen Sein und Nichts.

Im Staunen über die Existenz der Dinge
ist das NICHTS in allen Dingen anwesend
und entzieht sich uns,
wenn wir es greifen wollen.
Im Staunen über die Existenz der Dinge
ist das SEIN in allen Dingen da
und entzieht sich uns,
wenn wir es erkennen wollen.
Ungetrennt und *ungesondert*
ist es für uns da.
Unvermischt und *unverwandelt*
bleibt es für uns verborgen.

Dass Jesus geboren wurde,
lebte und starb,
ist sein Menschsein.
Dass das Licht der Schöpfung
in seiner Gestalt aufleuchtete,
ist seine Gottheit.
In ihm ist beides vereint
unvermischt und *unverwandelt,*
ungetrennt und *ungesondert.*
Was die Alte Kirche von Christus sagt,
ereignet sich
in jeder religiösen Erfahrung.

138.

Warum spaltete sich die Kirche wegen der zwei Naturen Christi?

Das Konzil von Chalkedon
sagte zum Verhältnis von Gottheit und Menschheit in Jesus:
unvermischt und *unverwandelt,*
ungetrennt und *ungesondert*
sind die beiden Naturen in Jesus
in einer Person vereint.
Was das Konzil in Jesus vereint sah,
trennte später die orientalischen Kirchen untereinander.

»Gottheit und Menschheit sind in Christus
unvermischt und *unverwandelt:«*

Das wurde gegen die These gesagt,
in Jesus sei alles Menschliche
in Göttliches verwandelt.
In Jesus dominiere die eine göttliche ›Natur‹.[4]
Kopten, Äthiopier und Armenier,
die meisten orientalischen Kirchen,
argumentieren für die Übermacht der göttlichen Natur:
Wenn sich menschliche Natur
nicht ganz in göttliche Natur verwandelt,
kann auch der Mensch nicht ganz verwandelt werden
und der Vergänglichkeit entrinnen.
Nur ein Gott kann den Menschen erlösen.
Deswegen muss in Jesus
die Gottheit das Menschsein ganz in sich verwandeln.
GOTT WURDE MENSCH,
DAMIT DER MENSCH GÖTTLICH WIRD.

›Gottheit und Menschheit sind in Christus
ungeschieden und *ungetrennt*‹.
Das wurde gegen eine Minderheit gesagt,
die Gottheit und Menschheit trennte.
Sie argumentierte:
Gott kann nicht geboren werden
und kann nicht sterben.
Er bleibt der ewige Gott.
Daher ist Maria nicht ›Mutter Gottes‹.
Sie hat nicht Gott, sondern den Christus geboren.
Christus verwirklicht eine Einheit mit Gott,
die nicht von selbst existiert –
wie könnte er sonst den Menschen als Erlöser vorangehen?
Die assyrische Kirche[5] insistiert darauf:
Nur wenn Jesus ganz Mensch ist
wird der Mensch auch ganz erlöst.
Jesus wurde als Mensch geboren und starb als Mensch.

4. Deswegen werden diese Kirchen von anderen oft »Monophysiten« (= Anhänger nur einer Natur = physis) genannt, was sie als Selbstbezeichnung ablehnen: Sie lehren zwei Naturen, aber die göttliche durchdringt die menschliche Natur.
5. Sie wird auch die ostsyrische oder nestorianische Kirche nach Nestorius genannt, der es ablehnte, Maria eine Gottesgebärerin zu nennen. Im Mittelalter erstreckte sie sich in Asien bis zur Mongolei.

Erlösung geschah, weil sich die Gottheit
mit diesem sterblichen Menschen verband.
GOTT WURDE MENSCH,
DAMIT DER MENSCH GÖTTLICH WIRD.

Die Kirchenväter schufen in Chalkedon eine Synthese.
Wer zwei Naturen trennt,
leugnet die *Wirklichkeit* ihrer Vereinigung.
Wer die zwei Naturen nicht unterscheidet,
leugnet das *Wunder* ihrer Vereinigung.
Beide Naturen sind *ungetrennt* und *unvermischt.*
Nur so kann Erlösung stattfinden.
Diese Verbindung von zwei Naturen
in einer Person unterschied die orthodoxe Kirche
von allen orientalischen Kirchen.
Doch ist für alle Kirchen des Ostens
die Vergöttlichung des Menschen
Ziel der Erlösung.
Noch heute gilt bei ihnen der Grundsatz:
GOTT WURDE MENSCH,
DAMIT DER MENSCH GÖTTLICH WIRD.

Die westlichen Kirchen teilen mit den orthodoxen Kirchen
das Bekenntnis zu Jesus
als zwei Naturen in einer Person.
Doch wichtiger wurde die Frage:
Wie verhält sich der Wille Gottes
zum Willen des Menschen?
Wie kann der Sünder übereinstimmen mit Gottes Willen?
Das stellte Augustinus ins Zentrum
und wurde dadurch zum Kirchenvater des Westens.

Alle christlichen Kirchen
im Osten, im Westen und in der ganzen Welt
aber stimmen darin überein:
Jesus wird mit Absolutheitsanspruch verkündigt.
Er ist der entscheidende Offenbarer.
Er ist der Erlöser.

139.

Wie soll man den Absolutheitsanspruch Jesu verstehen?

Absolutheitsansprüche verpflichten nur dann,
wenn sie Toleranz begründen.
Wenn alles relativ ist,
muss umso mehr gelten,
dass überhaupt etwas gelten darf.
Wenn alle Rechte umstritten sind,
darf nicht das Recht bestritten werden,
Rechte zu haben.

Ein unbedingter Anspruch wird von Petrus erhoben:
»In keinem andern ist das Heil,
ist auch kein andrer Name
unter dem Himmel den Menschen gegeben,
durch den wir sollen gerettet werden.«[6]
Petrus ruft zur Umkehr.
Ohne Umkehr kommen Menschen nicht zum Heil.
Der Absolutheitsanspruch Christi ist ein Ruf zur Umkehr.
Umkehr aber ist FREIHEIT.
Freiheit gilt unbedingt
in einer pluralistischen Gesellschaft.

Einen unbedingten Anspruch
erhebt Jesus im Johannesevangelium:
»Ich bin der Weg und die Wahrheit und das Leben:
niemand kommt zum Vater denn durch mich!«[7]
Der Weg Jesu ist der Weg der Liebe
»aus dem Tod ins Leben hinüber.«[8]
Der Absolutheitsanspruch Jesu verlangt LIEBE.
Ohne Liebe kommen Menschen nicht zum Heil.
Liebe gilt unbedingt
in einer pluralistischen Gesellschaft.

Ein unbedingter Anspruch
wird Jesus im Philipperhymnus zugeschrieben:[9]

6. Apg 4,12.
7. Joh 14,6.
8. 1 Joh 3,14.
9. Phil 2,5-11.

Jesus erhält den Namen über alle Namen.
Alle im Himmel, auf Erden und unter der Erde knien vor ihm nieder.
Jesus verlangt universale Anerkennung.
Jede Wahrheit will die Zustimmung aller,
sonst wäre sie nicht Wahrheit.
Intolerant ist nur die ›Wahrheit‹,
die sich mit Gewalt durchsetzen will.
Der Philipperhymnus zeigt das Gegenbild:
Gott verzichtet auf seine Macht, um Menschen zu gewinnen:
Der Gott gleich war,
»nahm Knechtsgestalt an,
ward gleich wie ein andrer Mensch.«
»Er erniedrigte sich selbst
und ward gehorsam bis zum Tod,
ja bis zum Tod am Kreuz.«[10]
Gott verzichtet auf Gewalt.
Der Absolutheitsanspruch Jesu
setzt sich mit GEWALTVERZICHT durch.
Gewaltverzicht gilt unbedingt
in einer pluralistischen Gesellschaft.

Für Jesu *Person* gilt der Grundsatz:
»Wer nicht gegen mich ist, ist für mich.«[11]
Für seine *Sache* gilt:
»Wer nicht für mich ist, ist gegen mich.«[12]
Liebe, Umkehr und Gewaltverzicht
gelten absolut.

140.

Wurde die Wahrheit nicht auch durch andere Religionsstifter erschlossen?

Im Jahrtausend vor und nach Christus
erfasste alle Religionen ein Umbruch:[13]

10. Phil 2,7.8 f.
11. Mk 9,40.
12. Mt 12,20 / Lk 11,23.
13. Hier folge ich der Theorie einer »Achsenzeit«, die Karl Jaspers (1883-1969) in die Diskussion gebracht hat. Diese Theorie wird zwar oft modifiziert und kritisiert, aber begegnet unter neuem Namen immer wieder.

Offenbarungsmittler widersprachen religiösen Traditionen,
die allein deshalb Geltung hatten,
weil sie immer gegolten hatten.
Neu war ihre Lehre:
Der Mensch muss aufgrund eigener Erfahrungen
Verantwortung für sein Verhältnis zu Gott und Welt übernehmen.
Die Welt kann anders sein.
Der Mensch kann anders werden.
Gott ist nicht ein Teil dieser Welt.
Er wird im Innersten des Menschen erfahren,
in einer Wahrnehmung
über alle Sinne hinaus.
Jesus gehört zu diesen Religionsgründern.
Er steht in ihrer Mitte.

Mose entdeckte den Glauben an einen Gott,
der Sklaven aus Ägypten in die Freiheit führt.
Der Mensch muss
zwischen Freiheit und Knechtschaft wählen.
Menschen sind
ZUR FREIHEIT BESTIMMT.

Zarathustra entdeckte den Glauben an den einen Gott,
der sich gegen den bösen Gott durchsetzen muss.
Der Mensch muss sich
zwischen Gut und Böse entscheiden.
Menschen sind
ZUM GUTEN BESTIMMT.

Griechische Philosophen entdeckten die Einheit der Welt,
die sich menschlichem Nachdenken zeigt.
Der Mensch muss
zwischen Wahrheit und Irrtum wählen.
Menschen sind
ZUR WAHRHEIT BESTIMMT.

Konfuzius entdeckte die Macht der Bildung.
Der Mensch ist von Geburt nicht fertig.
Er kann mit der Einsicht handeln:
›Was Du nicht willst, das man dir tu,
das füg auch keinem andern zu.‹

Menschen sind
zur Bildung bestimmt.

Laotse entdeckte die Macht des Schwachen.
In Übereinstimmung mit
der Harmonie allen Seins
ist das Schwache stärker als das Starke.
Nicht-Handeln ist besser als Handeln.
Menschen sind
zur Harmonie bestimmt.

Buddha entdeckte: Alles Dasein ist Leiden,
Erlösung ist Verwehen im Nichts.
Wenn man sich innerlich gelöst hat von allem,
was den Lebensdurst fesselt,
wird man frei.
Menschen sind
zur Erlösung bestimmt.

Mohammed wollte den Glauben
an den einen und einzigen Gott erneuern
und das Leben durch einfache Gebote
wie Fasten, Almosen und Gebet auf ihn ausrichten.
Menschen sind
für Gott bestimmt.

Jesus stellte die Liebe in den Mittelpunkt.
Gemessen an diesem Maßstab
müssen wir erkennen:
Wir sind unvollkommen.
Aber gerade daraus wächst moralische Kraft
zu Umkehr und Einsicht.
Menschen sind
zur Liebe bestimmt.

Alle Religionsgründer haben
Wahrheit erkannt.
Alle Bestimmungen des Menschen sind richtig.
Die Liebe ist grundsätzlich
offen für alle.

141.

Können Christen von anderen Religionen lernen?

Im Blick auf andre Religionen gilt:
»Wer nicht gegen mich ist, ist für mich.«
Was dem christlichen Glauben nicht widerspricht,
kann von ihm aufgenommen werden.
Andere Religionen können ergänzen,
was dem Christentum fehlt.
Es ist noch nicht vollendet.
Der Geist wird kommen
und in die ganze Wahrheit führen.[14]
Er wirkt in jeder Religion.
Jede Religion hat etwas zu sagen,
was andere nicht sagen.

Jesus verbindet drei prophetische Religionen.
Er verkündigt den einen und einzigen Gott.
Vor Jesus erklang diese Verkündigung
schon beim zweiten Jesaja.
Nach Jesus wurde sie
durch Mohammed erneuert.
Jesus verbindet so
Juden, Christen und Moslems.
Alle können sein Vaterunser zusammen sprechen.

Christus verbindet nach Ostern
den Glauben mit der Mystik.
Er ist die verborgene Weisheit Gottes.
Wenn sie den Kosmos durchwaltet,
ist sie das Tao Chinas.
Wenn sie im Herzen der Menschen wohnt,
ist sie der Seelenfunken der Mystik.
Wenn Christus ins Nichts des Todes begleitet,
ist er ein Boddhisatva ewiger Güte.

14. Joh 16,13.

Christen dürfen sagen:
Christus ist die einzige Wahrheit.
Das ist wie ein Liebesbekenntnis:
»Du bist die Schönste.«
Doch reife Liebe erkennt den Wert der anderen.
Ebenso erkennt reifer Glaube:
Gott will nicht nur
in Jerusalem oder auf dem Garizim,
in Rom oder Konstantinopel,
in Wittenberg oder in Genf,
in Mekka oder in Kyoto verehrt werden,
sondern überall
»im Geist und in der Wahrheit.«[15]

142.

Wie lässt sich die Bedeutung Jesu zusammenfassend deuten?

Fremd ist die Naherwartung Jesu,
fremd die Erwartung des Gerichts,
seine Wunder, seine radikale Ethik:
Er fordert von Nachfolgern,
Frau und Kinder zu verlassen
und mit der Familie zu brechen.

Vertraut ist die Nächstenliebe,
der Statusverzicht,
der Vorrang der Schwachen,
dass die Gottesherrschaft
den Armen und Kindern gehört,
dass Hungrige gesättigt
und Trauernde getröstet werden.

Sollen wir uns deshalb nur an dem orientieren,
was uns vertraut ist?
Oder sollen wir im Fremden erkennen,
was uns zeitlos angeht?

15. Joh 4,24.

Immer stellt sich uns die Aufgabe
jeder menschlichen Kultur,
Selektion zu reduzieren
und Leben zu ermöglichen,
wo es sonst nicht möglich wäre.

Die Erwartung der Gottesherrschaft mag fremd sein,
aber in ihr kommen die Armen und Kranken,
die Hungernden und Kinder
zu ihrem Recht.

Die Wundergeschichten mögen fremd sein,
aber sie protestieren
gegen die ungleiche Verteilung von Lebenschancen
durch Krankheit und Hunger.

Die Ethik Jesu mag fremd sein.
Sie verbindet nicht Familiensolidarität
mit Aggression gegen Fremde,
sondern umgekehrt:
den Bruch mit der Familie
mit Liebe zu den Feinden.

Die Schwelle von der biologischen zur kulturellen Evolution
wird in der Geschichte an vielen Stellen
unbewusst überschritten.
Aber in apokalyptischen Erwartungen
bricht die Erkenntnis durch:
Wir leben in einem Übergang.
Die tierischen Reiche werden abgelöst
durch das Reich des »Menschen«,
die biologische Evolution wird fortgeführt
durch die Kultur.

Dieser Übergang vollzieht sich auch in Jesus:
In ihm wird sichtbar
die ewige Menschwerdung des Menschen,
der Schritt vom Sklaven der Natur
zum Freigelassenen der Schöpfung.

Dieser Übergang vollzieht sich in Kreuz und Auferstehung:
Wenn der Gekreuzigte zum Ursprung des Lebens wird,
geht die Entwicklung weiter,
wo sie zu Ende schien.
Das Selektionsprinzip ist überwunden.

Dieser Übergang vollzieht sich in jedem Menschen,
der umkehrt zu einem Leben
jenseits des Selektionsdrucks
und sich weigert,
ihn an andere weiterzugeben.

Alle Menschen haben die Bestimmung,
Selektionsdruck zu reduzieren.
Von vielen Religionen wurde das bewusst formuliert:
Das Sanfte soll siegen über das Starke.
Güte soll den Menschen bestimmen.
Die Bibel protestiert dagegen,
dass wir dieses Programm
immer wieder verraten:
Wir scheitern an der Moral,
die uns gebietet,
Selektionsdruck zu verringern.

Deshalb wird der Übergang zu einer neuen Welt
im Evangelium in neuer Weise sichtbar:
Gericht ist Selektionsdruck durch Moral,
Evangelium ist Gnade.
Gericht ist Verurteilung,
Evangelium Freispruch.
Auch Verrat und Schuld
werden vergeben.

Fremd tritt Jesus in unsere Welt.
Er überschreitet die Schwelle
zu einer neuen Welt.
Er gehört nicht an den Rand unserer Kultur,
sondern ist ihre verborgene Mitte.
Mit ihm beginnt eine Heimat,
in der wir noch nie waren.

III. Meditationen über den Geist

Was ist der Heilige Geist?

143.

Wie verhält sich Gottes Geist zum Geist des Menschen?

Der Geist ist Gottes Gegenwart
im Menschen
und in der Welt.
Erfahrung des Geistes
ist christliche Mystik.[1]

Vom Menschen gilt:
»Welcher Mensch weiß,
was im Menschen ist,
als allein der Geist des Menschen,
der in ihm ist.«[2]
Ebenso kennt niemand Gott
als allein der Geist Gottes.
Gott wird nur
durch Gott erkannt.

Der Geist ist Gewissheit Gottes.
Wenn er unser Herz berührt,
erkennen wir:
Es ist gut, *dass* wir leben.
Wir könnten auch nicht sein.
Das Wunder der Existenz
verbindet mit Gott.

Der Geist ist Wille zur Veränderung.
Durch ihn begreifen wir:
Es ist nicht gut, *wie* wir leben.
Wir könnten auch anders sein.

1. Sachliche Information zur großen Tradition christlicher Mystik bringt Volker Leppin, Die christliche Mystik, München 2007.
2. 1 Kor 2,11.

Der Geist treibt dazu an,
das Gute aus freiem Willen zu tun.
»Wo der Geist des Herrn ist,
da ist Freiheit.«[3]

Der Geist gibt »Zeugnis unserem Geist,
dass wir Gottes Kinder sind«.[4]
Er bringt tote Traditionen zum Leben,
macht sterbende Kirchen
zu Tempeln der Gegenwart Gottes.
Kirchen und Religionen
führt er weltweit zusammen.

Der Geist ist Erfüllung mystischer Sehnsucht.
Er schenkt Übereinstimmung mit uns selbst,
mit Gott und anderen Menschen.
Er schenkt das Glück,
das »kein Auge gesehen hat
und kein Ohr gehört hat
und in keines Menschen Herz gekommen ist,
das Gott denen bereitet hat,
die ihn lieben«.[5]

Der Geist erfüllt die Sehnsucht Gottes
nach sich selbst
im Menschen
und des Menschen Sehnsucht
nach sich selbst
in Gott.
Erfahrung des Geistes
ist christliche Mystik.

3. 2 Kor 3,17.
4. Röm 8,16.
5. 1 Kor 2,9.

144.

Was ist der Geist Gottes in der Bibel?[6]

Gottes Geist hat in der Bibel viele Gestalten:
Er ist der Geist der Schöpfung,
der Geist der Befreiungskriege,
der Geist der Herrschaft von Königen und Ältesten,
der Geist der Prophetie,
der Geist Jesu und der Gemeinde.

GOTTES GEIST IST DER GEIST DER SCHÖPFUNG.
Er schwebt über der Urflut.
Alles, was lebt, lebt durch ihn.[7]
»Gottes Geist erfüllt den Erdkreis«.[8]
Noch einmal wird der Geist zur schöpferischen Kraft
im Neuen Testament:
Gottes Geist macht Menschen
zu neuen Kreaturen[9]
schon jetzt und in alle Ewigkeit.
Wo Schöpfung und Neuschöpfung geschieht,
wirkt der Geist.

GOTTES GEIST IST DER GEIST DER BEFREIUNGSKRIEGE.
Im Alten Israel macht er Menschen zu Richtern Israels,
die das Volk zusammenführen
und in aussichtsloser Lage vor den Feinden retten.
Auch hier schafft der Geist Freiheit.
Er schweißt in Konflikten Menschen zusammen
gegen ihre Feinde
und vereint im Neuen Testament
Menschen in der Gemeinde
wie Glieder eines Leibes.[10]

6. Das grundlegende Buch dazu ist Michael Welker, Gottes Geist. Theologie des Heiligen Geistes, Neukirchen 1992.
7. Gen 2,9.
8. Weish 1,7.
9. Der Christ als neue Kreatur: Gal 6,15; 2 Kor 5,17.
10. 1 Kor 12,12-27.

Sie kämpfen mit geistlichen Waffen,
Juden zusammen mit Heiden,
um geistliche Freiheit zu erlangen.

GOTTES GEIST IST DER GEIST DER HERRSCHAFT.
Er wirkt im König.
Auf ihm ruht Gottes Geist,
»der Geist der Weisheit und der Einsicht,
der Geist des Planens und der Stärke,
der Geist der Erkenntnis und der Gottesfurcht«.
Er schafft dem Hilflosen und Armen Recht.[11]
Universal wird sich durch ihn ausbreiten
Gotteserkenntnis, Frieden und Erbarmen.
Der Geist wirkt nicht nur in Mose,
sondern auch in den Ältesten.
Das ganze Volk soll er ergreifen.[12]
In der neutestamentlichen Gemeinde
sind alle Träger des Geistes.
Jeder hat eine Geistesgabe.
Jeder ist Gemeindeleiter.[13]

GOTTES GEIST IST DER GEIST DER PROPHETIE.
Einzelne Propheten schauen im Geist die Zukunft.
Ein Prophet aber prophezeit:
Alle im Volk werden einmal prophezeien,
Junge und Alte,
Männer und Frauen,
Herren und Knechte –
»Und nach diesen Tagen
will ich meinen Geist ausgießen über alles Fleisch,
und eure Söhne und Töchter sollen weissagen,
eure Alten sollen Gesichte sehen,
und eure Jünglinge sollen Gesichte sehen.
Auch will ich zur selben Zeit über Knechte und Mägde
meinen Geist ausgießen.«[14]
Das geht Pfingsten in Erfüllung.

11. Jes 11,1-5.
12. Num 11.
13. So ist das Bild vom Leib Christi zu verstehen: 1 Kor 12,12-30; Röm 12,3-8.
14. Joel 3,1-2.

In allen Völkern wirkt der Geist
über alle Grenzen hinweg.
Paulus hört sogar ein Seufzen
in der ganzen Schöpfung,
dem der Geist seine Stimme verleiht.
Die ganze Schöpfung wartet
auf die Offenbarung der Freiheit:
»Denn wir wissen, dass die ganze Schöpfung
bis zu diesem Augenblick
mit uns seufzt und sich ängstet.
Nicht allein aber sie, sondern auch wir selbst,
die wir den Geist als Erstlingsgabe haben,
seufzen in uns selbst
und sehnen uns nach der Kindschaft,
der Erlösung unseres Leibes.«[15]
Überall, wo in der Welt geklagt wird
über die Verhinderung von Leben und Freiheit,
wirkt der Geist.

145.

Warum sind Erfahrungen des Geistes im Neuen Testament neue Erfahrungen Gottes?

Wo im Alten Testament vom Geist die Rede ist,
ist Gott gemeint.
Im Neuen Testament ist der Geist
eine neue Erfahrung Gottes.
Der Geist erneuert
nach tiefen Krisen
Gottes Gegenwart im Menschen.

Gott begegnet im Alten Testament in
GRENZERFAHRUNGEN
von Unfreiheit und Bedrohung.
Im Neuen Testament überwindet der Geist
die Krise zwischen Gott und Mensch

15. Röm 8,22-23.

und die Fremdheit zwischen Menschen
aus verschiedenen Kulturen
mit unterschiedlichen Sprachen.

Gott begegnet im Alten Testament in
KREATURERFAHRUNGEN.
Gottes Geist schwebt bei der Schöpfung über der Urflut.
Er gibt dem Menschen Leben.
Im Neuen Testament ist er die Kraft,
die den verlorenen Menschen
zu einem neuen Geschöpf macht.

Gott begegnet im Alten Testament in
SINNERFAHRUNGEN.
Er offenbart sich als Geheimnis der Wirklichkeit,
das dem Geheimnis unserer Existenz verwandt ist.
Im Neuen Testament hat Gottes Geist
ein Echo im Geist des erneuerten Menschen
durch seine Gaben
Glaube, Hoffnung, Liebe.

Gott begegnet im Alten Testament in
GEWISSENSERFAHRUNGEN.
Wert und Wirklichkeit fallen auseinander
und werden zum Sollen.
Konflikte zwischen Sein und Sollen werden zur Krise.
Im Neuen Testament erneuert der Geist den Menschen:
Er verwandelt Gebote
in eigenen Willen,
als hätten wir sie uns
selbst gegeben.

Derselbe Gott
und derselbe Geist
begegnen im Alten und Neuen Testament.
Neu ist für alle Menschen
die Erneuerung des Bundes
nach tiefer Krise.

Wo begegnet Gottes Geist?

146.

Wo begegnet Gottes Geist?

»Der Geist weht, wo er will.«[1]
Viele Generationen haben ihn gefunden
in Bibel und Tradition,
Erfahrung und Vernunft,
wo immer der Geist wehen will.

Der Geist der Bibel ist
Geist von Menschen,
die Gott erfahren haben.
Heinrich Heine sagt mit Recht:
»Wer seinen Gott verloren hat,
der kann ihn in diesem Buche wieder finden,
und wer ihn nie gekannt,
dem weht hier entgegen
der Odem des göttlichen Wortes.«[2]
Der Geist weht, wo er will –
auch in der Bibel.

Der Geist der Tradition ist
Geist von Menschen.
Sie wurde in Jahrhunderten getestet
und ist mit Irrtum vermischt.
Die Wahrheit fand sich oft
bei Künstlern und Ketzern.
Wenn wir uns von ihnen inspirieren lassen,
erkennen wir:
Der Geist weht, wo er will –
auch in der Tradition.

1. Joh 3,8.
2. H. Heine, Aus dem zweiten Vorwort zur »Geschichte der Philosophie und Religion in Deutschland« (1852).

Der Geist religiöser Erfahrung ist
Geist von Menschen.
Mystische Erfahrung
bringt Gewissheit jenseits der Worte,
prophetische Erfahrung
Gewissheit zum Sprechen und Tun.
Aber nicht alles,
was spirituelle Erfahrung genannt wird,
führt zu Gott.
Man muss die Geister unterscheiden.[3]
Der Geist weht, wo er will –
auch in religiösen Erfahrungen.

Der Geist der philosophie ist
Geist von Menschen,
die nach Gott suchen.
Religionskritik ist wertvoll:
Sie zwingt dazu,
Vorstellungen von Gott zu ändern.
Metaphysik ist wertvoll.
Sie lehrt uns,
im Scheitern des Denkens Gott zu erkennen.
Wertvoll sind alle Gedanken,
die gegen die Tendenz der Zeit
nach Spuren Gottes suchen.

Der Geist weht, wo er will,
in Bibel und Tradition,
Erfahrung und Vernunft.
»Du hörst wohl sein Wehen,
aber du weißt nicht,
woher er kommt
und wohin er fährt.«[4]

3. Die Unterscheidung der Geister ist eine Charisma in 1 Kor 12,10.
4. Joh 3,8.

Wo begegnet der Geist in der BIBEL?[5]

Die Bibel ist wie eine Geschichte,
die man in der Schule vorliest,
damit die Kinder sie zu Ende schreiben.
Wir messen die Fortsetzungen daran,
ob sie dem Geist der Erzählung entsprechen.
Eine Liebesgeschichte darf nicht
als Kriminalgeschichte enden.
So schreiben wir auch im Leben
die Geschichte der Bibel weiter.
Entscheidend ist:
Kommen ihre Motive
in unserem Leben zur Geltung?

Die Grundmotive der Bibel
sind Suchprogramme,
mit denen wir verwandte Texte in der Bibel finden.
Sie sind Suchprogramme,
mit denen wir die Spuren Gottes
in der Welt erblicken.
Sie sind Suchprogramme,
mit denen wir das Leben
neu entdecken.

Die grundlegende Erfahrung mit Gott
meint das SCHÖPFUNGSMOTIV:
Gott schafft aus Nichts
und lässt in Nichts versinken.
Alles könnte auch nicht sein,
alles könnte auch anders sein.
Diese schöpferische Macht wirkt jeden Augenblick.
Sie leuchtet Ostern
mitten in der Geschichte auf.

5. Hier folge ich meinem Versuch, die biblische Zeichenwelt auf eine begrenzte Zahl von Axiomen und Grundmotiven zurückzuführen: Gerd Theißen, Zur Bibel motivieren, Gütersloh 2003. Die Anregung dazu erhielt ich durch meinen Kollegen Dietrich Ritschl.

Das Geborgenheits- und Distanzmotiv sagt:
Der Mensch ist in Gott geborgen.
Trotzdem lebt er entfremdet von ihm.
Kein Leben wird seinem Ursprung gerecht.
Auch der Mensch wird durch Schuld und Leid
von Gott getrennt.
Er hat sich von ihm abgewandt.

Das Verantwortungsmotiv sagt:
Der Mensch wird für seine Taten zur Verantwortung gezogen.
Er wird daran gemessen, was er getan hat.
Gott fällt sein Urteil nach ethischen Maßstäben.
Jeder schuldet ihm Rechenschaft,
und jeder bleibt sie ihm schuldig.
Maßstab und Richter sind das Gesetz
und Jesus.

Das Weisheitsmotiv lässt die Ordnung der Welt erkennen:
Die Natur ist durch Gottes Weisheit geschaffen.
Die Weisheit fand eine Wohnung in Jesus.
In ihm sind »Schätze der Weisheit
und der Erkenntnis verborgen.«[6]
Doch wird die Weisheit der Welt
durch das Kreuz zur Torheit vor Gott,
und die Weisheit Gottes
zur Torheit der Welt.[7]
Gottes Weisheit ist anders
als menschliche Weisheit.

Das Geschichtsmotiv sagt:
Gott offenbart sich in der Geschichte.
Seine Geschichte mit den Menschen
nahm einen zufälligen Anfang
in einem kleinen Volk.
Niemand kann begründen,
warum hier und nicht anderswo
Gott entdeckt wurde.
Alle folgende Geschichte
blieb abhängig von diesem Anfang.

6. Kol 2,3.
7. 1 Kor 1,18-25.

Ein Hoffnungsmotiv
durchzieht die Geschichte.
Eine neue Welt beginnt mitten in der alten Welt.
Der Christ ist Bürger zweier Welten.
Als Fleisch ist er der alten Welt verhaftet,
durch den Geist gehört er zur neuen Welt,
die mit Jesus begonnen hat.[8]

Das Wundermotiv öffnet die Welt für
unvorhersehbare Wendungen,
die alle Erwartungen durchkreuzen.
Nichts ist völlig determiniert.
Glauben und Gebet bewirken wunderbare Änderungen.
Wunder sind Zeichen,
die über sich hinausweisen.
Jesus ist Träger solcher Wundermacht.

Das Umkehrmotiv sagt:
Der Mensch hat die Chance zur Umkehr.
Wie sich die Welt verändern muss,
um Gottes Willen zu entsprechen,
so auch der Mensch –
er kann ein neues Leben beginnen,
wenn er sich mit Christus kreuzigen lässt
und mit ihm ein neues Leben beginnt.
Oft aber verweigert er
Umkehr und Neubeginn
gegen alle Vernunft.

Das Exodusmotiv
zeigt sich in kollektiven Erfahrungen:
Nicht nur Einzelne werden durch Gottes Ruf verändert,
sondern ganze Gruppen:
Abraham verließ mit seiner Familie die Heimat,
das Volk Israel floh aus Ägypten.
Gruppen brechen in die Freiheit auf
und leiden im Exil unter Unfreiheit.

8. Gal 5,13-26; Röm 8,1-15.

Das Gerechtigkeitsmotiv
verpflichtet alle zur Gerechtigkeit.
Nicht nur der König,
sondern das ganze Volk ist verantwortlich dafür,
dass der Schwache geschont,
der Fremde respektiert,
der Arme unterstützt wird.
Ungerechtigkeit wird zum schreienden Unrecht.
Jesus lehrt in der Bergpredigt alle Menschen
die bessere Gerechtigkeit.

Das Liebesmotiv
verwandelt die Beziehung zu Gott und Mensch.
Jeder Mitmensch wird unser Nächster –
durch Suche des Verlorenen,
durch Aufnahme des Fremden,
durch Liebe zum Feind.
Christus ist Urbild dieser Liebe:
Seine Lebenshingabe ist Liebe für die,
die Gottes Feinde waren.[9]

Das Positionswechselmotiv sagt:
Gott erniedrigt und erhöht.
Er macht die Ersten zu Letzten
und verlangt Bereitschaft,
auf Status zu verzichten.
Von denen, die in Askese und Martyrium
freiwillig auf alles verzichten,
geht eine verwandelnde Kraft aus –
wie von Christus,
der als Weltenherr zum Sklaven
und als Gekreuzigter
zum Grund neuen Lebens wurde.

Wo Mensch und Gott sich begegnen
findet sich das Offenbarungsmotiv:
Gott tritt aus seinem Geheimnis hervor,
aber bleibt auch in seiner Offenbarung
der verborgene Gott.

9. Röm 5, 6-11.

Dunkel bleibt die Quelle dessen,
was in religiösen Erfahrungen
sich klar dem inneren Auge aufdrängt.

Das Inkarnationsmotiv sagt:
Gott nimmt Wohnung in der sinnlichen Welt.
Er ist im Menschen durch seinen Geist präsent,
in Israel durch Tempel und Thora,
in Christus durch Inkarnation,
im Gottesdienst durch Sakramente.
Die Kirche ist sein Leib,
durch den er sichtbar wird.
Gott verbirgt sich in den Geringsten
unter unsern Brüdern.
Die Nähe Gottes beim Menschen
wird ein für allemal gewiss –
auch in Schuld und Leid.

Das Glaubensmotiv betont:
Gott erschließt sich dem Menschen durch Glauben
in einem Akt des Vertrauens,
mit dem der Mensch sein Leben
außerhalb seiner selbst begründet.
Im Zentrum aller Menschen,
durch die Gott Glauben weckt,
steht Jesus von Nazareth.

Das Stellvertretungsmotiv lehrt:
Alles Leben ist miteinander verbunden,
ein Leben tritt für das andere ein.
Was dem einen Lebewesen geschieht,
geschieht auch andern
oder kommt ihnen stellvertretend zugute.
Tieropfer bezeugen den Zwang,
auf Kosten anderer zu leben.
Christus zeigt die Alternative:
Leben als Hingabe für andere.

Das Rechtfertigungsmotiv
weist auf ein endgültiges Urteil:
Gott schenkt dem Menschen unbedingte Anerkennung.

Der Sinn seines Lebens ist unbegründbar.
Er ist eine Schöpfung aus dem Nichts,
die der Mensch so passiv empfängt,
wie er sein Leben empfangen hat:
Keiner hat sich selbst geschaffen.
Vernichtung und Schöpfung geschehen,
indem wir mit Jesus sterben
und in ein neues Leben treten.

Diese Motive bilden den Geist der Bibel,
Grundlage der biblischen Religion.
Sie sind Konstruktionsprinzipien
einer Kathedrale aus Zeichen:
aus Texten, Riten und Verhaltensweisen.
Sie wurde von Menschen errichtet.
Ihr Zweck ist es, Gott zu verehren.
Tastet man mit diesen Grundmotiven Leben und Welt ab,
kommt man zu evidenten Einsichten.
Sie öffnen die Augen für Gott,
für das Leben, für den anderen Menschen.
Dieser Geist ist der Geist vieler Menschen,
die ihre Erfahrungen mit Gott
in der Bibel niedergeschrieben haben.
Ihr Buchstabe tötet,
ihr Geist macht lebendig.

148.

Wo begegnet der Geist in der Tradition?

Religionen sind Sprachen aus Zeichen und Bildern.
Wir wählen in der Regel unsere Religion
sowenig wie unsere Muttersprache.
Das meiste in ihr ist sinnvoll,
manches muss erklärt werden,
vieles nehmen wir einfach hin.
So ist auch die Sprache der Religion
teils sinnvoll, teils erklärbar, teils willkürlich.
Zu oft hören wir jedoch:
Das gilt, weil es Tradition ist.
Das gilt, weil es in der Bibel steht.

Das gilt, weil es in Rom gilt
oder in Wittenberg gegolten hat.

Erst wenn ihre Wahrheit in uns aufleuchtet,
gelten religiöse Überzeugungen
nicht nur durch Tradition,
sondern durch Einsicht.
Erst dann spüren wir
im Aufleuchten von Evidenz
das Wirken des Geistes.

Warum aber machen wir uns abhängig
von zufälligen äußeren Zeichen,
um Kontakt mit Gott aufzunehmen?
Warum genügt nicht das innere Wort des Geistes?
Alle, die dem inneren Worte lauschten,
überhörten meist,
dass es Echo des äußeren Wortes war,
das wir gelernt haben
von Vorfahren des Glaubens.

Sollten wir trotzdem aus der Zeichensprache der Religion entfernen,
was kein inneres Wort bestätigt?
Einige wollten den Mythos vertreiben,
andere, was nicht biblisch ist,
sondern fremden Einfluss verrät.
Unmoralische Geschichten sollten verschwinden,
sekundäre Zusätze entfernt werden.
Manche wollten sogar das Jüdische
aus dem Neuen Testament entfernen.[10]
Aber alle exorzistischen Versuche,
die Religion zu reinigen,
hinterließen nicht bewohnbare Häuser,
sondern Ruinen!

10. Das versuchten die nationalsozialistischen »Deutschen Christen« im Dritten Reich. Ein von ihnen betriebenes Institut in Eisenach wurde von vielen deutschen evangelischen Landeskirchen finanziert. Das grundlegende Buch dazu ist Susannah Heschel, The Aryan Jesus. Christian Theologians and the Bible in Nazi Germany, Princeton / Oxford 2008.

Einige träumen noch immer davon,
aus vielen Religionen eine einzige zu machen,
in denen ihre Stärken vereint sind.
Kann nicht Wahrheit letztlich nur das sein,
was alle anerkennen können?
Weil dieses Ziel so groß ist,
sollten wir uns vor Schnellreligionen hüten:
Niemand kann Elemente aus Religionen zusammen zwingen,
die nicht zueinander passen.

Schließlich wollen einige eine religiöse Sprache
im Geist und in der Wahrheit konstruieren:
Was in Gefühlen bewegt,
in Vorstellungen erfasst wird,
soll auf den Begriff gebracht werden,
damit es durchsichtig wird für die Vernunft.
Aber den Philosophen gelang nicht einmal
die Konstruktion einer allgemeinen Sprache,
die unsere Wirklichkeit erfasst.
Sie verweisen uns auf unsere Alltagssprache
mit all ihren Verzerrungen,
die wir nur besser durchschauen,
aber nicht entfernen können.
Erst recht gibt es keine Sprache,
um Gott rein zu erfassen.

Der Geist weht,
wo er will,
in vielen Sprachen.
Seine Vielfalt ist
sein Reichtum.

149.

Wie begegnet der Geist in religiöser Erfahrung?

Erfahrungen des Geistes
sind Evidenzerfahrungen,
die niemand erzwingen kann,
in Situationen,
die niemand planen kann,

durch Einsichten,
die niemand lehren kann.
Sie ereignen sich in der Tiefe des Ichs.
Wahrnehmungen können sie auslösen,
aber durch alle Wahrnehmung hindurch
greift etwas nach uns,
dessen Ursprung wir nicht durchschauen.

Es ist wie die Erfahrung des Nichts.
Wir können das Nichts
nicht sehen, hören und schmecken,
nicht riechen und tasten,
und dennoch bewegt es uns
mit großer Macht,
wenn wir Geburt und Tod begegnen.

Es ist wie die Erfahrung des Ganzen.
Keiner hat es wahrgenommen,
und doch drängt sich als Gewissheit auf:
Alles ist ein Wunder.
Alles ist geordnet.
Alles ist uns verwandt.
Obwohl wir es nicht sehen,
sind wir vom Ganzen angesprochen.

Genauso berührt Gott unser Herz
in intimer Verborgenheit.
Keiner kann Erfahrungen von ihm erzwingen.
Sie ereignen sich mitten im Leben,
manchmal unter dem Druck von Entscheidungen,
manchmal nach langem Suchen,
manchmal in meditativer Stille.
Sie zwingen niemanden,
und dennoch werden wir bezwungen.
Wir stimmen von innen zu.
Wir sehen alles aus einer neuen Perspektive:
Der uns begegnende Wille wird
unser eigener Wille.
Der Geist schafft Evidenz, wo immer will.

Der Geist macht
Deutungen der Religion evident.
Alle Religionen sind Deutungen,
die als Tradition übernommen wurden.
Keine ist notwendig.
Es bleibt eine Kluft zwischen ihrer Bejahung
und ihrer faktischen Geltung.
Dass die Bilder der Religion als Wahrheit ergreifen,
von innen heraus, ohne Nötigung von außen,
ist Evidenz, die der Geist gibt.
In ihr bewegt derselbe Geist,
der eine Religion geformt hat,
Menschen dazu,
sie spontan zu bejahen.

Der Geist macht
ethische Erfahrungen evident.
Erkenntnis der Welt sagt nur, was der Fall ist,
nicht aber, was wir tun sollen.
Es bleibt eine Kluft zwischen Sein und Sollen.
Imperative, die nicht aufgenötigt wurden,
sondern von innen binden,
sind Evidenz, die der Geist gibt.
Es ist der Geist dessen,
der allen Dingen Anordnungen gibt
und alles mit Sinn erfüllt.
Er treibt von innen,
Imperative zu bejahen,
als hätten wir sie uns selbst gegeben.

Der Geist macht
religiöse Erfahrung evident.
Alle religiösen Bilder
weisen auf das Geheimnis der Wirklichkeit.
Wir ahnen es in vielen Dingen.
Ahnung ist nicht Offenbarung,
die aus dem Alltag herausreißt,
wie Abraham aus seinem Vaterland
herausgerufen wurde.
Es bleibt ein Unterschied zwischen Ahnung und Offenbarung.
Manchmal zerreißt der Schleier,

es trifft uns ein Ruf wie Abraham.
Wir folgen ihm aus eigenem Willen
ohne Nötigung von außen.
Das ist Evidenz, die der Geist gibt.

Erfahrungen des Geistes
sind Evidenzerfahrungen
ohne Druck von außen.
Wir können das Zufällige bejahen,
weil in uns der Geist dessen lebt,
der den Zufall geschaffen hat
und alles mit Sinn erfüllt.
Wir bejahen aus freien Stücken.
»Wo der Geist Gottes ist,
da ist Freiheit.«[11]

150.

Wo begegnet der Geist in ethischen Überzeugungen?

Das Gesetz vom Sinai
wurde dem Menschen ohne seine Zustimmung gegeben.
Aber es will, dass wir ihm folgen,
als hätten wir zugestimmt.
Wenn uns Gottes Geist erfasst,
der diese Gesetze gegeben hat,
verwandeln sich seine Gebote
in Selbstverpflichtungen.
Der Geist macht autonom und frei
und verbindet mit Gott.
Der Geist lehrt
Achtung vor dem Gesetz.

Das Nächstenliebegebot
wird autoritativ damit begründet,
dass Gott der Herr ist.
Aber es appelliert an Einsicht:
Die Israeliten waren Fremde in Ägypten.
Darum sollen sie auch in ihrem Land

11. 2 Kor 3,17.

die Fremden nicht unterdrücken.
Werden wir vom Geist dessen ergriffen,
der Israel aus Ägypten führte,
so wird sein Ruf in eine Gemeinschaft
zu einer Forderung,
die wir uns selber geben.
Der Geist lehrt
Achtung vor anderen Menschen.

Seine Bestimmung
ist jedem von Gott gegeben.
Wir haben ein Leben,
das kein anderer führen kann.
Wir haben eine Aufgabe,
die kein anderer tun kann.
Uns trifft der Ruf in ein neues Leben
wie Abraham, der aus seinem Vaterland aufbrach,
wie die Jünger, die alles verließen.
wie den Zöllner Zachäus, der sein Leben veränderte.
Wenn wir vom Geist dessen ergriffen sind,
der uns geschaffen hat,
folgen wir nicht uns selbst,
sondern seinem Ruf.
Der Geist lehrt
Achtung vor uns selbst.

151.

Wo begegnet der Geist in der Erkenntnis Gottes?

Oft ist der Weg zu Gott verbaut
durch Zeichen und Bilder aus alten Zeiten.
Noch mehr aber wird er verdunkelt
durch unser Widerstreben,
das Leben als Antwort zu führen
auf ein Zentrum der Wirklichkeit
außerhalb unsrer selbst.
Daher müssen wir uns erneuern.
Ohne Erneuerung erkennen wir Gott nicht.

Gottes Geist bringt die Erkenntnis:
Es ist wichtiger,
dem Ruf der Wirklichkeit zu entsprechen,
als dass sie unseren Bedürfnissen entspricht.

Gottes Geist bringt die Erleuchtung:
Wichtiger ist,
was das Leben von uns erwartet
als unsere Erwartung an das Leben.[12]

Das ist die entscheidende Wende,
die Umkehr,
die Bekehrung zu Gott.
Die Wirklichkeit dient nicht unseren Zwecken,
sondern durch sie hindurch
begegnet eine Aufforderung aus einem Zentrum,
das Zweck ist in sich selbst.
Wir entdecken ein Zentrum jenseits unseres Ichs.
Mit dieser Einsicht weicht eine Betäubung von uns.
Eine Erkenntnis strahlt auf.
Wir können sie empfangen und erkennen:
Gott wird nur durch Gott erkannt.
Was Selbstzweck ist
und keinem anderen dient,
zeigt sich nur
durch sich selbst.

152.

Wie bewirkt der Geist Erneuerung des Lebens?

Die Welt sehnt sich nach Erlösung,
ohne zu wissen,
wonach sie sich sehnt.
»Alle Kreatur seufzt mit uns
und ängstigt sich.«[13]
In allen Menschen klagt der Geist

12. Ich verdanke diesen Gedanken V. Frankl, »... trotzdem Ja zum Leben sagen.« Ein Psychologe erlebt das Konzentrationslager«, München 1977, 124f.
13. Röm 8,22.

über destruktives Verhalten,
mit denen wir dem Nächsten schaden,
uns selbst beschädigen,
Regeln zerstören.

Leben im Geist bedeutet:
den Nächsten zu lieben,
ohne ihn zu beherrschen;
die eigenen Gaben zu entfalten,
ohne sich zu überschätzen;
das Gesetz zu erfüllen,
ohne tyrannischen Regeln zu folgen.
Das ist die Verwirklichung des neuen Bunds:
»Ich will mein Gesetz in ihr Herz geben
und in ihren Sinn schreiben,
und sie sollen mein Volk sein,
und ich will ihr Gott sein.«[14]
Durch Gottes Geist in uns
wird das Gesetz
mit unserem Willen eins,
als hätten wir
das Gesetz
uns selbst gegeben.

153.

Wie wirkt der Geist in Kirche, Welt und Mensch?

Der Geist wirkt in der Kirche,
indem er Menschen
aus allen Völkern und Schichten zusammenführt.
Er wirkt durch Wort und Sakrament.
Er wirkt in ihr als Sehnsucht nach einer Kirche,
in der keiner den anderen beherrscht.
Der Geist gibt Gewissheit,
dass die Kirche anders sein könnte.
Sie ist nicht das,
was sie sein könnte.

14. Jer 31,33.

Der Geist wirkt in der Welt.
Er wirkt in allen Menschen
als Verlangen nach Frieden, Freiheit und Gerechtigkeit.
Sein Verlangen ist auch in denen lebendig,
die nicht Christen sind.
Er gibt Gewissheit,
dass die Welt anders sein könnte:
Sie ist nicht das,
was sie sein könnte.

Der Geist wirkt im Menschen.
Jeder kann mitten im Leben noch einmal von neuem beginnen.
Jeder kann in seinem kleinen Leben
den großen Schritt in eine neue Welt tun.
Glaube schenkt Gerechtigkeit, die vor Gott gilt;
Hoffnung erträgt die Dunkelheit der Welt;
Liebe gibt dem Leben Erfüllung.
Der Geist gibt Gewissheit,
dass wir anders sein könnten
durch Glaube, Hoffnung, Liebe.
Wir sind nicht das,
was wir sein könnten.

Das Wirken des Geistes in der Kirche und den Kirchen

— 154. —

Wie wirkt der Geist in der Kirche?

Der Geist wirkt durch Wort und Sakrament:
Worte werden Sakramente
und vermitteln Heil.
Sakramente werden Worte.
Sie vermitteln die Botschaft:
Gott rechtfertigt dich
und braucht dich
trotz deiner Grenzen.

Das Wort wird zum Sakrament:
Es schaltet sich in unsere Selbstgespräche ein.
Handeln wir richtig?
Geht es in der Gesellschaft gerecht zu?
Ist Gott gerecht?
Ständig suchen wir nach Rechtfertigung
für unser Handeln,
für die Gesellschaft und für Gott.
Das Wort befreit von Selbstzentrierung.
Es versichert:
Gott rechtfertigt dich
und braucht dich
trotz deiner Fehler!

Wenn das Leben zum Kreuz wird,
schafft das Wort Auferstehung.
Wenn alles in Einsamkeit erstarrt,
schafft das Wort Liebe.
Wenn alles an Gott verzweifelt,
weckt es Hoffnung.
Wenn alles durch Schuld verdunkelt wird,
sagt es dem Glauben:

Gott rechtfertigt dich
und braucht dich
trotz deiner Schuld.

SAKRAMENTE WERDEN ZU WORTEN.
Die Elemente sind nicht entscheidend,
der »Geist ist's, der lebendig macht,
Das Fleisch ist nichts nütze.«[1]
Die Taufe verkündigt allen Menschen:
Ihr seid zur Freiheit berufen.
Das Abendmahl versichert allen Menschen:
Ihr seid zur Liebe bestimmt.
Wenn Freiheit und Liebe verraten werden,
versichern die Sakramente trotzdem:
Gott rechtfertigt euch
und braucht euch
trotz eurer Sünden.

Überall, wo Wort und Sakrament
Rechtfertigung durch Glauben verkündigen,
ist wahre Kirche,
auch in jenen Kirchen,
die andere vom Abendmahl ausschließen,
weil sie angeblich
keine wahre Kirche sind.

155.

An welchen Kriterien kann man die Kirche erkennen?

Kennzeichen der Kirche sind:
Sie ist *eine* Kirche.
Sie ist eine *heilige* Kirche.
Sie ist eine *universale* Kirche.
Sie ist die *von Aposteln gegründete* Kirche.[2]
Keine Kirche erfüllt diese Kriterien.

1. Joh 6,63.
2. Mit »universal« ist hier die Bestimmung »katholisch« (= allgemein, allumfassend) übersetzt.

Es gibt keine Einheit,
sondern nur Zusammenarbeit von Kirchen.
Dennoch gilt als Minimalkriterium:
Wenn eine Kirche die Ökumene ablehnt,
wird sie zur Sekte.

Es gibt keine Heiligkeit.
Christen sind unvollkommen.
Dennoch gilt als Minimalforderung:
Wenn eine Kirche Verbrechen ihrer Mitglieder leugnet,
wird sie selbst kriminell.

Es gibt keine Universalität
einer Kirche für alle Menschen.
Dennoch gilt als Minimalforderung:
Wenn eine Kirche rassistisch wird,
verleugnet sie ihr Wesen.

Keine Kirche stimmt mit den Aposteln völlig überein.
Die Apostel kamen aus dem Judentum
und gründeten das Urchristentum.
Minimalforderung an eine Kirche ist deshalb,
dass sie ihre jüdische und urchristliche Herkunft
nicht verrät.

Weil alle Kriterien der Kirche
die real existierenden Kirchen überfordern,
brauchen wir ein Kriterium für alle Kriterien:
Eine Kirche muss bereit sein,
sich ständig zu reformieren.
Umkehr ist notwendig.
Nur eine *ecclesia semper reformanda*
ist wahre Kirche.
Keine Kirche ist vollkommen.
Konzilien und Päpste haben geirrt.
Wer Unfehlbarkeit beansprucht,
beweist dadurch nur,
dass er nicht unfehlbar ist:
Er irrt.

156.

Was sind die Kriterien für eine protestantische Kirche?

In einer protestantischen Kirche
gilt das allgemeine Priestertum.
Vor Gott sind alle gleich.
In ihr gilt Jesu Wort:
»Einer ist euer Meister, ihr aber seid alle Brüder.
Und ihr sollt niemanden unter euch
Vater nennen auf Erden;
denn einer ist euer Vater, der im Himmel ist.
Und ihr sollt euch nicht Lehrer nennen lassen;
denn einer ist euer Lehrer: Christus.
Der größte unter euch soll euer Diener sein.«[3]
Dennoch ist auch eine protestantische Kirche
ein Herrschaftssystem.

Protestantische Kirchenleitung ist paradox:
»Alle sind durch einen Geist zu einem Leib getauft.«[4]
Alle Christen sind Priester.
Dennoch müssen sich alle eine Ordnung geben,
um Herrschaft durch Recht zu begrenzen.
Herrschaft wird begrenzt
durch Legitimation von unten,
durch Respekt vor Minoritäten,
durch Dienst an den Schwächsten.

DIE KIRCHE MUSS DEMOKRATISCH SEIN
und Herrschaft von unten legitimieren.
Demokratie bedeutet:
Die Leitenden sind gewählt.
Ihre Zeit ist befristet.
Sie sind Rechenschaft schuldig.
Sie sind bereit, wieder in die Rolle aller Glieder zurückzukehren
und nach den Gesetzen zu leben,
die sie selbst gemacht haben.
Das bewahrt vor den allerschlimmsten Gesetzen.

3. Mt 23,8-12.
4. 1 Kor 12,13.

Allgemeines Priestertum
ist nur in demokratischen Kirchen möglich
durch Kontrolle von unten.

Die Kirche muss tolerant sein.
Das unterscheidet Kirche und Sekte:
Eine Kirche kann eine Sekte tolerieren,
eine Sekte keine Kirche.
Unheil droht, wenn Kirchenleitungen selbst
sektiererisch werden.
Nicht nur in Rom
verschanzen sich Kirchenfürsten
manchmal gegen alle Vernunft.
Für alles in der Kirche gilt Jesu Wort:
»Wer nicht gegen mich ist, ist für mich.«[5]
Von der Toleranz aber gilt:
Wer nicht für sie ist,
ist gegen sie.

Kirche muss diakonisch sein.
Sie ist eine Kirche für andere.
Alle Hilfsbedürftige gehören
zu »den Geringsten unter den Brüdern« des Weltenherrn.[6]
Wer soll sich sonst um Gestrandete kümmern?
Wer Hungrige speisen?
Wer Gefangene besuchen?
Wer Depressive trösten?
Wer Suizidale vom Leben überzeugen?
»Was ihr getan habt einem der Geringsten meiner Brüder,
das habt ihr mir getan.«
Doch wer bewahrt uns davor,
dass durch Hilfe deren Empfänger
erst zu allergeringsten Brüdern werden?

Protestanten träumen den Traum
von einer demokratischen Kirche von unten
von einer toleranten Kirche für alle
und einer diakonischen Kirche für andere.

5. Mk 9,40.
6. Mt 25,40.

Sie scheitern oft mit diesem Traum.
Doch wer eine Kirche sucht,
die vollkommen ist, bedenke:
Sobald du in sie eintrittst,
wird sie nicht mehr
die vollkommene Kirche sein.[7]

157.

Warum sind die Kirchen gespalten?[8]

»Der Geist weht wo er will.«[9]
Wo immer er weht,
ereignet sich die unsichtbare Kirche.
Der Geist begründet ihre Einheit.
Umstritten ist, wo er weht.
Das hat Spaltungen
in der sichtbaren Kirche verursacht.

ORTHODOXE UND RÖMISCHE KIRCHE
trennten sich im Mittelalter.
Umstritten war die Frage:
Geht der Geist nur von Gott aus
oder auch vom Sohn?[10]
Die orthodoxe Kirche hat Recht:
Der Geist ist nicht an den Sohn gebunden.
Gott wirkt verborgen in der ganzen Welt.
Überall erstrahlt sein Licht.
Er wirkt auch in Ikonen.
Weil Christus das Ebenbild Gottes ist,
ist in Bildern Gott zugänglich.

7. Nach einer Anekdote, die man sich von dem berühmten Prediger Spurgeon erzählt. Sie kann erdichtet sein, um Spurgeon zu kritisieren. Spurgeon trat aus seiner Kirche aus, weil sie ihm zu unvollkommen war.
8. Vgl. Volker Leppin, Geschichte der christlichen Kirchen, München 2010, der die Kirchengeschichte als Kette von Spaltungen darstellt. Die Abspaltung der orientalischen Kirchen wurde schon in Frage Nr. 138 behandelt.
9. Joh 3,8.
10. Es handelt sich um das »filioque«, das Bekenntnis, dass der Geist vom Vater »und vom Sohn« ausgeht.

Ikonen dürfen verehrt,
nicht angebetet werden.
Geistliches ist überall im Sinnlichen sichtbar.
Der Mensch wirkt in seiner Leiblichkeit
zusammen mit Gott
an der Vollendung der Welt.

Katholische und evangelische Kirche
trennten sich durch die Reformation.
Umstritten war der Geist.
Wird er nur durch Kirche und Priester vermittelt?
Katholisch ist: Nur Priester trinken den Kelch.
Nur Priester bringen das Messopfer dar.
Nur Priester leiten die Gemeinde.
Protestanten lehren dagegen das allgemeine Priestertum.
Das Problem zwischen Protestanten und Katholiken ist bis heute:
Wer darf in der Kirche Macht ausüben?
Ist sie nur Priestern übertragen?
Sind Frauen dazu nicht geeignet?
Protestanten sagen:
Das Wort allein soll herrschen.
Vom Wort der Vergebung
kann niemand ausgeschlossen werden.
Alle sind Sünder, durch Gnade rechtfertigt.
Alle sind Priester.
Aber auch Protestanten kamen erst spät zur Erkenntnis:
Frauen dürfen predigen
und Sakramente austeilen.
Nur bei den Waldensern
begegnen schon im Mittelalter
Frauen als Prediger
gelegentlich.

Lutherische und reformierte Kirchen
trennten sich in der Reformation.
Umstritten war der Geist.
Lutheraner sagten:
Im Sakrament wirkt der Geist
in, mit und *unter* den Elementen.
Reformierte bestanden darauf:

Der Geist ereignet sich zusammen
mit den sichtbaren Zeichen,
wird aber nicht *durch* sie bewirkt.
Materielles kann nicht Ursache von Geistlichem sein,
sondern nur dessen Zeichen.
Materielles kann das Heil nicht bewirken,
sondern macht es nur gewiss.
Unendliches geht nicht im Endlichen auf,[11]
nicht im Sakrament,
nicht in der Inkarnation,
nicht in der Kirche.
Gott ist frei, sich überall zu offenbaren,
auch jenseits der Kirchengrenzen:
Er hat schon immer Juden erwählt.
Er hat seit Adam eine unsichtbare Kirche in der Welt geschaffen.
Er kann jeden Heiden erwählen.
Für Reformierte ist die ganze Welt
Zeichen der Überlegenheit
Gottes.

Die anglikanische Kirche
folgt in ihrer Theologie den Reformierten,
in der Liturgie den Katholiken,
im Priesterverständnis den Orthodoxen.
Sie legitimiert sich durch Sukzession,
verlangt keinen Zölibat.
Sie ist eine kleine Ökumene:
Katholische *high church*
und protestantische *low church*
leben in ihr friedlich zusammen.
Daher wurden Anglikaner das Herz
der ökumenischen Bewegung.

In der Neuzeit erfassten
Erneuerungsbewegungen die Kirchen.
Viele wollten den Geist noch konsequenter verwirklichen
als die älteren Kirchen und trennten sich deshalb.

11. Der reformierte Grundsatz lautet: *Finitum non capax infiniti.* Das Endliche kann das Unendliche nicht fassen.

Bei Baptisten und Methodisten
durchschlug eine reformierte Theologie
den anglikanischen Rahmen.
So entstanden die beiden größten
protestantischen Freikirchen
unabhängig von staatlicher Bevormundung.

Baptisten taufen keine Kinder.
Reif für die Taufe ist nur,
wer eine Veränderung seines Lebens bekennt.
Progressive Baptisten setzten sich für die Menschenrechte ein
wie Martin Luther King und Jimmy Carter.
Baptisten öffneten sich für die Farbigen.
Aber viele im Süden der Staaten
verschanzen sich heute noch gegen die Moderne.

Methodisten gestalten ihr Leben als Bekenntnis.
Durch den Geist erneuert ist nur,
wer seine Lebensführung so ernst nimmt
wie sein Bekenntnis.
Der soziale Einsatz für Arme und Unterprivilegierte
gehört zum Wesen der Kirche.

Friedenskirchen verweigern den Kriegsdienst.
Nachfolger Jesu ist nur,
wer gegen den Krieg protestiert.
Mennoniten, Brüderkirchen und Quäker
nahmen Verfolgung und Martyrium dafür in Kauf.

Die Pfingstbewegung
ist die größte Erneuerungsbewegung in der Gegenwart.
Sie will durch den Geist
die tote Christenheit beleben.
Menschen sollen Gott erleben,
heilende Kräfte erfahren,
das Wunder der Zungensprache hören.
Sie protestieren gegen ein Christentum,
das zu intellektuell geworden ist.

Der Fundamentalismus
ist die größte Kirchenspaltung der Gegenwart
quer durch alle Konfessionen.
Gegen die moderne Welt errichtet er Bollwerke,
um den Glauben zu verteidigen.
Katholischer Fundamentalismus
lehnt Freiheit in Glaubensfragen ab,
Liturgie in der Volkssprache,
Öffnung zur Ökumene
und das Gespräch mit der Welt.
Protestantischer Fundamentalismus
bekämpft die Evolutionstheorie,
die historische Erforschung der Bibel,
Feminismus und Homosexualität.
Der Fundamentalismus verkehrt
das Bekenntnis *zu* Gott
in ein Bekenntnis *gegen* die moderne Welt.
Wortwörtlich soll die Bibel gelten,
nur nicht das eine Wort in ihr:
»Der Buchstabe tötet,
der Geist macht lebendig.«[12]

Fundamentalisten führen den Glauben
zurück in vergangene Jahrhunderte.
Zu widersprechen ist ihnen,
wenn sie mit Macht Positionen durchsetzen wollen.
Zuhören muss man ihnen,
wo sie vom Geist Christi beseelt sind,
von »Gerechtigkeit und Friede
und Freude im heiligen Geist.«[13]
Dann werden sie zu moderaten »Evangelikalen«
und sind zur Belebung der Kirchen unverzichtbar.

Die Kirche ist unsichtbar eins,
sichtbar ist sie zerrissen.

12. 2 Kor 3,6.
13. Röm 14,17.

158.

Warum konnte die ökumenische Bewegung die Spaltung der Kirchen nicht überwinden?

Die Ökumenische Bewegung entstand
während der weltweiten Ausdehnung des Christentums
im Schatten des Kolonialismus.
In anderen Kontinenten begegneten sich die Konfessionen.
Wichtiger war es,
das Christentum zu verbreiten
als konfessionelle Interessen zu verfolgen.

Wirtschaftskrise und Not
gaben der ökumenischen Bewegung Auftrieb:
Wichtiger war es,
sich gegenseitig zu helfen,
als Lehrunterschiede zu betonen.

Notwendig wurde die ökumenische Bewegung
in Zeiten von Diktatur und Terror:
Wichtiger war es,
gegen den Faschismus zusammenzustehen,
als sich von ihm spalten zu lassen.

Auftrieb erhielt die ökumenische Bewegung
durch die Spaltung Europas.
Wichtiger war es,
die Schöpfung zu bewahren,
Gerechtigkeit und Frieden zu schaffen,
als den kalten Krieg zu verschärfen.

Seit Wegfall der Grenze zwischen Ost und West
drangen säkulare Ideen nach vorn.
Kirchen wurden unsicher.
Orthodoxe grenzten sich
gegen westliche Einflüsse ab.
Konservative Katholiken wehrten sich
gegen die säkulare Welt
und sahen die Protestanten schon an sie verloren.
Unter Baptisten und Methodisten

wurde der Fundamentalismus mächtig
und bekämpft die moderne Welt
und Ökumene.

Protestanten aber halten fest an ihren Visionen:
Demokratie in der Kirche,
Toleranz zwischen den Religionen,
Bejahung neuer Lebensformen,
Gerechtigkeit und Frieden für die ganze Welt.
Die ökumenische Bewegung
blieb eine protestantische Ökumene.
Sich selbst treu bleiben
ist wichtiger,
als Mehrheit zu sein.

»Der Geist weht, wo er will.«
Er weht in allen Kirchen.
Niemand kann sagen,
er weht nicht bei den anderen.
Nicht ausgeschlossen ist,
dass er auch den Papst ergreift,
selbst wenn man davon als Protestant
bislang wenig gemerkt hat
(und Katholiken
ihre Zweifel daran haben).

159.

Wie wird die unsichtbare Kirche in der Welt sichtbar?

In Sakramenten und Zeichenhandlungen
wird Sichtbares zum Ausdruck des Geistes.
Katholiken öffnen uns die Augen
für den sakramentalen Charakter der Schöpfung:
Alles wird zum Zeichen für ein Spiel
von unendlicher Tiefe.
Gott ist gegenwärtig
in allen Dingen.
Alles wird zu Fest
und Feier.

Niemals darf man trennen
die sakramentale Ästhetik der Katholiken
und das protestantische Vertrauen ins Wort.
Sakramente sind sichtbare Worte.[14]
Nur wenn das Wort hinzutritt,
wird das Element zum Sakrament.[15]
Gott wohnt im Wort.
Worte öffnen den Himmel.

Allzu oft übermittelt das Wort von der Kanzel
freilich nur die traurige Botschaft:
Heute hat der Himmel geschlossen!
Doch manchmal schließt ihn das Abendmahl
durch ein einziges Wort wieder auf:
Das ist mein Bund
zum Leben mit dir.

160.

Warum ist das Wort in der Kirche entscheidend?

Am Anfang war das Wort.
Das Wort ist unser Anfang.
Es wohnt unter uns.
Wir wohnen in ihm.
Es ist unsere Heimat.[16]
Diesseits und jenseits des Wortes[17]
ahnen wir das Geheimnis der Wirklichkeit,
doch offenbart es sich nur
im Wort.

14. Augustinus nannte die Sakramente *verba visibilia* (Contra Faustum 19,16).
15. So der Grundsatz der Sakramentstheologie seit Augustinus, In Johannis tractatus 80,3: »Es tritt das Wort zum Element, und das Sakrament ereignet sich.«
16. Frei nach einem Gedicht der jüdischen Dichterin Rose Ausländer, Am Anfang, in: Hinter allen Worten, Frankfurt ^{6}2005.
17. Hier nehme ich den Titel des Grundkurses christlicher Theologie von D. Ritschl / M. Hailer, Diesseits und Jenseits der Worte, Neukirchen 2006, auf.

Jenseits des Wortes beginnt die Mystik.
Sie will uns von uns selbst befreien.
Gott ist das Meer des Lebens,
in dem das Ich versinkt.
Gott ist eine Stille,
in der alle Worte untergehen.
Gott ist eine Nacht,
in der die Finsternis nicht finster ist.
Das Ich entleert sich von allem.
Menschen suchen Gott im Schweigen.

Diesseits des Wortes hören wir das prophetische Wort.
»Es ist ein Wort wie Feuer
und wie ein Hammer, der Felsen zerschmeißt.«[18]
Es steuert uns durch das Meer des Lebens,
in dem wir wie Schiffe trieben
ohne Kompass und Ziel.
Es will uns befreien zu uns selbst
und konfrontiert uns mit der Aufgabe,
neu zu formulieren,
was unser Ziel ist.
Menschen suchen Gott im Gebot.

Gott ist *jenseits* der Worte
im mystischen Schweigen verborgen.
Gott ist *diesseits* der Worte
im Tun des Guten versteckt.
Sein Wesen offenbart er *in* seinem Wort.
Es sagt: ›Es ist gut, dass es dich gibt.‹
In Ewigkeit wirst du nichts hören,
was dieses Wort übertreffen kann.
In Ewigkeit wirst du nichts hören,
was dieses Wort zurücknimmt,
auch wenn es nur ein Bild ist
für deinen unendlichen Wert.

Deswegen ist Gott in diesem Wort
endgültig offenbar.
Diesseits und jenseits des Wortes
bleibt er der verborgene Gott.

18. Jer 23,29.

Warum feiern Protestanten nur zwei Sakramente?

Sieben Sakramente kennt die katholische Kirche:
Taufe, Eucharistie und Beichte,
Firmung, Ehe, Priesterweihe und letzte Ölung.
Protestanten kennen als Sakrament
nur Taufe und Abendmahl.

Die Taufe entspricht der Beschneidung –
nun als Ritus für *beide* Geschlechter.
Das Abendmahl entspricht dem Passah –
nun als Mahl für *alle* Völker.
Nur diese Sakramente verbinden Christen
mit Israels Geschichte.

Nur bei Taufe und Abendmahl
verbindet Jesus Zeichenhandlungen
mit einem Auftrag
und einer Verheißung.
Jesus setzt das Abendmahl ein
und fordert auf, es immer wieder
zur Vergebung der Sünden zu feiern.[19]
Jesus sendet Jünger in alle Welt
und fordert sie auf, alle Menschen zu taufen
zur Erneuerung des Lebens.[20]

Aber hat Jesus wirklich das Abendmahl eingesetzt?
Das ist wahrscheinlich,
doch wissen wir nicht genau,
was er dabei gesagt und gewollt hat.
Hat er selbst den Taufbefehl gegeben?
Das kann man bezweifeln.
War es nicht die Einsicht der Jünger nach Ostern,
dass sie die Taufe des Johannes
fortan auf Jesu Namen vollziehen sollten?
Erst der Auferstandene gibt den Befehl dazu.

19. Mk 14,22-25; Mt 26,26-29; Lk 22,12-18; 1 Kor 11,21-28.
20. Mt 28,16-20.

Unabhängig davon gilt:
Die Taufe bringt die Botschaft:
Ihr seid zur Freiheit berufen.
Ihr seid geboren,
um neu geboren zu werden.
Das Abendmahl bringt die Botschaft:
Ihr seid zur Liebe bestimmt.
Ihr seid geboren,
um einander zu helfen.

Freiheit und Liebe
machen Menschen
zu Freigelassenen der Schöpfung.
Taufe und Abendmahl sind deshalb
die wichtigsten Sakramente.

162.

Was bedeuten Sakramente für die Einheit der Kirchen?

Kirchenspaltungen werden oft mit Sakramenten begründet.
Sie sind die sichtbare Seite der Religion.
Sie trennen und verbinden Menschen.
Wer in seinem Inneren über Gott ganz anders denkt,
erregt kein Ärgernis,
wer Kinder nicht tauft,
spaltet die Gemeinde.
Um des Friedens willen
müssen wir behutsam
mit der sichtbaren Religion umgehen.

Die Taufe wird von allen Kirchen anerkannt.[21]
Sie schafft trotz Trennung Einheit.
Das Abendmahl spaltet Kirchen
trotz ökumenischer Bemühungen.

21. Es gibt nur wenige Ausnahmen. Die Orthodoxie verbindet die Taufe mit der Myronsalbung, die nur der Priester vollziehen kann. Die Taufen anderer Kirchen sind unvollständig, ihre Anerkennung ungeklärt. Einige Baptisten taufen übergetretene Christen neu, andere machen es z. B. von seiner Gewissensentscheidung abhängig.

Solange die Einheit der Kirchen sich nicht
in den Sakramenten zeigt,
ist die ökumenische Bewegung
noch nicht am Ziel.

Protestantische Kirchen laden alle zum Abendmahl ein,
die sich als Christen verstehen.[22]
Sie sind überzeugt,
schon am ökumenischen Ziel zu sein,
und warten geduldig auf die anderen.
Vielleicht schaffen sie doch noch
etwas verspätet
den Weg nach vorne?

Die katholische Kirche schließt alle von der Eucharistie aus,
die ihr nicht angehören.
Sie ist überzeugt,
schon am ökumenischen Ziel zu sein.
Geduldig wartet sie auf die anderen:
Vielleicht kommen sie doch noch zur Einsicht
und kehren zu ihr zurück.
Die katholische Kirche sagt
›Nein‹ zur ökumenischen Bewegung,
arbeitet aber unter Vorbehalt intensiv mit.

Ihr ›Nein‹ hat romantische Folgen:
Wenn Katholiken und Protestanten ohne päpstlichen Segen
Eucharistie und Abendmahl feiern,
führen sie eine »wilde Ehe«.
Ihr heimliches Feuer glimmt in vielen Kirchengebäuden.
Es ist das Feuer des Heiligen Geistes,
auch wenn manche darin
eine Brandstiftung des Teufels wittern.

Doch müssen wir Rücksicht nehmen auf Priester,
die bei allzu intensiven eucharistischen Umarmungen
wegschauen müssen.

22. Es gibt freilich Ausnahmen. Die Selbständige Evangelisch-Lutherische Kirche (SELK) macht z.B. die Zulassung zum Abendmahl von einer lutherischen Sakramentsauffassung abhängig.

Wir sollten nicht Anlass dafür sein,
dass die Priester entlassen werden,
die am ökumenischsten sind.

Doch dürfen wir darauf vertrauen:
Päpste werden auch in Zukunft dafür sorgen,
dass die Ökumene mit Katholiken
eine sehr romantische Beziehung bleibt.

163.

**Was bedeuten Sakramente und Riten
für die Lebendigkeit der Kirche?**

Für den Einzelnen gilt, was im Inneren geschieht,
für die Gemeinschaft, was sichtbar ist.
Bei den Sakramenten verbinden Worte
Inneres und Äußeres.
Worte bringen ihre Botschaft.
Sie sind entscheidend.

In der TAUFE verkündigen Worte
die Bestimmung des Menschen zum neuen Leben.
Wasser, Kreuz und Kerze sagen:
Ein Leben hat begonnen.
Vergangenes ist weggewaschen.
Leid wartet in der Zukunft.
Aber für jeden ist Licht da
in der Dunkelheit des Lebens.
DIE BOTSCHAFT IST:
IHR SEID ZUR FREIHEIT BERUFEN.

FIRMUNG UND KONFIRMATION
geben jedem ein Wort mit ins Leben,
das an Gott erinnern soll,
dazu die Bibel als Buch mit Worten des Lebens
für Höhen und Tiefen.
Wer die Worte auswendig kennt:

»Der Herr ist mein Hirte,
mir wird nichts mangeln«,[23]
kann auch Wegstrecken alleine gehen.
DIE BOTSCHAFT IST:
IHR SEID ZUR MÜNDIGKEIT BERUFEN.

Das ABENDMAHL verkündigt
Erneuerung der Gemeinschaft trotz Verrat und Sünde.
Das Brechen des einen Brotes
und das Trinken aus einem Kelch
sind sichtbare Zeichen einer unsichtbaren Gemeinschaft
in der Nacht, in der alles verraten wird.
Diese Nacht dauert bis ans Ende der Welt
und umfasst alle Menschen,
Reiche und Arme,
Nahe und Ferne,
Gerechte und Sünder.
DIE BOTSCHAFT IST:
IHR SEID ZUR LIEBE BERUFEN.

In der BEICHTE
antworten wir auf das Bekenntnis
mit dem Wort der Vergebung.
Auch im Gottesdienst
fügen wir nach dem allgemeinen Sündenbekenntnis
einen Friedensgruß als Zeichen hinzu.
Wir geben den Nachbarn die Hand:
»Friede sei mit dir.«
DIE BOTSCHAFT IST:
IHR SEID ZUM FRIEDEN BERUFEN.

Bei der HOCHZEIT ist ein Wort,
ein winziges Ja,
Grundlage von Treue und Liebe.
Wer wollte deshalb auf den Tausch der Ringe verzichten?
Wer möchte nicht mit Handauflegung segnen?
Wir wissen zu gut, wie ungesegnet manche Beziehungen bald sind.
DIE BOTSCHAFT IST:
IHR SEID ZUR TREUE BERUFEN.

23. Ps 23,1.

Bei der Ordination und Priesterweihe
werden Menschen beauftragt,
nicht zu herrschen, sondern zu dienen.
Wir beten für sie, dass ihr Herz nicht vor den Altären verödet.
Sie sollen im Leib Christi die schwachen Glieder versorgen,
und sind doch manchmal selbst die schwächsten Glieder,
die Hilfe brauchen!
Die Botschaft ist:
Ihr seid zur Mitarbeit berufen.

Bei der Sterbebegleitung
sagen Gesten mehr als Worte:
›Wir sind da. Du bist nicht allein.
Du bist unendlich viel wert, auch wenn es zu Ende geht.‹
Auch die letzte Ölung ist ein menschliches Zeichen.
Am Ende bleibt nichts,
als die Hand zu halten, bis das Leben weicht
und der Verstorbene in eine Stille einkehrt,
in der er mit Gott allein ist.
Die Botschaft ist:
Ihr seid im Tod mit Gott verbunden.

Beim Begräbnis
sind wir erleichtert,
wenn die Pastorin oder der Priester auffordern,
den Verstorbenen um Vergebung zu bitten,
und dazu aufruft,
dem Verstorbenen zu vergeben.
Es ist ein Trost, dass das Bild,
das wir von dem Toten haben,
nicht das endgültige Bild ist.
Er ist, was er ist,
nur noch im Urteil Gottes.
Die Botschaft ist:
Ihr seid zum Leben in Gott bestimmt.

Zwischen den Kirchen ist das Begräbnis
am wenigsten umstritten.
Der Tod ist weder evangelisch noch katholisch.
Oder sind die Kirchen
hier so friedlich,
weil Tote keine Kirchensteuern zahlen?

164.

Was bedeutet die Taufe auf den dreieinigen Gott?

Kinder sind eine Erinnerung an Gott.
Uns wird bewusst:
Es ist ein Wunder, dass es Leben gibt.
In diesem Wunder ist Gott verborgen
wie eine Stimme, die sagt:
Es ist gut, dass dieses Kind geboren wurde.
Glaube ist Dankbarkeit dafür.
DESWEGEN TAUFEN WIR AUF DEN NAMEN DES VATERS
und geben jedem Kind die Taufe
als unauslöschliches Siegel mit.
Das sichert ihm zu:
Du bist getauft auf den Namen dessen,
der alles geschaffen hat.
Er ruft dir zu: »Ich habe dich bei Deinem Namen gerufen.
Du bist mein.«[24]
Du gehörst keinem Menschen.
Du bist frei.

Aber wartet nicht viel Leid auf diese Kinder?
DESWEGEN TAUFEN WIR AUF DEN NAMEN JESU.
Glauben ist Mut zum Leben,
der gekreuzigt und begraben wird,
und immer wieder aufersteht,
damit wir Liebe verbreiten.
Deswegen geben wir den Kindern
das Zeichen der Taufe mit auf den Weg,
das sie in dunklen und in hellen Stunden begleiten soll.
Es ruft ihnen zu:
Ihr seid getauft auf den Namen Jesu.
Seid Nachfolger dessen, der gelehrt hat:
Liebet eure Feinde!
Er hat dafür gelitten,
wurde gekreuzigt
und wirkt trotzdem weiter
bis heute.

24. Jes 43,1.

Viele fragen: Sind Jesus und Gott nicht fern im Himmel?
Gehören sie nicht in eine ferne Vergangenheit?
DESWEGEN TAUFEN WIR IM NAMEN DES HEILIGEN GEISTES.
Gott will uns nah sein im Leben.
Er will in unseren Herzen Wohnung nehmen durch seinen Geist,
damit wir in uns den Mut zum Leben spüren,
der gekreuzigt und begraben wird
und aufersteht.
Mitten im Leben beginnt etwas Neues
wie eine Schöpfung aus Nichts.
»Wo der Geist des Herrn ist,
da ist Freiheit.«[25]
Diese Kinder sind zur Freiheit berufen.

WIR TAUFEN IM NAMEN
DES VATERS, DES SOHNES UND DES HEILIGEN GEISTES.
Alle drei sind gleichen Ranges.
Die Kraft, die wir in uns spüren,
wenn Lebensmut aus Nichts geschaffen wird,
hat denselben Wert wie Gott.
Der Mensch Jesus aus Nazareth
hat denselben Wert wie Gott.
Gott hat denselben Wert
wie der Geist, der uns beseelt:
Gott wurde Mensch,
damit er uns und allen Kindern
auf dem Weg zu unserer Menschwerdung helfe.
Wir alle haben unendlichen Wert.

165.

Welche Bedeutung hat das Abendmahl?

Das Abendmahl erneuert die Gemeinschaft
unter Menschen und mit Gott.
Verändern will es Menschen
und fähig machen zur Liebe.
Es führt die Kirche zusammen und trennt sie.

25. 2 Kor 3.

Was in ihm geschieht,
wird verschieden gedeutet:

Die orthodoxe Abendmahlsdeutung ist Geistlich:
Durch Gebet wird der Geist herbeigerufen,
damit er irdische Nahrung in geistliche Speise verwandle.
Gesang versetzt in Euphorie.
Hymnen öffnen den Himmel.
Menschen vereinigen sich
in der göttlichen Liturgie.
Doch das Allerheiligste bleibt
hinter der Ikonostase
für die Gemeinde verschlossen.
Das stellt den Gemeinschaftssinn in Frage.
Warum diese schroffe Trennung
in Klerus und Laien?

Die katholische Abendmahlsdeutung ist metaphysisch:
Sie lehrt die Wandlung.
Priester haben die Macht,
Brot und Wein zu verändern.
Sie verändern deren unsichtbare Substanz
bei unveränderten sichtbaren Eigenschaften.
Das überfordert den Verstand.
Skeptiker meinen:
In der katholischen Kirche wandelt sich alles,
nur nicht Brot und Wein.

Die reformierte Abendmahlsdeutung ist symbolisch:
So gewiss der Mensch das äußere Brot isst,
so gewiss vereint er sich in seinem Inneren mit Christus.
Das äußere Geschehen wird zum Bild
für die innere Vereinigung.
Die vollzieht sich im Himmel.
Der Mensch wird innerlich entrückt in ihn.
Doch wer erlebt sich wirklich so im Himmel?
Wer spürt so intensiv den Geist in sich?
Das überfordert reformierte Nüchternheit.
Werden hier nicht Ausnahmeerlebnisse
von Mystikern
als Normalfall ausgegeben?

Die lutherische Abendmahlsdeutung ist realistisch.
Sie sagt: Gott ist überall.
Er verbirgt sich auch in Wein und Brot.
Er ist im Alltag gegenwärtig.
Das Abendmahl wird zum Zeichen seiner Allgegenwart
auch im normalen Leben.
Gott ist immer da!
Aber überfordert das nicht unseren Glauben?
Gott ist nicht gegenwärtig in der Welt, wie sie ist,
sondern wie sie sein könnte.

Deshalb sollten wir zur katholischen Deutung vordringen.
Sie ist die tiefste, wenn man sie symbolisch versteht:[26]
Wo Gott gegenwärtig ist,
verändert sich etwas.
Es verändert sich die Welt.
Es verändern sich die Menschen.
Die Messe ist ein Protest gegen die Resignation,
es bliebe alles unverändert,
weil alles unverändert aussieht.
Gott ist die Kraft,
die schöpferisch verändern kann,
wo Menschen keine Veränderung sehen.

166.

Worin liegt die verändernde Kraft von Abendmahl und Taufe?

Rituale müssen uns bezaubern.
Sie bringen die Botschaft:
Hier hört der Alltag auf! Hier wird es feierlich!
Immer muss eine Spannung sein
zwischen Fest und Alltag,
manchmal auch ein Widerspruch.

26. Innerhalb der katholischen Theologie haben einige Theologen vorgeschlagen, die »Transsubstantiationslehre« (von einer realen Verwandlung der Substanz von Brot und Wein) durch eine »Transsignifikationslehre« zu interpretieren: Durch Worte werden Brot und Wein in einen neuen Beziehungsrahmen versetzt. Wenn das Sein Beziehung ist, verändert sich damit ihr Sein. Das ist m. E. eine symbolische Auffassung, wie sie jeder Protestant akzeptieren kann.

Sakramente sind wirksam,
weil sie symbolisch allem widersprechen,
was uns wertvoll ist:
»In der Nacht, da er verraten ward,
nahm der das Brot, dankte und brach's.«[27]
Sakramente führen in die Nacht des Verrats.
Vielen ist nicht bewusst,
wie anstößig dieser Verrat ist.

Das Abendmahl ist symbolischer Kannibalismus:
Gegessen wird Christi Leib,
getrunken Christi Blut.
Die Spendeworte sagen:
›Christi Leib für dich gegeben,
Christi Blut für dich vergossen‹.
Diese Worte erkennen öffentlich an:
Menschen leben von der Lebenshingabe anderer.
Sie bekennen, dass sie bereit sind,
vom Tode eines anderen zu leben.
Aber sie werden verwandelt
zu kooperativen Menschen,
die für andere leben.
Das Wunder ihrer Wandlung
geschieht immer wieder:
Wenn alle aus demselben Kelch trinken
und alle dasselbe Brot essen,
werden Lebensgüter so gleich verteilt
wie sonst nirgends
in unsrer Gesellschaft.

Die Taufe ist ein symbolischer Suizid.
Erwachsene Menschen übernehmen in der Taufe den Tod Christi,
um zu neuem Leben zu gelangen.
Bei Kindern beschwört die Taufe das,
was alle nicht wollen:
Alle wollen ihr Leben
und nicht ihren Tod.

27. 1 Kor 11,23.

Die Taufgemeinde bekennt,
dass in ihr eine Bereitschaft steckt,
Kinder dem Tode auszuliefern,
aber sie sichert den Kindern zu:
Wir haben alle Todeswünsche überwunden.
Ihr gehört für immer zu uns.
Wir werden für euch sorgen.
Obwohl »wir böse sind,
können wir doch unsern Kindern Gutes tun.«[28]
Das Wunder dieser Wandlung
geschieht immer wieder.

Sakramente lassen in Abgründe sehen.
Wir sehen diese Abgründe erst,
wenn Sakramente
vor ihnen schützen.

167.

Wie verhalten sich Herrschaft und Geist in der Kirche?

Die Kirche ist eine Gemeinschaft
von Brüdern und Schwestern,
in der alle gleich sind.
Trotzdem wird in ihr geherrscht.
Vielen Kirchenfürsten fehlt die Selbsterkenntnis
eines katholischen Würdenträgers.
Der sagte: »Wir dienen ja so gerne,
doch am liebsten in leitender Stellung.«
Herrschaft muss kontrolliert werden.
Denn Macht korrumpiert.
Absolute Macht korrumpiert absolut.[29]

RECHT muss Herrschaft begrenzen.
Es hilft, Konflikte zu vermeiden und einzudämmen.
Nicht alle lieben das Recht.

28. Mt 7,11.
29. So Lord Acton (1834-1902) in einem Brief an Bischof Mandell Creighton 1887: »Power tends to corrupt, and absolute power corrupts absolutely. Great men are almost always bad men.«

Aber nur wer Liebe zum Recht hat,
hat auch ein Recht zur Liebe,
die das Recht großzügig auslegt,
um anderen zu helfen.
Recht wird Unrecht ohne Billigkeit.
Kirchen ohne Recht
verwandeln sich in Chaos.

Synoden dienen dazu, Herrschaft zu begrenzen.
Es darf niemand in der Kirche Herrschaft ausüben,
der nicht Rechenschaft ablegen muss.
Niemand hat einen unantastbaren Status.
Alle sind gewählt,
auch der Papst.
Keiner ist unfehlbar.
Kirchen ohne Demokratie verwandeln sich in Diktaturen.

Öffentlichkeit ist nötig,
um den Missbrauch von Macht zu begrenzen.
Gerade weil der Kirche so viele vertrauen,
werden im Schutz dieses Vertrauens
krumme Dinge gedreht,
die niemand ihr zugetraut hätte.
Kirchen brauchen eine kritische Presse.
Kirchen ohne Öffentlichkeit
verwandeln sich in Gefängnisse.

Der Geist bekämpft den Missbrauch von Macht.
Gesetze können nicht alles regeln,
Synoden nicht alles kontrollieren.
Ein Geist der Achtung vor jedem Menschen
muss in der Kirche herrschen.
Oder hatte jener Oberkirchenrat Recht, der im Examen fragte:
›Wer herrscht in der Kirche?‹
Als der Kandidat sagte: ›Der heilige Geist‹,
meinte der Prüfer: ›Antworten Sie bitte ernsthaft!‹

Eine ernsthafte Antwort ist:
Wenn der Geist in den Christen wirkt,
kann man ihnen zutrauen,
die Kirche gemeinsam zu leiten.

Besser ist es,
gemeinsam vorwärts zu irren,
als sich von einem Einzelnen
beherrschen zu lassen.
Wir brauchen keinen Papst.

168.

Welche Hoffnung gibt es für Kirche und Theologie in der modernen Welt?

Viele sehen in Kirche und Theologie
die Verlierer der Neuzeit.
Aufklärung werde sie ganz beseitigen.
Friedrich Nietzsche sagte:
Gott ist tot.[30]
Er war Aufklärer und Gegenaufklärer,
hat die Sklaverei rechtfertigt,
die Demokratie verachtet,
Vorurteile verbreitet –
und dennoch Wahrheiten in die Welt gesetzt,
die bis heute das Licht der Aufklärung verbreiten.

Eine Hoffnung der Kirche
besteht darin,
dass Religionskritik sie lebendig macht.
Vollendete Aufklärung wäre
Aufklärung im Rahmen der Religion,
nicht Religion
im Rahmen der Aufklärung.[31]

Wenn Religion Konflikte verschärft,
hat sie umso mehr die Pflicht,
Frieden zu schaffen.

30. Friedrich Nietzsche (1844-1900), Fröhliche Wissenschaft, Aphorismus 125.
31. Beispielhaft Hermann Lübbe (geb. 1926), Religion nach der Aufklärung, Graz u.a. 1986. Er findet eine aufklärungsresistente Aufgabe der Religion in der Kontingenzbewältigung.

Sowenig man gegen Generäle
Frieden schaffen kann,
so wenig kann man gegen die Religionen
Religionskonflikte entgiften.
Was die Gefahr erhöht,
kann sie auch verringern.

Wenn Religion autoritär ist,
stellt sich umso mehr die Aufgabe,
Kirchen demokratisch zu gestalten.
Darf denn die Wissenschaft ihren Traum
von einem herrschaftsfreien Dialog verraten,
nur weil in ihr nicht weniger geherrscht wird
als in anderen Institutionen?

Wenn Religion Aufklärung scheut,
ist es umso mehr unsere Pflicht,
ihre verborgene Weisheit aufzudecken
und die Abgründe des Menschen zu zeigen,
die sich in ihr offenbaren.
Aufklärung bewährt sich
im Umgang mit der Religion.

Wird Aufklärung die Religion beseitigen?
Friedrich Nietzsche sagte:
Gott ist tot,
Gott aber sagt:
Nietzsche ist tot.

169.

Wie soll das Verhältnis der christlichen Kirchen zu anderen Religionen sein?

Die Wissenschaft hat gelernt:
Ihre Aussagen sind gültig,
auch wenn sie nicht absolut gültig sind.
Ebenso müssen die Religionen lernen:
Keine ist absolut wahr,
jede kann Wahrheit enthalten.

Jede Religion hat etwas zu sagen,
was andere nicht sagen können.
Wahrheit wäre nicht mehr wahr,
wenn sie nicht Anspruch auf Wahrheit erhebt,
sei es durch ›Mission‹,
sei es durch ›Dialog‹.

Lernen müssen alle Religionen,
ihre in Bildern und Riten verborgene Weisheit
für andere zu deuten.
Verstehen ist Voraussetzung
für die Achtung des anderen.

Beseitigen müssen alle Religionen
den missionarischen Druck,
mit dem sie anderen die Freiheit nehmen,
anders zu sein
und anders zu werden.

Fördern müssen alle Religionen
die Freiheit zur Konversion,
mit der sie alle ermutigen,
ihren eigenen Überzeugungen zu folgen.
Konversionen sind Ausdruck
menschlicher Freiheit.

Die Freiheit zur Konversion stirbt,
wenn die Pluralität der Religionen nur Schein wäre.
Wenn alle Religionen
im Grunde das Gleiche sagen,
wäre jede Konversion ein Irrtum.

Die Freiheit zur Konversion stirbt,
wenn die Religionen nicht mehr beanspruchen,
Wahrheit zu vertreten.
Niemand ›konvertiert‹ zu einem
Musikverein.

Die Freiheit zur Konversion stirbt,
wenn sie mit Strafen bedroht wird
im gegenwärtigen Leben
oder im Jenseits:
Wer Konversionen als Abfall brandmarkt,
nimmt Menschen innere Freiheit.

Wer sich einer Religion nicht anschließt,
ist nicht verloren.
Er ist nur anders.
Er hat ein Recht,
anders zu sein,
anders zu bleiben
und anders zu werden.

Doch bleibt die Notwendigkeit
einer Bekehrung für alle:
Alle Menschen müssen sich bekehren
zur Zusammenarbeit
für die Bewahrung der Schöpfung,
für Freiheit, Frieden und Gerechtigkeit
in dieser Welt.

Das Wirken des Geistes in der Welt

170.

Wie inspiriert der Geist menschliches Handeln in der Welt?

Paulus hört die ganze Schöpfung seufzen.
Christen und Nichtchristen klagen zusammen.
Der Geist verleiht ihnen eine Stimme.
Er rebelliert überall, wo Menschen andere Menschen
gegen ihren Willen beeinflussen,
indem sie mit Gewalt zwingen,
mit Geld nötigen,
mit Worten manipulieren.[1]
Der Geist ist überall
ein Geist der Freiheit.

Menschen können andere Menschen
mit Gewalt zwingen.
Politik hat die Aufgabe, Gewalt zu bändigen,
Recht durchzusetzen,
Frieden und Freiheit zu schaffen.
Alle Menschen haben dazu ein Mandat.[2]
Der Geist klagt, wenn Ordnung zusammenbricht
in Anarchie und Krieg,
oder Menschen durch Diktaturen gebrochen werden.

1. Die drei Möglichkeiten, Menschen zu beeinflussen durch Zwang, Geld oder Überzeugung, werden bei A. Etzioni, The Active Society: A Theory of Societal and Political Processes, London 1978, unterschieden. Daraus ergeben sich für mich drei öffentliche institutionelle Ordnungen, in denen der Mensch Verantwortung hat: Politik, Wirtschaft und Kultur. Die Ordnung von Liebe, Partnerschaft und Ehe ist von allen öffentlichen Institutionen unterschieden, auch wenn sie öffentlich anerkannt und geschützt wird.
2. Hier folge ich Dietrich Bonhoeffer (1906-1945). Er interpretierte die konservative lutherische Tradition der Schöpfungsordnungen, in die sich der Mensch einfügen müsse, neu, indem er sie als »Mandate« verstand: Gott hat ihm Verantwortung für sie übertragen. Damit deutete er eine oft zur reaktionären Ideologie herabgekommene protestantische Sozialethik im Sinne moderner Mündigkeit um. Vgl. seine posthum erschienene »Ethik« (1949).

Dann hören wir das Seufzen des Geistes
überall.

Menschen können andere Menschen
mit Geld nötigen.
Wirtschaft hat die Aufgabe,
Waren zu produzieren und zu tauschen.
Jeder soll genug haben,
um teilnehmen zu können;
keiner soll seine Macht dazu gebrauchen,
andere auszuschließen.
Alle Menschen haben ein Mandat,
human zu wirtschaften.
Der Geist klagt,
wenn die Verarmung der Mehrheit
der Gewinnsucht Weniger dient.
Dann hören wir das Seufzen des Geistes
überall.

Menschen können andere Menschen
durch Worte manipulieren.
Kultur hat die Aufgabe, Selbstachtung zu stärken,
Achtung vor anderen zu fördern,
Weisheit zu vermehren.
Alle Menschen haben dazu ein Mandat.
Der Geist klagt, wenn Weisheit korrumpiert
und die Macht des Wortes missbraucht wird,
um Leben zu schädigen,
Lügen zu verbreiten,
Hass zu schüren.
Dann hören wir das Seufzen des Geistes
überall.

Wenn der Geist seufzt,
rebelliert er gegen
die Mächtigen,
die Reichen
und die Weisen
der unerlösten Welt.

171.

Wie verhalten sich Religion und Politik?

Politik ist die Kunst,
Macht zu erwerben und zu erhalten.
Macht bedeutet,
seinen Willen
gegen den Widerstand anderer
durchsetzen zu können –
auch mit Zwang.

Herrscher haben ihre Macht durch Gott legitimiert.
Klöster und Kirchen beten jeden Tag,
dass sie in Gerechtigkeit und Frieden regieren.
Sicher ist das nicht.
Sonst würden Mönche nicht jeden Tag in der Vesper singen:
»Gott stößt die Mächtigen vom Thron
und erhebt die Niedrigen.«[3]
Religion hat zugleich die Mächtigen kritisiert
und ihre Macht legitimiert.

Heute ist die religiöse Aura der Könige verblasst.
Herrschaft geht vom Volk aus.
Deshalb umgibt Befreiungstheologie
den Widerstand des Volks
mit religiösem Glanz.
Aber die Aufwertung der Macht von unten
bringt neue Probleme:
Werden politische Ziele nicht
der Diskussion entzogen,
wenn man sie mit Gott begründet?

Jesus trennte Religion und Politik.
Gegen die Herrschenden sagt er:
Die »Mächtigen unterdrücken ihre Völker,
die Großen unterjochen sie.
So soll es nicht unter euch sein!«[4]

3. Lk 1,52.
4. Mk 10,42 f.

Die Herrscher sind keine Götter.
Sie sind Unterdrücker.
Ihr sollt nicht wie sie handeln!

Gegen die Aufrührer sagte er:
»Gebt dem Kaiser, was des Kaisers ist,
und Gott, was Gottes ist.«[5]
Die Aufrührer wollten durch Steuerverweigerung
Krieg provozieren.
Sie sagten: Gott gehört das Land
und alle seine Erträge.
Steuern sind gegen das erste Gebot.
Jesus widersprach:
Gott verpflichtet nicht zum Aufstand.

Dennoch wurde Jesus als Rebell hingerichtet,
links und rechts von ihm zwei »Räuber«,
wahrscheinlich Aufständische oder Sozialbanditen.
Jesus wollte kein politisches Königreich errichten.
Er verbreitete nur die Sehnsucht
nach einem Reich, in dem Gott herrscht.
Damit löste er Unruhe aus,
vor der die Mächtigen erschraken.
Das erklärt seinen Tod.

172.

Fordert Demokratie den Verzicht auf unbedingte Ansprüche?

Hat Luther nicht trotzig gesagt:
Hier stehe ich,
ich kann nicht anders?
Besteht Luther bei seinem Auftreten vor Kaiser und Reich
auf unbedingten Ansprüchen,
die keine Demokratie ertragen kann?
Liegt hier ein Geburtsfehler
des Protestantismus?

5. Mk 12,17.

Doch Luthers Erklärung lautet
in der ältesten Überlieferung:
»Überzeugt mich mit den Zeugnissen der Heiligen Schrift,
oder mit öffentlichen, klaren und hellen Gründen,
also mit den Bibelworten und Argumenten,
die von mir beigebracht worden sind.
Denn die Autorität von Papst und Konzilien allein
überzeugt mich nicht,
da sie offenkundig oft geirrt
und gegen Schrift und Vernunft gestanden haben.
Nur wenn mein Gewissen in Gottes Wort gefangen ist,
will ich widerrufen.
Denn es ist nicht geraten,
etwas gegen das Gewissen zu tun.
Gott helfe mir, Amen.«[6]
Luther sagt nicht:
Ich kann nicht anders.

Im Gegenteil: Luther beruft sich gegen alle Autoritäten
auf Schrift, Vernunft und Gewissen.
Er fragt nach Argumenten dafür,
seine Position zu überdenken.
Er könnte auch anders,
wenn man ihn überzeugt.
Pluralismusunfähigkeit sieht anders aus.

Unbedingte Überzeugungen
sind nicht unbedingt undemokratisch.
Denn jede Demokratie lebt von Voraussetzungen,
die sie weder schaffen
noch in Frage stellen kann:[7]

6. So Martin Luther vor dem Wormser Reichstag am 16. April 1521. Text bei H. Fausel, D. Martin Luther, Leben und Werk 1483 bis 1521, München / Hamburg 1966, 198.
7. So der von dem katholischen Rechtswissenschaftler Ernst-Wolfgang Böckenförde (geb. 1930) formulierte Grundsatz (vgl. ders., Staat, Gesellschaft, Freiheit. 1976, S. 60): »Der freiheitliche, säkularisierte Staat lebt von Voraussetzungen, die er selbst nicht garantieren kann«, mit dem er die demokratische Kultur moderner Demokratien geprägt hat.

ein Minimum an Ordnung,
ein Minimum an Freiheit,
ein Minimum an Menschenrechten.

Die erste Voraussetzung ist ein
MINIMUM AN ORDNUNG.
Anarchie liefert alle dem Stärksten aus.
Wenn Paulus schreibt:
»Alle übergeordneten Gewalten sind von Gott«,[8]
benutzt er Begriffe für legitime Ämter,
die Gutes fördern und Böses bekämpfen.
Eine Ordnung des Rechts,
die Leben ermöglicht,
entspricht Gottes Willen.

Die zweite Voraussetzung ist ein
MINIMUM AN FREIHEIT.
Verabsolutierung von Macht gefährdet alle.
Die Apokalypse sieht im sich verabsolutierenden Staat
ein Tier aus dem Abgrund.
Macht erhält es durch ein zweites Tier vom Lande,
das die kultische Verehrung des ersten Tieres fordert.[9]
Gefährlicher als die nackte Macht
ist Propaganda, die sie legitimiert.
Jede sich absolut setzende Macht
widerspricht Gottes Willen.

Die dritte Voraussetzung ist ein
MINIMUM AN MENSCHENRECHTEN:
Menschenrechte gelten für alle,
auch wenn sie am Anfang die Mehrheit ausschlossen:
Indianer, Frauen, Sklaven.[10]
Die Berufung auf Gott,

8. Röm 13,1.
9. Apk 13,11-18.
10. Vgl. die Unabhängigkeitserklärung der Vereinigten Staaten 1776: »Wir halten diese Wahrheiten für selbstverständlich: dass alle Menschen gleich geschaffen sind; dass sie von ihrem Schöpfer mit gewissen unabdingbaren Rechten ausgestattet sind, darunter das Recht auf Leben und Freiheit sowie das Streben nach Glück«. Indianer, Frauen und Sklaven wurden trotz dieser universalen Formulierung ausgenommen. Auch die »Déclaration des droits de

der alle Menschen gleich geschaffen hat,
gab ihnen von vornherein
eine Tendenz zur Universalisierung.
Alle Menschen sind Ebenbild Gottes.
Alle haben unwiderruflich das Recht,
Rechte zu haben.

Die Würde des Menschen ist unantastbar,
ebenso das Leben jedes Menschen.
Keiner darf verletzt werden.
Keiner darf gefoltert werden,
keiner seine Freiheit ohne Richterspruch verlieren.
Jeder hat ein Recht auf faires Verfahren.
Jede Strafe erfordert ein vorher erlassenes Gesetz.
Jeder darf seinen Beruf selbst bestimmen.
Jeder hat eine Privatsphäre.
Jeder darf Eigentum besitzen.
Jeder darf reisen, wohin er will.
Jeder darf seine Meinung sagen.
Jeder darf sich mit jedem versammeln.
Jeder darf seine Religion ausüben
oder unreligiös sein.
Wenn Menschenrechte verletzt werden,
»muss man Gott mehr gehorchen als Menschen.«[11]
Menschenrechte entsprechen Gottes Willen.

173.

Darf man im Krieg töten?

Lässt sich militärischer Einsatz ethisch rechtfertigen?[12]
Leben hat immer Vorrang vor dem Tod.
Krieg ist Töten und Sterben.
Er mutet Menschen Ungeheuerliches zu:

l'homme et du citoyen« der französischen Revolution von 1789 galten nicht für die Frauen.

11. Apg 5,29; vgl. 4,19.
12. Vgl. dazu die Friedensdenkschrift der EKD »Aus Gottes Frieden leben für gerechten Frieden sorgen« (2007). In ihr wird die Lehre vom »gerechten Krieg« durch Kriterien für einen »gerechten Frieden« ersetzt.

Andere umzubringen und sich umbringen zu lassen,
Pläne in sicheren Büros zu entwerfen,
nach denen andere anderswo
Tod und Zerstörung bewirken.

Jeder Krieg ist eine Katastrophe,
»gerechte« Kriege gibt es nicht.
Allenfalls ließe sich militärische Gewalt rechtfertigen,
wenn sie zu einem gerechten Frieden führt
in einer unerlösten Welt.

Aber wo liegt der Unterschied zwischen Gewalt,
die sich rechtfertigen lässt,
und verwerflicher Gewalt?

Gibt es legitime Gründe,
militärische Gewalt für den Frieden auszuüben?
Ethnische Vertreibungen?
Bedrohung kleinerer Nachbarn?

Gibt es anerkannte Autoritäten,
die Gewalt beschließen dürfen?
Die Vereinten Nationen?
Ein demokratisches Parlament?

Was wäre eine akzeptable Absicht
beim Einsatz militärischer Gewalt?
Ermöglichung von Recht?
Erzwingung des Friedens?

Wann ist der Einsatz von Gewalt
wirklich *ultima ratio*?
Können Diplomatie und wirtschaftlicher Druck
nicht meist mehr erreichen?

Wie groß sind die Aussichten auf Erfolg?
Verführt Gewalt nicht immer
zur illusionären Hoffnung auf schnelle Lösungen?
Schnell ist ein Land zerstört,
es mit Gewalt in Ordnung zu bringen,
ist fast unmöglich.

Nie ist es bisher gelungen,
Kriegsführung durch Recht zu zähmen.
Der Krieg bleibt ein Tyrann:
Immer sterben Unschuldige.
Immer werden Zivilisten Geisel politischer Ziele.
Immer schaffen Kollateralschäden Verzweiflung und Hass.
Verbrechen werden nur ausnahmsweise geahndet.
Wer will die schreienden Kinder verantworten?
Wer die verstümmelten Menschen?
Wer die Leichenberge?
Wer die Traumata derer, die überleben?
Kriege enden meist in einem großen politischen Desaster,
in jedem Fall aber
in vielen menschlichen Katastrophen.

Wer durch zivile Arbeit
gewaltfreie Konfliktlösungen wahrscheinlicher macht
und militärische Interventionen unwahrscheinlicher,
gibt dem Leben Vorrang
vor dem Tod.

Dennoch kann es in einer unerlösten Welt
die Pflicht geben,
mit Gewalt zu intervenieren:
Ein Volk muss vor seinen Diktatoren geschützt,
ein Völkermord verhindert,
Anarchie überwunden,
Erpressung durch Aufrüstung
beantwortet werden.

Wir haben komplementäre Optionen:
Kriegsdienstverweigerer und Friedensarbeiter
profitieren vom Einsatz des Soldaten.
Soldaten stehen von ferne bereit,
wenn sie scheitern sollten.

Soldaten profitieren
vom Einsatz der Verweigerer und Friedensarbeiter.
Gewaltfreie Lösungen
schützen ihr Leben.

Beide haben die ethische Pflicht,
daran zu arbeiten,
den Krieg zu ächten.
Einmal wird er ein Alptraum der Vergangenheit sein.
Schon immer war er ein Zusammenbruch
von Politik
und Menschlichkeit.

— 174. —

Darf man im Frieden in Ausnahmefällen töten?

Jeder Mensch, was immer er getan hat,
bleibt ein Mensch
mit dem Recht, Rechte zu haben,
auch der Massenmörder.
Leben ist Menschenrecht.
Wir dürfen es niemandem durch Hinrichtung entziehen,
weil er dieses Recht mit Füßen getreten hat.
Darf man denn einen Räuber berauben,
einen Betrüger betrügen,
einen Folterer foltern?
Warum meinen einige dennoch,
einen Mörder umbringen zu dürfen?

Es ist grausam,
ihn seiner Hilflosigkeit
hilflos auszusetzen.

Es ist fahrlässig,
die Tötung Unschuldiger zu riskieren;
Gerichte haben geirrt.

Es ist ungerecht,
die Todesstrafe zu verhängen,
wenn sie Arme mehr trifft als andere.

Es ist anmaßend,
darüber zu bestimmen,
wessen Leben lebenswürdig ist.

Es ist gefährlich,
wenn ein Staat darüber entscheidet,
wer sterben soll.

Manchmal muss freilich ein Tyrann
durch Attentat beseitigt werden.
Doch wäre es besser,
ihn vor Gericht zu stellen.

Manchmal muss ein Mörder
daran gehindert werden,
seine Tat auszuführen.
Doch wäre es besser,
ihn zu inhaftieren.

Manchmal muss ein Mensch
in Notwehr töten.
Doch besser wäre es,
sich zu wehren
ohne Tötung.

Gott schützte
den Brudermörder Kain
mit einem Zeichen,
damit er nicht getötet wird.[13]
Leben hat immer Vorrang vor dem Tod.
Leben ist Menschenrecht.

175.

Wie verhalten sich Religion und Wirtschaft?

»Niemand kann zwei Herren dienen:
Entweder er wird den einen hassen und den andern lieben,
oder er wird an dem einen hängen und den andern verachten.
Ihr könnt nicht Gott dienen und dem Mammon.«[14]
Jesus lehnte in der Politik
die Entscheidung zwischen

13. Gen 4,15.
14. Mt 6,24f.

Gott und Kaiser ab.
Aber in der Wirtschaft erkannte er
eine scharfe Alternative zwischen
Gott und Mammon.

In der Wirtschaft gilt das oberste Gebot:
Nimm Geld und mach mehr Geld daraus!
Mit Geld kann man andere bewegen
zu tun, was man will,
oft zu guten Zwecken,
manchmal zu üblen Zwecken.
Geld ist ohne Moral.
Schon ein römischer Kaiser,
der den Latrinenbesuch besteuerte,
kam zur Erkenntnis:
Geld stinkt nicht.[15]

Doch stinkt es nie?
Warum sprechen wir von Geldwäsche,
wenn Geld nicht manchmal schmutzig wäre?
Warum von Schmiergeldern,
wenn es immer sauber wäre?
Warum zählen wir Banken zur organisierten Kriminalität,
wenn sie zur Steuerhinterziehung verführen?
Wirtschaft ist korrupt,
wenn in ihr nur noch das Gebot gilt:
Lass dich nicht erwischen!

Geld ist ohne Moral.
Doch man kann ohne Moral
mit Geld nicht wirtschaften
und ohne Geld nicht moralisch sein.
Es belebt die Wirtschaft:
Wenn Geldflüsse ausbleiben, stirbt sie.
Armut und Not sind die Folge.
Gewinnerwartungen lassen es strömen.

15. Kaiser Vespasian erhob eine Latrinensteuer und soll die Steuer vor seinem Sohn Titus damit rechtfertigt haben, indem er ihm das damit erworbene Geld unter die Nase hielt und fragte, ob ihn der Geruch störe (Sueton, Vespasian 23).

Dann geht es für viele Menschen wieder aufwärts.
Sie schöpfen Hoffnung.
Amoralisches Geld
hat oft moralische Folgen,
aber oft auch Unmoral.
Geld regiert die ganze Welt.
Doch wenn die Welt durch Geld
schlecht regiert wird,
müssen wir versuchen,
das Geld zu regieren.
Einfache Lösungen gibt es nicht.

Gott oder der Mammon –
das ist auch heute die Alternative.
Doch wenn die Wirtschaft den Menschen dient
und Waren für alle herstellt,
dann dient sie Gott
und nicht dem Mammon.

Nur wer erwarten kann,
dass er am nächsten Tag noch versorgt ist,
führt sein Leben ohne Angst.
Wir haben eine moralische Pflicht,
für die Grundbedürfnisse aller Menschen zu sorgen.

Nur wer Zuversicht hat,
durch eigene Arbeit für sich sorgen zu können,
führt ein Leben in Würde.
Wir haben eine moralische Pflicht,
Arbeit für alle zu schaffen,
die Anerkennung verleiht und selbständig macht.

Nur wer darauf vertrauen kann,
dass sein Geld gesichert ist,
gibt es anderen,
um Geld zu verdienen oder um zu helfen.
Wir haben eine moralische Pflicht,
für geordnete Finanzen zu sorgen,
um nicht die Zukunft unter Schulden zu begraben.

Überall gilt in der Gesellschaft:
»Ihr könnt nicht Gott dienen
und dem Mammon.«[16]
Umso besser ist es,
wenn wir mit dem Mammon
Gott und den Menschen dienen.
Du darfst, wenn du anständig bist,
ruhig anständig verdienen!
Entscheidend ist:
Was machst du mit dem Geld?
Bestimmst du über das Geld
oder bestimmt es über dich?
Jeder kann den Mammon besiegen.

176.

Wie kann man den Mammon besiegen?

Den Mammon besiegt, wer ihn für andere nutzt:
»Ihr sollt euch nicht Schätze sammeln auf Erden,
wo sie die Motten und der Rost fressen
und wo die Diebe einbrechen und stehlen.
Sammelt euch aber Schätze im Himmel,
wo sie weder Motten noch Rost fressen
und wo die Diebe nicht einbrechen und stehlen.
Denn wo dein Schatz ist, da ist dein Herz.«[17]

Die ersten Christen träumten von einem Liebeskommunismus.
Sie traten mit ihrem Besitz
wie Freunde füreinander ein:[18]
Alle verkauften Güter und Habe
und teilten sie unter alle aus
jedem nach seinen Bedürfnissen.[19]

16. Mt 6,24 (verkürzt).
17. Mt 6,19-21.
18. »Freunde haben alles gemeinsam« war in der Antike ein verbreitetes Sprichwort. Die ersten Christen übertrugen es auf ihre Gemeinschaft.
19. vgl. Apg 2,44-45; 4,32-35. Dieses Experiment kann nur kurz gedauert haben, aber anders als viele Exegeten bin ich überzeugt, dass einige Christen von ihm ernsthaft geträumt und es versucht haben.

Dieser Liebeskommunismus setzt voraus,
dass immer wieder neue Güter geschaffen werden.
Dafür will Paulus ein Vorbild sein.
Er arbeitet, um Schwache zu unterstützen.
Seine Maxime ist: »Geben ist seliger als nehmen«.[20]
Nur wer hart arbeitet, kann geben.

Sozial verantwortliche Reiche
sind willkommen.
Einfache Menschen,
die zusammen dasselbe erreichen,
sind ein Segen.

Nicht Luxus
ist die große Versuchung der Reichen,
sondern Trägheit,
die den Reichtum nicht für andere nutzt.
Nicht Verschwendung
ist die große Sünde der Reichen,
sondern Machtausübung,
die das Recht verbiegt.
Oft müssen Reiche nicht einmal Gesetze brechen,
um sich durchzusetzen.
Können sie die Gesetzgebung doch legal
in ihrem Sinn beeinflussen.
Das ist der Skandal!

Deshalb dürfen Reiche
nie so mächtig werden,
dass sie das Recht verbiegen können.
Deshalb dürfen Arme
nie so arm werden,
dass ihnen ihr Recht genommen werden kann.

Luxus und Verschwendung
muss man kritisieren.
Doch den Machtgewinn
der Reichen
muss man fürchten
und bekämpfen.

20. Apg 20,35. Das Wort ist eine Maxime, die sinngemäß für Könige bezeugt ist.

177.

Wie verhalten sich Religion und Kultur?

Kultur ist alles, was wir von anderen lernen,
um das Leben zu meistern.
Sie gibt uns Selbstbewusstsein.
Doch das Leben
stellt unseren Wert in Frage.

Um das Leben zu ertragen,
wurde die Kunst erfunden.
Je mehr wir daran zweifeln,
dass die Welt ein Kunstwerk Gottes ist,
umso größer ist die Sehnsucht,
in Kunstwerken Trost zu finden:
Musik wird zur Sprache Gottes,
Dichtung zur Erschaffung einer Welt.
Museen werden zu Kirchen
und Kirchen zu Museen.

Malerei versöhnt
mit der Vergänglichkeit.
Bilder stehen quer zur Zeit,
sie öffnen die Ewigkeit.
Bei ihrer Betrachtung treten wir aus der Zeit heraus.
Cézanne sagt von ihnen:
»Das Wunder ist da, das Wasser ist da,
das Wasser wandelt sich in Wein,
die Welt ist in Malerei verwandelt.
Man ist trunken, man ist glücklich.«
Cézanne war ein frommer Katholik.
In der Kirche erlebte er:
Brot wandelt sich in Christi Leib,
Wein in Christi Blut.
In der Kunst erlebte er:
Kunst verwandelt die Welt in Malerei.
Verwandt sind beide:
Religion und Kunst.[21]

21. Ein beeindruckendes Beispiel für eine Ästhetik, die eine moderne Kunstreli-

Musik versöhnt
mit der Vergänglichkeit.
Sie taucht uns in den Strom der Töne und Takte.
Wenn sich alle Dissonanzen lösen,
sind wir bei vollkommener Musik
am Ende einverstanden,
dass sie zu Ende geht.
Musik gibt eine Ahnung davon:
Auch das Leben könnte mit einem guten Akkord enden.
Doch nicht wir, sondern ein anderer Komponist
setzt den Schlussakkord.
Wir führen seine Musik in unserem Leben fort.
Das Thema ist vorgegeben.
Variationen sind unsere Aufgabe.

Dichtung versöhnt
mit der Vergänglichkeit.
In ihren Gestalten dürfen wir noch einmal jung sein,
dürfen lieben, kämpfen und scheitern.
Dies eine Leben ist zu wenig,
um alles zu entfalten, was in uns liegt.
Dichter geben uns ein Leben
über das eigene Leben hinaus
in einem Raum aus Phantasie und Wirklichkeit.
Sie schreiben unsere Geschichte zu Ende,
geben den Opfern ihre Würde zurück,
indem sie ihr Scheitern erzählen;
sie halten den Erfolgreichen und Etablierten
den Spiegel vor,
damit sie bescheiden werden.
Wer aber ist der Dichter unseres Lebens?
Wer führt die Erzählung unseres Lebens zu Ende?

Wenn unsere Zeitgenossen
Gott vergessen haben,
werden sie ihn in der Kunst
wieder entdecken.

gion vertritt, ist: Georg Steiner, Von realer Gegenwart. Hat unser Sprechen Inhalt?, München 1990.

Der Heilige Geist
überwintert in Bildern,
in Gedichten und Musik.

178.

Welche christlichen Maßstäbe
gibt es für das Handeln in der Gesellschaft?

Christliches Handeln
hat viele Quellen:

Die zehn Gebote
verpflichten,
Freiheit zu wahren,
die der Exodus schenkt.

Die Nachfolge Jesu
verpflichtet,
unabhängig zu sein
gegenüber den Ansprüchen
von Macht, Besitz und Bildung.

Leitbilder der Gemeinde
verpflichten
zur Gleichheit aller
und Rücksicht auf Schwache.

Das Vorbild der Märtyrer und Helfenden
gibt Kraft
zur Bewältigung
von Feindschaft und Not.

Ein ökumenischer Konsens
verpflichtet
zur Bewahrung der Schöpfung,
zu Frieden und Gerechtigkeit.

Die Hoffnung auf das Reich Gottes
leitet als Utopie unser Handeln.

Immer wieder meldet sich
in solchen Utopien
die Sehnsucht des Geistes
nach Freiheit.

179.

Wodurch inspiriert die Nachfolge Jesu soziales Handeln?

Jesus gibt kleinen Leuten
aristokratisches Selbstbewusstsein.
Im Konflikt um die Verteilung
von Macht, Reichtum und Bildung
sollen sie so souverän
wie Könige sein.

Die MACHT der Könige zeigt sich darin,
dass sie Steuern und Zoll eintreiben.
Aber ihre Söhne sind frei.
Damit begründet Jesus die Freiheit von der Tempelsteuer:
»Die Könige der Erde – von wem nehmen sie Zoll und Steuer?
Von ihren Söhnen oder von den Fremden?«[22].
Gleichzeitig kritisiert Jesus die Mächtigen.
Sie unterdrücken ihre Völker.
So soll es unter den Jüngern nicht sein,
sondern: »Wer der Erste sein will, soll bereit sein,
der Letzte zu werden.«[23]

Könige verfügen über REICHTUM.
Die Jünger ziehen ohne Besitz durch das Land.
Gott sorgt für sie wie für die Lilien auf dem Felde.
Nicht einmal König Salomo war so prächtig gekleidet wie diese Lilien.
Die Jünger sind mehr wert als Lilien,
mehr wert als König Salomo.[24]
Gleichzeitig kritisiert Jesus die Reichen.
»Eher kommt ein Kamel durch ein Nadelöhr
als ein Reicher ins Himmelreich.«[25]

22. Mt 17,25.
23. Mk 10,43; 9,35.
24. Mt 6,25ff.
25. Mk 10,25.

Gott und der Mammon sind einander entgegengesetzt
wie Gott und Götze.[26]

Der WEISE ist König,
König Salomo gilt als Weiser schlechthin.
Unter den Anhängern Jesu gab es keine Gelehrsamkeit.
Dennoch sind sie vergleichbar der Königin des Südens,
»die von den Enden der Erde kam,
um die Weisheit Salomos zu hören.
Und siehe, hier ist mehr als Salomo.«[27]
Jesus lehrt für Mühselige und Beladene
königliche Weisheit,
damit sie Ruhe und Erquickung finden.[28]
Gleichzeitig kritisiert er die Weisen.
Sie haben den Schlüssel zur Erkenntnis,
schließen aber andere aus,
die nach Erkenntnis suchen.[29]

Wer Jesus nachfolgt,
tritt für eine Welt ein,
in der die kleinen Leute
Macht, Besitz und Bildung haben
und die Mächtigen,
Reichen und Weisen
allen Menschen dienen.

180.

Wodurch inspirieren Leitbilder der Gemeinde soziales Handeln?

Die Gemeinde ist Volk Gottes und Leib Christi.
Was der Geist in ihr verwirklichen will,
gilt analog als Leitbild
für die politische Gemeinde.[30]

26. Mt 6,24.
27. Mt 12,42.
28. Mt 11,28-30.
29. Lk 11,52.
30. Hier folge ich Karl Barths Sozialethik, wie er sie in: »Christengemeinde und Bürgergemeinde«, München 1946, entfaltet hat.

Vom Volk Gottes spricht das Alte Testament:
Israel wurde am Sinai auf Recht und Gerechtigkeit gegründet,
als königliches Volk von Priestern.[31]
Das Gesetz allein soll herrschen.
Könige sind ihm untergeordnet.[32]
Propheten haben keine Sonderrechte.
Allen ist der Geist verheißen.[33]
Gleichheit vor dem Gesetz
wird gesichert durch immer wieder neuen Ausgleich von Besitz.[34]
In diesem Volk des Rechts wurde die Nächstenliebe erfunden.[35]
Seitdem gilt für die Politik das Leitbild
der Herrschaft des Gesetzes
im Geiste der Barmherzigkeit.

Vom Leib spricht die griechische Politik.
Alle bilden im Staat einen Leib mit vielen Gliedern.
Das stärkste Glied hat die Führung.
Im Leib Christi ist dagegen das schwächste Glied das wichtigste.
Ihm soll sich alles unterordnen.
Seitdem gilt für die Politik das Leitbild:
Alle Glieder gehören zusammen
und müssen Rücksicht auf Schwache nehmen.

Im Bild der Kirche verschmelzen
Bilder aus Israel und der griechischen Politik.
Die Kirche des Herrn ist die Volksversammlung.
Die Bürger entscheiden in ihr über gemeinsame Anliegen.
Von der Volksversammlung der griechischen Stadt
waren Frauen, Fremde und Sklaven ausgeschlossen.
Zur christlichen Gemeinde hatten sie Zugang.
Durch den Geist waren alle in ihr frei.
Doch dauerte es lange,
bis Freiheit in der Gemeinde
auch in der Welt
zur Freiheit für alle wurde.

31. Ex 19,6.
32. Dtn 17,14-20.
33. Num 11,16-29; Joel 3,1-2.
34. Im Jubeljahr Lev 25.
35. Lev 19,18.

Der Geist wirkt in der Welt
nicht nur durch Empörung über Unrecht.
Er will die Welt verändern.
Was in Gemeindebildern enthalten ist,
soll analog in ihr verwirklicht werden.
Das führt nicht zu utopischen Zuständen,
wohl aber zu kleinen Zeichen
einer besseren Welt.

181.

Wodurch inspirieren die Märtyrer soziales Handeln?

Jesus sagt:
»Wer mir nachfolgen will, der verleugne sich selbst
und nehme sein Kreuz auf sich und folge mir nach.«[36]
Täglich soll das geschehen.[37]
Jeder Tag soll Zeugnis sein, indem man riskiert:
soziale Stigmatisierung,
berufliche Nachteile,
Gesundheit,
aber auch das Leben.
Das Martyrium war eine neue Demonstrationsform in der Antike,
erfunden von Juden und Christen.

Für Paulus ist sein Leben
als Narr in Christus und Abschaum der Welt
ein Teil seiner Botschaft:[38]
Im Apostel erscheint der gekreuzigte Christus und verkündigt:
Die Welt kann nicht richtig sein,
die den Apostel leiden lässt.
Im Gegenteil: Die Welt muss gekreuzigt werden,[39]
nicht der Apostel.

Im ersten Petrusbrief ist das Leiden der Sklaven
Vorbild für die ganze Gemeinde.[40]

36. Mk 8,34.
37. Lk 9,23.
38. 1 Kor 4,9-13.
39. Gal 6,14.
40. 1 Petr 2,18-25 vgl. damit 1 Petr 3,8-17.

Wer demonstrativ sein Leiden auf sich nimmt,
unterwirft sich ihm nicht,
sondern will andere überzeugen.
Jede moderne Demonstrationstechnik
nutzt die Appellkraft des Leidens.
Mahatma Gandhi und Martin Luther King folgten der Bibel.

Demonstratives Zeugnis bedeutet Lebensrisiko.
Martin Luther King widersetzte sich der Rassentrennung.
Er wurde ermordet.[41]
Dietrich Bonhoeffer leistete Widerstand.
Er wurde gehängt.[42]
Die Geschwister Scholl protestierten gegen Tyrannei.
Sie wurden enthauptet.[43]
Maximilian Kolbe nahm in Auschwitz
stellvertretend den Tod für einen anderen auf sich.[44]
Man ließ ihn verhungern.
Viele Christen sind von Verfolgung und Tod bedroht.

Heute geht die Wahrheit
oft von den Märtyrern der anderen aus:
Ein jüdisches Mädchen, Anne Frank,[45]
widerlegt die Hartherzigkeit
einer von Unmenschlichkeit ergriffenen Nation.
Ihre Menschlichkeit appelliert an alle:
Ihr müsst euer Leben ändern!

41. Martin Luther King (1929-1968) war Anführer der Bürgerrechtsbewegung in den Vereinigten Staaten und setzte »zivilen Ungehorsam« als Mittel ein, um die Gleichberechtigung der Schwarzen durchzusetzen.
42. Dietrich Bonhoeffer (1906-1945) nahm am Widerstand um W. F. Canaris teil und wurde auf persönlichen Befehl Hitlers noch kurz vor Ende des Krieges im KZ Flossenbürg am 9. April 1945 hingerichtet.
43. Hans Scholl (1918-1943) und Sophie Scholl (1921-1943) verteilten an der Universität München Flugblätter gegen den Nationalsozialismus und wurden deswegen zum Tode durch Enthauptung verurteilt.
44. Der Franziskaner Maximilian Kolbe (1894-1941) ging für einen Mithäftling im KZ Auschwitz in den Hungerbunker.
45. Anne Frank (1929-1945) lebte nach der Emigration ihrer Familie aus NS-Deutschland in Amsterdam. Ihr Tagebuch wurde zum erschütternden Dokument gegen die NS-Vernichtungspolitik. März 1945 kam Anne Frank im KZ Bergen-Belsen ums Leben.

Von allen Märtyrern geht die Botschaft aus:
Die Wahrheit steht oft auf Seiten derer,
die hingerichtet wurden.
Wer nur die eigenen Märtyrer ehrt,
trägt bei zur Friedlosigkeit
dieser Welt.

— 182. —

Wodurch inspirieren Helfer soziales Handeln?

Oft werden die Helfenden übersehen,
die Kranke pflegen,
Arme unterstützen,
Straßenkinder erziehen.
Sie sind Leuchttürme in der Welt,
in der um knappe Güter gestritten wird
und den Letzten die Hunde beißen.
Helfende führen den Gegenbeweis:
Leben ist möglich,
das nicht auf Kosten anderen Lebens lebt,
sondern für andere da ist –
auch für die Allerletzten in der Gesellschaft.

Wer Obdachlosen ein Bett gibt,
wer in der Bahnhofsmission Gestrandeten weiter hilft,
wer in Gemeinschaft mit Behinderten wohnt,
wer in der Mitternachtsmission Prostituierten Selbstachtung gibt,
wer in Frauenhäusern Schutz vor Gewalt bietet,
wer alte Eltern jahrelang pflegt,
wer ein behindertes Kind mit Liebe betreut –
sie verpflichten alle zu einem Leben,
das die Schwachen und Gescheiterten zum Maßstab hat.
Eine Gesellschaft ist erst menschlich,
wenn alle geachtet werden,
ohne durch herablassende Hilfe
noch einmal
gedemütigt zu werden.

183.

Schadet christliche Hilfe nicht oft mehr, als sie nützt?

Helfen kann schaden trotz bester Absichten.
Scharfsinnige Argumente
stellen es heute in Frage:

Helfen ist Selbstausbeutung.
Hilfsbedürftigkeit ist grenzenlos,
die Kraft der Helfer begrenzt.
Helfer geben ständig
und empfangen wenig zurück.
Andauernde Überforderung zermürbt.

Helfen ist Egoismus.
Wir fördern die eigenen Gene in unseren Verwandten,
helfen in Erwartung reziproker Hilfe
oder um durch Prestige Vorteile zu haben
oder zur Befriedigung unseres moralischen Hedonismus.
Hilfe lohnt sich für einen selbst.
Sie ist nicht altruistisch.

Helfen ist Machtausübung.
Die einen haben Mittel und Wege,
die anderen nicht.
Hilfe zementiert Abhängigkeit,
verhindert Selbständigkeit.
Helfer sind manchmal
wohlwollende Tyrannen.

Helfen stabilisiert Systeme.
Eigentlich müssten sie grundlegend erneuert werden.
Kleine Reparaturen verstärken nur die Illusion,
so könne es weiter gehen.
Helfen verhindert
notwendige Systemerneuerung.

Helfen durchkreuzt die Evolution.
Durch Ausscheiden des Ungeeigneten kommt sie voran.

Die Versager haben den Starken suggeriert,
sie seien nur gut,
wenn sie Schwache unterstützen.
Hilfe stützt Schwache,
die besser verschwinden sollten.

Die ganze Welt schwirrt voll intelligenter Argumente,
um Hilfe zu verweigern.
Diese Argumente sollten uns dazu dienen,
effektiver Hilfe zu üben.

HELFEN MUSS NICHT SELBSTAUSBEUTUNG SEIN.
Der barmherzige Samariter
rettete das halbtote Opfer der Räuber,
trennte sich dann von ihm,
um ihn einem Wirt
zur Pflege zu überlassen.[46]
Hilfe darf sich begrenzen.

HELFEN MUSS NICHT EGOISMUS SEIN.
Der barmherzige Samariter
war nicht mit dem Opfer verwandt.
Er hoffte auch nicht auf reziproken Altruismus.
Die Chancen, sich nochmals zu begegnen,
waren zu gering.
Juden und Samariter
gingen sich aus dem Wege.

HELFEN MUSS NICHT MACHTAUSÜBUNG SEIN.
Der barmherzige Samariter
war dem Opfer überlegen.
Doch er entließ ihn aus seiner Kontrolle.
Er baute darauf,
dass das Opfer der Räuber
bald auf eigenen Füßen steht.

HELFEN MUSS NICHT SYSTEME STABILISIEREN.
Der barmherzige Samariter
stabilisierte nicht die Römerherrschaft,

46. Lk 10,29-37.

wenn er ein Opfer der Räuber rettete.
Die Römer mussten für Sicherheit sorgen.
Jeder Zeuge ihres Versagens
hielt die Kritik an ihnen wach.

HELFEN WIDERSPRICHT NICHT DER EVOLUTION.
Der barmherzige Samariter
durchkreuzte nicht die Evolution.
Das taten eher die Räuber.
Sie suchen erfolgreiche Opfer,
die für die Gesellschaft wertvoll sind.
Ungeeignete Menschen sind
meist auch wenig geeignet dazu,
beraubt zu werden.
Der Samariter aber tat einen Schritt
über eine Schwelle in der Evolution.
Er folgte dem antiselektiven Imperativ:
Leben zu ermöglichen,
wo Leben unmöglich ist.

Wenn du einem Hilfsbedürftigen begegnest,
hilf ihm, weil er ein Wert in sich ist,
unabhängig davon,
was er für die Gesellschaft wert ist.
Tu es aus Selbstachtung.
Denn auch du bist ein Wert in sich.

184.

Gibt es einen ökumenischen Konsens unter Christen, wie die Gesellschaft gestaltet werden soll?

Die ökumenische Bewegung definierte
drei Ziele christlichen Handelns:
BEWAHRUNG DER SCHÖPFUNG, FRIEDEN UND GERECHTIGKEIT.[47]

47. Diese drei Ziele sind seit der VI. Vollversammlung des Ökumenischen Rates der Kirchen (ÖRK) in Vancouver 1983 zur Grundlage eines »konziliaren Prozesses geworden«, der zu Grundlinien einer gemeinsamen ökumenischen Sozialethik führte.

Sie wurden Konsens,
weil sie Abkehr von Verirrungen der Kirchen sind.

Die Unterwerfung der SCHÖPFUNG unter den Menschen
wurde durch den biblischen Glauben verstärkt:
Der Mensch vergaß,
dass er nicht Herrscher,
sondern Hüter der Welt ist.

Der FRIEDEN wurde durch Kriegspredigten geschändet:
»Gott mit uns« stand auf den Koppeln der Soldaten.
Die Sünde des Nationalismus zerstörte die Welt.
Die eigene Nation wurde
zum erwählten Volk.

UNGERECHTIGKEIT wurde für unveränderbar gehalten,
Sozialismus als Absage an Gott bekämpft.
Die Sünden des Kapitalismus zerstörten die Gesellschaft.
Klasseninteressen
wurden zum Heiligtum.

BEWAHRUNG DER SCHÖPFUNG, FRIEDEN UND GERECHTIGKEIT
wurden zum Konsens
durch Abkehr von den Sünden der Väter.
Zu ergänzen ist die »Freiheit«.[48]
Oft haben Christen sie gegen die Kirchen durchgesetzt.
Ohne sie kann man die Schöpfung nicht bewahren,
den Frieden nicht erhalten
und Ungerechtigkeit nicht kritisieren.
Die Freiheit sollte Christen
an erster Stelle
unbedingt
wertvoll sein.

48. Die Freiheit begegnet in der ökumenischen Sozialethik als Teil der Menschenrechte, aber sie wurde nicht Teil der drei großen Ziele.

185.

Ist die ökumenische Ethik in religiöser Erfahrung begründet?

Kreaturerfahrung
verpflichtet,
Sein dem Nichts vorzuziehen,
die Schöpfung zu bewahren,
das Leben zu achten,
die Natur zu schützen.

Verbundenheit
mit allen Dingen
lässt einen Frieden erfahren,
der höher ist als alle Vernunft.
Er verpflichtet,
Frieden zu schaffen.

Sinnerfahrungen
öffnen eine zentrale Ordnung der Dinge.
Den Regeln dieser Ordnung
entspricht Gerechtigkeit
unter den Menschen.

Erfahrung von Verantwortung
ist Grund der Freiheit.
Wir können etwas neu beginnen in dieser Welt,
das ohne uns nicht existierte.
Freiheit erhebt uns
über Steine, Pflanzen und Tiere.

Bewahrung der Schöpfung und Frieden,
Gerechtigkeit und Freiheit
sind nicht nur in der Abkehr
von den Sünden der Väter begründet,
sie folgen unabhängig davon
aus religiöser Erfahrung.

186.

Warum trat die Freiheit in der ökumenischen Ethik zurück?

In diktatorischen Staaten ist FREIHEIT
ein feindliches Wort.
Während der Spaltung von Ost und West
galt es als Propagandawort des Westens.
›Freiheit‹ wurde zum belasteten Wort,
vergleichbar dem Wort ›Gott‹,
das durch Massenmorde und Inquisition befleckt wurde
und trotzdem immer wieder aufersteht
auf den Lippen derer,
die aufrichtig Gott suchen.

Doch nur, wo FREIHEIT existiert,
kann Ungerechtigkeit
angeklagt werden.
Autoritäre Regime begünstigen
immer das Unrecht,
da sie Kritik unterdrücken können.

Ohne GERECHTIGKEIT
lässt sich Freiheit nicht sichern.
Ohne Chancengleichheit ist Freiheit
Privilegierung der Mächtigen.
Hungrige Menschen unterwerfen sich jedem Diktator,
der Brot gibt.

Auch lässt sich Freiheit nicht sichern
ohne FRIEDEN.
Jede Armee ist eine potenzielle Diktatur.
Wenn Krieg herrscht,
herrschen Diktaturen.
Der Krieg ist immer ein Tyrann.

Ebenso wenig lässt sich Freiheit
gegen die SCHÖPFUNG durchsetzen.
Neues kann nur entstehen,
wo alte Strukturen
auch morgen noch Leben ermöglichen.

Wo ein Funke Freiheit ist,
springt der Protest des Geistes wie Feuer über
und schreit
nach Gerechtigkeit,
nach Frieden
und nach Bewahrung der Schöpfung.

— 187. —

**Welche Hoffnung für die Welt
enthält die Erwartung des Reiches Gottes?**

Für die Zeitgenossen Jesu
war das Reich Gottes ein Sieg über die Heiden.
Jesus kehrt ihre Erwartung um:
Gerade die vermeintlichen Feinde
werden in die Gottesherrschaft strömen
und mit Abraham, Isaak und Jakob speisen.[49]
Jesus erwartet keinen Sieg über die Feinde,
sondern eine Revolution im Innern:
Deklassierte Gruppen im eigenen Volk
werden ohne Gewalt zur Geltung kommen
trotz aller Defizite.

SOZIALE DEFIZITE GELTEN NICHT MEHR.
Das Reich Gottes gehört den Armen,
den Kindern, Hungernden und Weinenden,
den Kranken und Verfolgten.[50]
Arm sind alle, die sich nicht gegen Unrecht wehren können.
Jesus verheißt nicht, dass sie reich werden.
Wenn die Gottes*herrschaft* ihnen gehört,
erhalten sie die Macht, die ihnen jetzt fehlt.

PHYSISCHE DEFIZITE GELTEN NICHT MEHR.
Zur Gottesherrschaft gehören Eunuchen,
die nicht am Gottesdienst teilnehmen durften.[51]
Menschen humpeln in sie hinein

49. Mt 8,11 f.
50. Mt 5,3 ff. / Lk 6,20 ff.; Mk 10,14 f.
51. Mt 19,12.

mit verstümmeltem Körper,
mit einem Bein, einem Auge, einer Hand.
Wer einen unvollkommenen Körper hat,
ist willkommen in ihr.[52]

MORALISCHE DEFIZITE GELTEN NICHT MEHR.
In die Gottesherrschaft kommen
Zöllner und Prostituierte
eher hinein als die Frommen,[53]
Gewalttäter werden sie erobern.
Die Gewalttäter sind Jesus und seine Jünger.
Sie verletzen Ordnung und Tradition.[54]
Der unmoralische Verwalter wird in ihm
zum moralischen Helden:
Er reduziert die Schulden anderer.[55]
Im Reich Gottes herrscht das Recht der Gnade:
Es wird bewohnt von Menschen,
die einander vergeben.[56]

Das Reich Gottes ist kein Tempelkult mit Opfern,
keine Akademie mit Gelehrten,
kein Singen himmlischer Chöre,
kein Ball im Königspalast.
Es ist ein Familienfest.
In einem Gastmahl sind alle
mit Abraham, Isaak und Jakob vereint.

188.

Was bleibt von der Hoffnung Jesu auf das bald hereinbrechende Reich Gottes?

Jesu Erwartung des Gottesreichs
ist radikaler Monotheismus:
Gott ist Schöpfer der Welt,
doch seine Welt ist noch nicht fertig.

52. Mk 9,43 ff.
53. Mt 21,31.
54. Mt 11,12 f.
55. Lk 16,1 ff.
56. Mt 6,12; 7,1.

Sie muss sich ändern,
um seine Herrlichkeit zu spiegeln.

Bis heute gibt Jesus Gewissheit:
Glaube an den einen und einzigen Gott
ist möglich als Glaube
an die Verwandlung der Welt,
nicht als Hoffnung
auf eine Verwandlung in ferner Zukunft.
Gott erscheint schon in gegenwärtigen Zeichen
im unvollendeten Kunstwerk
seiner Welt.

In der Welt, wie sie ist,
ist Gott abwesend.
Doch in der Welt,
die in Schmerzen entsteht,
ist er im Werden
gegenwärtig.

189.

Das Reich Gottes blieb aus. War seine Erwartung eine Illusion?

Schon Jesus hatte darauf eine Antwort.
Der Täufer hatte das Ende nahe erwartet.
Die Axt war schon an die Bäume gelegt.[57]
Aber als der Täufer hingerichtet wurde,
griff Gott nicht ein.
Das Strafgericht blieb aus.

Jesu Predigt antwortet mit einer neuen Botschaft:
Gott ist gnädig.
Er lässt den Menschen eine Frist.
Er verschont den Baum,
an den die Axt gelegt war.[58]

57. Mt 3,10.
58. Vgl. Lk 13,6-9.

Er lässt weiterhin seine Sonne
aufgehen über Gute und Böse
und macht keinen Unterschied
zwischen Gerechten und Ungerechten.[59]

Daraus sollen wir lernen,
aus enttäuschten Hoffnungen
eine ermutigende Botschaft zu machen.
Schon viele Hoffnungen
sind in der Geschichte gestrandet.

Römer
träumten davon,
dass das Goldene Zeitalter kommt
und ewiger Friede
den Kriegen ein Ende macht.

Juden
hofften auf ein messianisches Reich,
in dem Gerechtigkeit herrscht
und zu dem alle Menschen strömen,
um Gerechtigkeit zu suchen.

Christen
warteten auf die Wiederkehr Jesu,
dass er sein Reich der Liebe
auf Erden vollende.

Mohamed
verkündigte das nahe Gericht Gottes über die Welt,
damit sich alle Menschen
abwenden von den Göttern
und hinwenden zu dem einen und einzigen Gott.

Mönche
träumten von einem Reich des Geistes,
in dem das Zeitalter des Vaters
und des Sohnes
abgelöst wird durch die Gemeinschaft der Mönche.[60]

59. Mt 5,45.
60. Joachim von Fiore (ca. 1135-1202) deutete die Weltgeschichte nach den drei

Aufgeklärte Menschen
träumten von einer humanen Welt,
in der alle Menschen
durch Vernunft
ihre Bestimmung verwirklichen.

Marxisten
glaubten an das Ende der Weltgeschichte
in einer klassenlosen Gesellschaft,
in der Menschen den Mammon beherrschen
und nicht der Mammon die Menschen.

Das Christentum lehrt uns,
Enttäuschung
über gescheiterte Hoffnungsbilder
in Kraft zu verwandeln,
die Hoffnung nie aufzugeben.
Hoffnungsbilder werden gekreuzigt.
Hoffnung aber
wird immer wieder auferstehen.

190.

Kann man beim Kommen der Gottesherrschaft mitwirken?

Das Gleichnis von der selbst wachsenden Saat sagt:[61]
Der Bauer sät aus,
dann wacht und schläft er
Tag und Nacht.
Von selbst bringt die Erde Frucht,
von selbst wächst die Saat bis zur Ernte.

»Von selbst« wachsen wilde Pflanzen.
Kein Mensch hat sie gesät,
Gott ist ihre Ursache.
Gott ist der säende Bauer.
Die Aussaat ist allein sein Werk.

Personen der Trinität als Abfolge das Reich des Vaters, des Sohnes und des Geistes. Auf ihn beriefen sich Mönche, die das Reich des Geistes erwarteten.

61. Mk 4,26-29.

Aber die Erde sind Menschen,
in die sein Same fällt.

Wir sind die Erde,
die hervorbringen soll,
was Gott erwartet.
Die Früchte der Erde sind unsere Taten.
Wir sollen sie tun
spontan und ungezwungen,
von selbst
und autonom.
Das ist Reich Gottes.

191.

Warum brauchen wir den Traum vom Reich Gottes?

Das Reich Gottes ist ein Traum
mit einer sozialen Vision.

Zum Erkennen brauchen wir Konstruktionen,
die nicht die Wirklichkeit abbilden,
aber in ihr orientieren,
damit wir leben können.
Ebenso brauchen wir zum Handeln Utopien,
die nie zum Grundriss des realen Lebens werden,
aber an denen wir uns orientieren können,
damit wir nicht im Leben scheitern.
Das Reich Gottes ist
solch eine Utopie.

Es ist weder gegenwärtig noch zukünftig.
In ihm sind Vergangenheit und Zukunft vereint
in einem einzigen,
omnipräsenten Augenblick.[62]

Wäre das Reich Gottes nur zukünftig,
würde die Gegenwart zum Durchgang für bessere Zeiten.

62. Ein Gedanke und Begriff des japanischen Neutestamentlers Takashi Onuki, Jesus, Neukirchen 2006.

Traurig wäre es für alle,
die es nicht mehr erleben.
Verzichtete man auf die Zukunftshoffnung,
würde die Zukunft entwertet,
auf die Arme und Leidende hoffen.
Traurig wäre es für alle,
die in der Gegenwart vom Reich Gottes nichts spüren.

Auch in ihrer Erfüllung bleiben Utopien unerfüllt.
Auch die Glücklichen der Zukunft werden Probleme haben –
Verlustängste, die umso größer sind,
je mehr sie verlieren könnten.
Sie haben keinen Vorteil vor denen,
die in der Gegenwart
die ersten Schritte
ins Reich Gottes tun.

Das Reich Gottes ist eine Utopie.
Ausländer draußen
und Deklassierte drinnen
sind privilegiert in ihm.
Wir halten an dieser Utopie fest
trotz aller Enttäuschungen.
Wenn Bilanz gezogen wird,
wird sich Gott auf die Seite derer stellen,
die sich eingesetzt haben
für sein Reich.

192.

Was dürfen wir realistisch hoffen für eine erneuerte Gesellschaft?

Wie viel Hoffnung steckt im Seufzen der Kreatur,
die sich nach Erlösung sehnt!
Die Sehnsucht, die den Menschen erfasst,
lebt in allen Kreaturen.
Es ist die Sehnsucht Gottes
nach seinem Ebenbild.
Es ist die Hoffnung des Menschen
auf Freiheit der Kinder Gottes.

Es ist das Seufzen des Heiligen Geistes
in allen Menschen.

Diese Hoffnung ist zu jung,
als dass man sie verwerfen darf.
Wenn seit Entstehung des Lebens ein Tag verstrichen ist,
wäre der Mensch vor Mitternacht erschienen.
Wenn man die Zeit seit seinem Erscheinen misst,
entstand das Christentum in der letzten Sekunde!
2000 Jahre sind eine zu kurze Zeit,
um die Hoffnung zu testen,
die damals in die Welt trat.

Hätte der Neandertaler für möglich gehalten,
dass Menschen Technik hervorbringen?
Hätte es die Antike für möglich gehalten,
dass Sklaverei als Verbrechen gilt?
Hätte man sich vor 200 Jahren vorstellen können,
dass die Todesstrafe geächtet wird?
Hätte man vor 100 Jahren daran glauben können,
dass Kinder ohne Prügel erzogen werden?
Schon deswegen ist die Hoffnung auf Überwindung
von Krieg, Armut und Unfreiheit
zwar Hoffnung gegen die Geschichte,
nicht aber Hoffnung
gegen die Vernunft.

Doch müssen wir realistisch bleiben:
Dunkel bleibt, was wirklich anders werden kann.
An manchen Hoffnungen
halten wir aus Selbstachtung fest.
Auch wenn wir das Unheil nicht ändern können
und kein Zeichen erkennbar ist,
das Änderung ankündigt,
wollen wir ihm die Zustimmung verweigern.
Darin spüren wir den Geist,
dass wir trotz allem
glauben, hoffen und lieben.

Das Wirken des Geistes im Glauben

193.

Wie wirkt der heilige Geist im einzelnen Menschen?

GOTT IST GEGENWÄRTIG
IM GLAUBEN
ALS UNBEDINGTEM VERTRAUEN.
Glauben kann sich nicht aus der Welt begründen.
Aber ein Senfkorn von ihm ist genug,
um Krisen in der Welt durchzustehen.
Glaube gibt festen Halt jenseits unsrer selbst,
so dass wir in allem Wandel
dieselben bleiben,
obwohl wir Fragment sind.
Glaube ist Rechtfertigung des Menschen,
der sein Leben nicht rechtfertigen kann.
Im Glauben werden vergängliche Menschen
durchdrungen von Gottes Geist.
Ohne Glauben verliert sich
das ICH.

GOTT IST GEGENWÄRTIG
IN DER HOFFNUNG
ALS UNBEDINGTER ZUVERSICHT.
Hoffnung *für die Welt* überwindet
unsere egoistischen Wünsche.
Wir hoffen für andere,
was wir selbst nicht mehr erleben.
Hoffnung *für uns* vertraut darauf,
für immer geborgen zu sein in Gottes Geist –
wir wissen selbst nicht wie.
Hoffnung *für uns und die Welt* ist Zuversicht,
dass Gottes Geist die Welt durchdringt.
Sie hofft auf Rechtfertigung Gottes
angesichts von Leid und Tod.
Ohne Hoffnung stirbt
die WELT.

Gott ist gegenwärtig
in der Liebe
als unbedingter Bejahung.
Liebe kann sich niemand selber geben.
Niemand kann sich selbst annehmen,
ohne angenommen zu sein.
Zuerst sind wir ein Echo der Liebe anderer.
Dann werden wir aktive Mitspieler
im Austausch von Achtung und Liebe.
Am Ende entdecken wir,
dass Liebe Gottes Wesen ist:
»Gott ist Liebe.«[1]
Liebe braucht keine Rechtfertigung.
Sie hat ihren Sinn in sich.
Ohne Liebe verfehlen sich
ICH und DU.

Glaube, Hoffnung, Liebe
sind Gottes Gegenwart im Menschen.[2]
Glaube rechtfertigt den Menschen.
Hoffnung rechtfertigt Gott.
Nur die Liebe rechtfertigt sich nicht.
Sie ist die größte unter ihnen.
Durch sie bejahen wir die Welt,
den Nächsten und das Leben.
Gottes Geist ist
Lebensbejahung.

194.

Was ist Glauben?

Glauben ist unbedingtes Vertrauen.
Er vertraut nicht auf dieses und jenes in der Welt,
sondern auf den Grund der Welt.
Glauben schafft Vertrauen ins Leben,
zu anderen Menschen
und zu sich selbst.

1. 1 Joh 4,16.
2. Vgl. 1 Kor 13,13.

Ohne Vertrauen ins Leben
kann niemand die Straße betreten.
Jederzeit kann uns ein Dachziegel erschlagen,
ein Auto überfahren,
ein Krimineller überfallen.
Wir vertrauen darauf, dass alles gut geht.
Ein Beobachter könnte denken:
Menschen mit Lebensvertrauen handeln so,
als seien sie mit einer Macht verbündet,
die alles weiß und alles vermag
und die Welt wohlwollend eingerichtet hat.

Ohne Vertrauen in Menschen
kann niemand zusammenleben.
Wir müssen anderen vertrauen,
dass sie Zusagen halten,
Wissen diskret behandeln,
Überlegenheit nicht ausnutzen.
Menschen entsprechen unseren Erwartungen,
wenn wir ihnen vertrauen.
Vertrauen hilft ihnen, sich zu verändern.
Auch der Glaube hat solch eine produktive Kraft:
»Ein Senfkorn Glaube kann Berge versetzen.«[3]
Der Mensch verändert sich,
Gott wird für ihn ein anderer.
Umso mehr verletzt
enttäuschtes Vertrauen
und stürzt in Anfechtung.

Ohne Vertrauen in uns selbst
können wir die Krisen des Lebens nicht bestehen.
Selbstvertrauen können wir nicht selber schaffen.
Wir erhielten es, weil andere
uns etwas zugetraut haben,
als wir noch Kinder waren.
Das hilft im ganzen Leben,
Krisen des Vertrauens zu überstehen.
Auch der biblische Glaube ist Krisenglaube:

3. Mt 17,19.

Er ist ein Mut zum Leben,
der gekreuzigt und begraben wird,
um immer wieder
ex nihilo aufzuerstehen.

Vertrauen in Gott
unterscheidet nach Luther Gott und Götze:
»Ist der Glaube und das Vertrauen recht,
ist auch Dein Gott recht,
Ist das Vertrauen falsch und unrecht,
da ist auch der rechte Gott nicht.
Denn die zwei gehören zusammen,
Glaube und Gott.
Worauf Du Dein Herz hängst
und dich verlässt,
das ist eigentlich Dein Gott.«[4]

Glauben ist unbedingtes Vertrauen.
Er vertraut nicht auf etwas in der Welt,
sondern auf den Grund der Welt:
auf Gott.

195.

Was erschüttert unser Vertrauen in andere?

Weil wir gelernt haben,
freundlich zu sein,
wollen wir nicht glauben,
wie sehr wir verstrickt sind in das Leiden anderer.
Andere sind benachteiligt
durch Verteilung von Lebenschancen:
Sie haben weniger Möglichkeiten,
Essen, Medizin und Bildung zu erhalten.
Strukturelle Gewalt verkürzt ihr Leben.

Oft schaden wir einander direkt
in kleinen Konflikten:

4. Paraphrasiert nach M. Luther, Großer Katechismus. Das erste Gebot.

Warum werden so viele Alltagskriege geführt?
Warum bringen sie Menschen zur Verzweiflung?
Ein schwacher Trost ist,
dass die großen Kriege schlimmer wären.
Denn auch im Alltag wird
aufgerüstet und verleumdet,
spioniert und sabotiert,
kapituliert und vernichtet.
Würden sich Kleinkriege organisieren,
hätten wir den großen Krieg.
Es ist ein Glück,
dass unsere Bosheit meist
in kleinen Bosheiten verpufft.

Dass der Mensch
im Umgang mit anderen Menschen harmlos sei,
ist ein ganz und gar nicht harmloses
Gerücht.

196.

Was erschüttert unser Selbstvertrauen?

Weil wir früh lernen,
unsere Interessen zu wahren,
wollen wir nicht wahrhaben:
Wir schaden uns durch destruktives Verhalten.
Wir leben gegen uns selbst.
Wir sind unser schlimmster Feind.
Alles was wir exzessiv betreiben,
zerstört unsere Freiheit.
Uns treibt die Gier nach Geld und Anerkennung,
Macht und Genuss,
Sex und Alkohol,
Arbeit und Leistung.
Warum machen wir selbst das,
was in Maßen nutzt und erfreut,
so oft zum Gefängnis, in das wir uns einsperren –
und meist auch einige Mitmenschen,
mit denen wir verbunden sind?

Dass der Mensch
im Umgang mit sich selbst harmlos sei,
ist ein Gerücht,
das ganz und gar nicht harmlos ist.

— 197. —

Was erschüttert unser Vertrauen in Regeln?

Weil wir gelernt haben, anständig zu sein,
wollen wir oft nicht erkennen:
Im Alltag werden Recht und Anstand ständig beschädigt.
Für viele Menschen ist es Lebensklugheit,
in Maßen zu betrügen,
zu manipulieren und einzuschüchtern,
Regeln zu unterlaufen.
Ihre Rechtfertigung ist, dass alle es tun.
In Wirklichkeit ist es Korruption
in fortgeschrittenem Zustand,
wenn Korruption als Regel unterstellt wird,
um die eigene zu rechtfertigen.

Aber wenn wir die Moral hochhalten,
versuchen wir nicht auch dann,
in subtiler Weise unsere Nächsten zu beherrschen?
Geht es uns mehr um unsere Überlegenheit
als um das Recht?
Oder können wir uns den »Luxus« erlauben,
moralisch zu sein,
weil wir ohne Sorgen leben
und uns nicht verbiegen müssen?

Dass der Mensch harmlos sei,
weil er Recht und Regeln gelernt hat,
ist ein ganz und gar nicht harmloses
Gerücht.
Wir tun mit guten Absichten
Böses.

— 198. —

Was erschüttert unser Vertrauen in die Moral?

MORAL VERWANDELT SICH IN UNMORAL,
selbst wenn wir guten Willens sind,
die Grundlagen der Moral zu achten:
Achtung vor Regeln,
Achtung vor Anderen,
Achtung vor uns selbst.
Wir können jedes dieser Ziele
nur auf Kosten anderer verfolgen:

Wer mit dem kategorischen Imperativ
die Straße von Bettlern leer fegt,
tut denen Unrecht,
die gestrandet sind.
Er verletzt die Achtung vor Menschen.

Wer Menschen vor Ausweisung rettet,
muss durch Kirchenasyl Gesetze brechen,
die legal entstanden sind.
Er verletzt die Achtung vor Regeln.

Wer nur für andere da ist
und seine Gaben nicht entwickelt,
auch seine Gaben zu Spott und Satire,
verletzt die Achtung vor sich selbst.
Doch wer Selbstverwirklichung
mit moralischem Pathos betreibt,
verletzt andere noch mehr,
als wenn er schlicht egoistisch ist!

MORAL VERWANDELT SICH IN UNMORAL:
Heuchelei preist öffentlich die Normen,
die sie heimlich bricht.
Korruption wird öffentlich bekämpft, diskret verübt.
Wenn du integer bleiben willst, läufst du Gefahr,
durch Moralismus unmoralisch zu werden:

Deine Empörung fördert die Heuchelei,
die öffentlich die Normen hochhält,
um im Schutze solcher Empörung
sie heimlich zu übertreten.

Moral verwandelt sich in Unmoral:
Eine Gesellschaft verträgt etwa 20 Prozent Normverstöße,
wenn 80 Prozent den Regeln folgen.
Wer hat schon die Gelassenheit,
zu denen gezählt zu werden,
die andere für dumm halten,
weil sie die Regeln befolgen?
Mache dir immer klar:
Je größer deine 80-prozentige Moral ist,
umso mehr ermöglichst du
die Unmoral der 20 Prozent.
Und dabei hast du noch nicht einmal
die 20 Prozent in dir hinzugerechnet,
die krumme Dinge tun.

Moral verwandelt sich in Unmoral:
Du tust oft nichts, wo du handeln könntest.
Und wenn du handelst,
kannst du unmöglich alles tun.
Die Entscheidung für das eine gute Werk
ist Entscheidung,
Gutes anderswo zu unterlassen.
Niemand kann alles tun.
Aber Unterlassungssünden werden umso größer,
je mehr du kompetent bist,
Gutes zu tun.

Moral schlägt um in Traurigkeit:
Moral bringt in Kontakt mit Gott durch
Achtung vor Regeln,
Achtung vor Anderen,
Achtung vor sich selbst.
Aber statt durch moralisches Handeln
Gott nah zu kommen,
entfremden wir uns von ihm.
Moral schafft keine Liebe.

Denn erst kommt die Liebe,
dann kommt die Moral.
Moral schafft keinen Glauben.
Denn erst kommt die Liebe,
dann kommt der Choral.[5]
Mit Paulus erkennen wir am Ende:
»Ich tue nicht, was ich will,
sondern was ich hasse.«[6]

199.

Wann wird moralische Selbstbeherrschung zur Selbstunterdrückung?

Paulus sagt:
Der Mensch ist FLEISCH.
Fleisch bedeutet Feindschaft gegen Gott,[7]
und Aggression gegen Menschen.
Fleisch bedeutet Fressen und Gefressenwerden.[8]
Sich nach dem Fleisch richten ist Sünde.
Paulus fordert:
Das Fleisch muss gekreuzigt werden.[9]
Gewiss forderten auch stoische Philosophen
die Überwindung aller Affekte.
Aber haben solche radikalen Forderungen
nach Selbstbeherrschung
nicht das Leben vergiftet
durch Leibfeindlichkeit?

Doch Paulus sagt auch:
Euer LEIB ist ein Tempel,
erfüllt von Gottes Geist.[10]
Euer Leib ist ein lebendiges Opfer,
das anderen dient.[11]

5. Nach dem Kabarettisten Hanns Dieter Hüsch (1925-2005).
6. Röm 7,15.
7. Röm 8,7.
8. Gal 5,15.
9. Gal 5,24.
10. 1 Kor 6,19.
11. Röm 12,1f.

Euer Leib ist ein Glied im Leib Christi,
der Schwachen hilft.[12]

Der Leib ist Leben
in Liebe und Gemeinschaft.
Das Fleisch ist Leben
in Hass und Konflikt.
Nur das Fleisch soll gekreuzigt werden.
Kreuz und Auferstehung gehören zusammen.
Wer das Fleisch kreuzigen will,
will es nicht vernichten,
sondern hofft auf seine Auferstehung
als Leib.

200.

Wann wird Sündenbewusstsein zur Sünde?

Sündenbewusstsein ist moralischer Schmerz.
Schmerz ist ein Warnlicht,
ohne das kein Organismus
Verletzungen überleben kann.
Moralischer Schmerz
warnt vor Verletzungen der Gerechtigkeit.
Ohne Gerechtigkeit
können Menschen verhungern und verdursten.
Selig sind, die hungern und dürsten nach Gerechtigkeit![13]
Ohne sie kann keine Gesellschaft überleben.

Jede Gesellschaft braucht Menschen,
die moralisch schmerzempfindlich sind.
Institutionen und Staaten haben kein Gewissen,
es sei denn, Menschen verleihen ihnen ihre Stimme.
Wir brauchen Propheten,
die Ungerechtigkeit aufdecken.

12. 1 Kor 12,12-27.
13. Mt 5,6.

Moderne Moralisten sagen freilich gerne,
Sündenbewusstsein mache Menschen klein,
damit sie von Priestern abhängig werden.
Doch das Sündenbewusstsein war eine Waffe gegen die Priester.
Zu offensichtlich waren sie in Sünden verstrickt.
Sie verloren Respekt.
Oft wurde Sündenbewusstsein zur Kritik der Herrscher:
Zu sehr waren sie in Laster verstrickt.
Sie verloren Anerkennung.

Trotzdem sagen moderne Moralisten gerne,
Moral vergifte das Leben.
Das Gewissen lähmt.
Sündenbewusstsein schade der vollen Entfaltung des Lebens.
Diese These war auch unter denen verbreitet,
die den Holocaust planten.[14]
Missachtung des Gewissens war Programm.
Zu wenige warnten,
noch weniger wurden gehört.
Ausmerzung der Schwachen galt als Naturgesetz,
Ermordung von Juden als nationale Pflicht,
Unterdrückung von Nachbarvölkern als Weltmission.
Die Unmenschlichkeit hatte in den Köpfen
schon lange begonnen,
ehe sie fabrikmäßig durchgeführt wurde.
Eine Nation verlor ihr Gewissen.
Das Unvorstellbare geschah.
Hätte doch damals
mehr Sündenbewusstsein
durch moralischen Schmerz
gelähmt!

14. Hermann Rauschning berichtet von Aussagen Adolf Hitlers aus dem Jahr 1943: »Dieses teuflische ›Du sollst, du sollst!‹. Und dieses dumme ›Du sollst nicht!‹ Es muss heraus aus unserem Blut, dieser Fluch vom Berge Sinai! Dieses Gift, mit dem sowohl Juden wie Christen die freien, wunderbaren Instinkte des Menschen verdorben und beschmutzt und sie auf das Niveau hündischer Furcht herabgedrückt haben.« (zit. n. M. Köckert, Die zehn Gebote, München 2007, 7). Rauschning kann nicht als Zeuge für wörtliche Äußerungen Hitlers dienen, wohl aber für allgemeine Grundzüge seiner Weltanschauung.

Sündenbewusstsein wird Sünde,
wo es nicht mehr warnt,
damit wir Gefahren abwenden können,
sondern so lähmt,
dass wir nicht einmal mehr
gegen die Sünde
protestieren.

201.

Wie wurde der Glaube Kraft zur Überwindung von Krisen?

Paulus kennt vier Krisen,
die der Glaube bewältigt:
die Krise des Lebens,
die Krise der Moral,
die Krise des Gesetzes
und die Krise der Weisheit.

EINE KRISE DES LEBENS
erleidet Abraham.
Ihm waren viele Nachkommen verheißen.
Doch er blieb kinderlos.
Er war zu alt zur Zeugung,
Sara zu alt, um zu empfangen.
Dennoch erhielten sie einen Sohn.
Abrahams Glaube ist Vertrauen ins Leben.
Er glaubte »Gott, dass er die Toten lebendig macht
und das Nichts ins Sein ruft.«[15]
Warum aber schweigt Paulus
von Abrahams Bereitschaft,
den Sohn zu opfern?
Meist galt das als Beweis seines Glaubens.

Auch die KRISE DER MORAL
wird an Abraham gezeigt:
»Sein Glaube wurde ihm zur Gerechtigkeit *angerechnet*.«[16]

15. Röm 4,17-21.
16. Gen 15,6 = Röm 4,3.

Ein Psalm sagt dazu mit demselben Wort:
»Selig der Mann, dem der Herr die Sünde *nicht anrechnet*.«[17]
Paulus folgert aus beiden Sätzen:
Abraham wurden wegen seines Glaubens
Sünde nicht angerechnet.
Was war seine Sünde?
War es seine Feigheit,
als er Sara in Ägypten verleugnete und gefährdete?[18]
War es seine Bereitschaft,
seinen eigenen Sohn zu töten?[19]

Die Krise des Gesetzes
ist der Zweifel, dass das Gesetz Gutes bewirkt.
Kein Mensch kann es erfüllen.
Kann es überhaupt zum Heil führen?
Paulus verkündigt einen anderen Weg:
»Der Mensch wird gerecht ohne des Gesetzes Werke
allein durch Glauben.«[20]
Das Gesetz führt den Menschen auf einen falschen Weg.
Paulus war selbst auf ihn geraten,
als er vom Gesetz getrieben Christen verfolgte.
Er bezichtigt sich, ein »Eiferer« gewesen zu sein,
bereit, auch andere zu töten,
wenn sie heilige Normen in Frage stellen.
Die Krise des Gesetzes stellt alle Moral in Frage:
das jüdische Gesetz,
die griechische Ethik
und auch die christliche Moral.
Alle können zum Eifern verführen.

Die Krise der Weisheit
wird durch das Wort vom Kreuz provoziert.[21]
Griechen suchen Spuren Gottes im Kosmos.
Juden suchen Spuren Gottes in der Geschichte.
Kosmos- und Geschichtstheologie haben dieselbe Struktur.

17. Ps 31,1 f. = Röm 4,8.
18. Gen 12,10-20.
19. Gen 22,1-19.
20. Röm 3,28.
21. 1 Kor 1,18-25.

Gott wird aus der Welt erschlossen.
Das Kreuz durchkreuzt beide Wege
als Ärgernis und Torheit.

Biblischer Glaube ist durch Krisen geprägt.
Er ist Vertrauen an der Todesgrenze.
So grundlos wie unsere physische Existenz ist,
so grundlos ist der Sinn des Lebens.
Glaube ist *creatio ex nihilo.*

202.

Wie wurde der Glaube des Neuen Testaments zur rettenden Kraft?

Allein der Glaube macht gerecht.
Durch ihn erhält der Mensch
unbedingte Anerkennung vor Gott,
unabhängig von seinem Tun,
unabhängig von Erfolg und Versagen,
von Weisheit und Torheit,
von Status und Herkunft.
Unabhängig von seinem Verhalten
ist der Mensch unendlich viel wert
jetzt und in Ewigkeit.

Der Brief an die Römer entfaltet diese Botschaft
in einer Kette von Bildern.
Jedes Bild endet in einem Dilemma,
das nach einem neuen Bild verlangt,
um dann aufs Neue zu scheitern.

Von Jugend an war Paulus der Grundsatz vertraut:
Wer das Gesetz erfüllt, wird von Gott anerkannt.[22]
Das Bild vom gerechten Richter ist jüdischer Humanismus:
Gott traut dem Menschen zu,
das Gute zu tun,
das Böse zu verwerfen.
Paulus aber stellt fest:

22. Röm 1,18-3,20.

Alle scheitern beim Tun des Guten.
Alle müsste Gott zum Tod verurteilen
nach seinem Gesetz.

Ein zweites Bild antwortet auf dieses Dilemma:
Gott will Menschen aufgrund von Glauben gerecht sprechen,
obwohl sie alle Sünder sind.[23]
Das Bild vom Freispruch ist radikale Barmherzigkeit.
An sich ist es ein Vergehen,
Schuldige frei zu sprechen
und Gerechte zu benachteiligen.
Wenn aber alle Sünder sind,
wird niemand benachteiligt.
Gottes Freispruch kommt allen zugute.
Gott bleibt gerecht.
Das neue Dilemma aber ist:
Warum soll sich der Mensch noch anstrengen, Gutes zu tun,
wenn Gott ihn auf jeden Fall freispricht?

Paulus antwortet auf dieses Dilemma mit dem dritten Bild,
dem Bild von Verwandlung:[24]
Menschen sterben in der Taufe mit Christus,
Sie lassen die Sünde hinter sich
wie ein Verstorbener sein Leben endgültig verlassen hat.
Sie können so wenig sündigen,
wie ein Toter ins Leben zurück kann.
Der verwandelte Mensch tut spontan das Gute,
wie ein guter Baum gute Früchte hervorbringt.[25]
Die Taufe befreit ihn von der Sünde.
Er ist ein neuer Mensch.
Was ist aber dann mit Juden
und allen anderen Menschen,
die nicht getauft sind?

Dieses Dilemma führt zum vierten Bild des Heils,
dem Bild der Erwählung.
Heil ist in Erwählung begründet.[26]

23. Röm 3,21-5,21.
24. Röm 6-8.
25. Vgl. Mt 12,33-35.
26. Röm 9-11.

Gott hat Menschen,
bevor sie geboren wurden,
bevor sie handeln und glauben konnten,
bevor sie irren und versagen konnten,
zum Heil erwählt.
Er kann mitten in der Geschichte
eine neue Wahl treffen.
Ein Volk, das nicht sein Volk war,
kann er zu seinem Volk machen.[27]
Auch wenn Juden nicht an Christus glauben
und Feinde des Paulus sind,
kann er sie erwählen und wird es tun.
Durch eine Erscheinung vom Himmel
wird er alle Juden genauso überzeugen,
wie er den Juden Paulus
durch seine Erscheinung vor Damaskus überzeugt hat,
als er noch Feind der Christen war.
Gott wendet sich dem Menschen zu
unabhängig davon,
ob der Mensch sich zu ihm wendet.
»Ganz Israel wird so gerettet.«[28]

Wir würden bei Paulus gerne lesen:
Alle Menschen werden so gerettet.
Dieses Dilemma hat Paulus nicht beantwortet.
Wenn alle in Israel gerettet werden,
die das Evangelium bekämpfen,
müssten eigentlich auch alle Heiden gerettet werden,
die das Evangelium nicht kennen oder ablehnen.
Paulus sagt es nicht mit direkten Worten.
Doch hat man Paulus später richtig verstanden,
als jemand in seinem Namen schrieb:
Gott will, »dass *alle* Menschen gerettet werden
und zur Erkenntnis der Wahrheit kommen.«[29]
Hat Paulus das andeuten wollen, als er sagte:
Adam war der Stammvater *aller* Menschen,
Christus war der Stammvater einer neuen Menschheit?[30]

27. Röm 9,25 = Hos 2,25.
28. Röm 11,26.
29. 1 Tim 2,4.
30. Röm 5,12-21.

Sind nicht *alle* Menschen dazu bestimmt,
zur geretteten Menschheit zu gehören?
Hat er diese Überzeugung nicht öffentlich vertreten,
als im Philipperhymnus am Ende alle Wesen
im Himmel, auf Erden und unter der Erde
Jesus und Gott loben?[31]

Am Ende des Römerbriefs kehrt Paulus
auf jeden Fall zu seiner ersten Heilslehre zurück.[32]
Heil geschieht dadurch,
dass wir das Gute tun.
Doch ist das gute Handeln
nicht mehr Bedingung des Heils,
sondern seine Folge.
Menschen ehren aus Dankbarkeit
Gott mit guten Taten.
Am Ende erneuert Paulus für alle Menschen
den jüdischen Humanismus,
in dem er aufgewachsen war:
Der antwortet auf Gottes Ruf
mit guten Taten
und vertraut darauf,
dass Gott sie akzeptiert.

203.

Gibt der Glaube Lebensfreude?

Glaube ist Dankbarkeit für das Leben.
Wer sich nicht freuen kann,
kann niemandem Freude bereiten.
Wer nicht Essen und Trinken genießt,
steht in Gefahr, depressiv zu werden
und unfähig, Verantwortung zu übernehmen.
Er kann niemandem helfen,
sondern ist auf Hilfe angewiesen.

31. Phil 2,10 f.
32. Röm 12-15.

Umgekehrt gilt:
Verantwortliche Arbeit steigert den Genuss.
Wer an einer Sonate arbeitet, bis alle Passagen gelingen,
erlebt größere Freude, als wer sie nur abspielt.
Direkt angestrebter Genuss zerfällt direkt.
Indirekter Genuss, der sich bei harter Arbeit einstellt,
wirkt umso länger.

In beide Richtungen gilt:
Solange wir nur genießen,
um danach Verantwortung zu übernehmen,
oder arbeiten, um später mehr zu genießen,
leben wir nicht in der Gegenwart.
Dankbarkeit empfängt alles um seiner selbst willen.
Dankbarkeit ist religiöser Hedonismus.
Wer sich von Dankbarkeit durchfluten lässt,
dem öffnen sich Oasen der Freude
hier und jetzt
in der Wüste des Lebens.

204.

**Ist der Mensch nicht viel zu verdorben,
um mit Freude Gutes tun zu können?**

Der Mensch ist tief verdorben.
Aber ebenso stimmt:
Der Mensch tut gerne Gutes.
Beides ist kein Widerspruch.
Das eine bedingt das andere.
Der Mensch ist so verdorben,
dass er sich nicht mehr ausstehen könnte,
wenn er nicht hin und wieder
ein guter Mensch sein darf.
Daher sind wir dankbar
für manche Gelegenheit, Gutes zu tun.
Es gibt keinen Grund zu resignieren,
uns zum Guten zu motivieren,
nur weil wir böse sind.

»Ihr, die ihr böse seid,
könnt euren Kindern Gutes tun.«[33]

Das ganze Jahr jagen wir dem Geld nach
in einem abstoßenden System,
das wenige reich und viele ärmer macht.
Doch einmal im Jahr wollen wir mit Geld etwas Gutes tun:
Wir kaufen Weihnachtsgeschenke für die Kinder,
spenden für Misereor und Brot für die Welt,
für Amnesty International und Pro-Asyl,
für Straßenkinder und Leprakranke
(anrechnungsfähig für die Steuern).
Diese kleine Lust am Tun des Guten
mitten in der bösen Welt
sollten wir nicht ganz
verkommen lassen.

205.

Gibt Glaube unserem Leben Identität?

Ich denke, also bin ich,
sagt der Philosoph Descartes.
Ich küsse, also bin ich,
sagt der Dichter Heinrich Heine.[34]
Ich kaufe, also bin ich,
sagt der *homo oeconomicus* unserer Zeit.

Ein Problem bleibt:
Wenn ich heute denke, folgt daraus,
dass ich derselbe bin, der gestern dachte?
Und wenn ich küsse, bin ich unverwechselbar derselbe,
der vor langer Zeit den ersten Kuss gab?
Wird Identität über die Zeit hinweg
nur durch Zahlungsverpflichtungen geschaffen?

33. Vgl. Mt 7,11.
34. Heinrich Heine, Atta Troll, Caput 13: »Und ich machte den Vernunftbeschluß: / Ja. ich küsse, also leb ich!«

Daher ein letzter Vorschlag:
Ich glaube, also bin ich.
Die Moleküle meines Körpers werden alle sieben Jahre ausgewechselt.
Meine Gedanken verändern sich schneller, als ein Jahr vergeht.
Mein Geld wechselt den Besitzer jeden Monat.
Manche Gefühle verfliegen so schnell,
dass ich mir fremd werde von Stunde zu Stunde.
Aber ich glaube an Gott,
der derselbe ist von Ewigkeit zu Ewigkeit.
Ich denke, also bin ich kein Traum.
Ich liebe, also bin ich für andere wirklich.[35]
Ich denke, liebe und glaube,
also bin ich identisch
für mich und für andere
vom Anfang bis zum Ende des Lebens.

— **206.** —

Ist das Gebet ein Selbstgespräch?

Es gibt viele Formen des Gebets.
Alle haben verändernde Kraft.

Es gibt eine Kontemplation über Welt und Leben,
die ist voll Dankbarkeit,
weiß aber nicht, wohin mit ihr.
Der Mensch erkennt:
Er ist zum Loben bestellt.
Sein Lob steigt in einen unbekannten Himmel auf.

Es gibt eine Kontemplation,
die auf die Wunder des Lebens
oder Risse im Alltag reagiert.
Etwas hat uns berührt oder verstört
und will eingelassen werden.
Unser Selbstgespräch ist Antwort auf einen Ruf.

35. Diesen Satz verdanke ich Hans Joachim Eckstein, Du liebst mich – also bin ich, Holzgerlingen 1989 [15]2009.

Es gibt eine Kontemplation,
die Teil eines umfassenderen Selbstgesprächs wird.
Gottes Geist spricht in uns Worte,
die wir nicht durchschauen:
»Denn wir wissen nicht, was wir beten sollen, wie sich's gebührt;
sondern der Geist selbst
vertritt uns mit unaussprechlichem Seufzen.«[36]

Es gibt eine Kontemplation im Angesicht eines DU.
Gott ist anwesend.
Er hat alles geschaffen,
auch die Gedanken, die sich auf ihn richten,
auch das Ich, das sich zu ihm wendet,
auch die Fähigkeit zu sprechen.
Wir sprechen anders, wenn wir wissen,
jemand kann uns hören.
Wir denken anders, wenn wir wissen,
jemand stellt uns zur Rede.
Wir werden andere Menschen, wenn uns bewusst wird:
Wir sind geschaffen.

Es gibt ein Gebet,
das nur Klarheit darüber will,
was der Beter tun soll.[37]
Er bittet um Gelassenheit,
Dinge hinzunehmen,
die er nicht verändern kann.
Er bittet um Mut,
Dinge zu ändern,
die er ändern kann.
Er bittet um Weisheit,
das eine vom andern zu unterscheiden.
Dieses Gebet hat seine Erfüllung in sich.

Es gibt ein Gebet,
verschont zu werden von Unglück.

36. Röm 8,26.
37. Nach dem bekannten »Gelassenheitsgebet«, das auf den Theologen Reinhold Niebuhr (1892-1971) zurückgeführt wird, aber auf älteren Motiven und Quellen basiert.

Niemand weiß, was geschehen wird.
Wenn das Flügelschlagen eines Schmetterlings
ein Gewitter auslösen kann,
was können da Worte auslösen?

Bei allen Bitten gilt: »nicht, was ich will,
sondern was du willst.«[38]
Für jede Erhörung gilt:
»Lass dir an meiner Gnade genügen.«[39]

Jesus betete vergeblich um Rettung,
Paulus vergeblich um Heilung.
Die beiden bekanntesten Gebete im Neuen Testament
blieben unerfüllt.
Sie waren nicht vergeblich.
Welche gewaltige Kraft
ging vom gekreuzigten Jesus aus,
welche Wirkung
vom schwachen Paulus,
als wollten uns beide lehren:
Glück kann man schenken,
auch wenn man es nicht hat.[40]

38. Mk 14,36.
39. 2 Kor 12,9.
40. Nach Ricarda Huch (1864-1947): »Glück ist etwas, was man geben kann, ohne es zu haben.«

Das Wirken des Geistes in der Liebe

207.

Wie kann der Glaube zur Liebe motivieren?

Wer Gutes tut,
weil es gefordert ist,
verfehlt die Liebe,
die niemand befehlen kann.
Liebe ist wie das Leben.
Wir können sie nicht schaffen,
wir können sie nur zerstören.
Doch wenn sie einmal da ist,
sind wir dafür verantwortlich,
sie zu erhalten.

Liebe ist zuerst Empfangen,
dann ein Weitergeben.
Liebe ist zuerst ein Sein,
und dann ein Tun.
Der gute Baum bringt gute Frucht hervor,[1]
die gute Quelle frisches Wasser,
aus guten Menschen strömt spontan die Liebe.
Kein Gebot und kein Gesetz
trennen die Liebe von Gott.
Jedes Gebot müsste Angst machen,
weil man es vielleicht nicht erfüllen kann,
sonst wäre es kein Gebot.
Jedes Gesetz wäre versteckte Herrschaft,
weil es sich auch gegen Widerstand durchsetzen muss,
sonst wäre es kein Gesetz.
Keine Moral und kein Moralismus
dürfen die Liebe von Gott trennen.

1. Vgl. Mt 12,33-35.

Martin Luther erkannte:[2]
Gott will den erneuerten Menschen nicht beherrschen.
Gott will ihn nicht durch Gebote lenken
und nicht durch Angst bewegen.
Gott will sich mit ihm vereinen
und ihn verwandeln
zu einem neuen Leben
in einer Liebe
jenseits der Moral.

Luther spricht davon in mystischen Bildern.
Die Seele ist wie eine Braut,
Jesus ist ihr Bräutigam.
Er wirbt um sie.
Sie muss nur Ja zu seiner Liebe sagen.
Ihr Jawort ist der Glaube.
Christus lebt in der menschlichen Seele,
die Seele lebt in Christus.
Beide vereinigen sich in Liebe
und werden ein Geist und ein Leib.
Die Seele bringt unendlich große Schulden in die Ehe,
ihr Bräutigam besitzt einen noch größeren Schatz.
Der Mensch überschreibt seine Schulden auf Christus,
Christus auf den Menschen seine Gerechtigkeit.
Das ist der »fröhliche Wechsel«:
Der Mensch wird frei von Schuld.
Christus hat sie übernommen.
Die Freiheit eines Christenmenschen
kennt keine Herrschaft mehr.
Freiheit wird geschenkt
als Herrschaftslosigkeit der Liebe.

Protestanten leben
in ihrem Herzen
in einer Innerlichkeitsanarchie[3]
jenseits der Moral.

2. Das Folgende nach M. Luthers Schrift: »Über die Freiheit eines Christenmenschen«.
3. Den Begriff »Innerlichkeitsanarchie« für die Sensibilität des Luthertums für eine radikale innere Freiheit verdanke ich meinem Kollegen Klaus Tanner. Man darf fragen, ob damit nicht die Bejahung starker Institutionen funktional zusammenhängt.

208.

Wozu sollen Gebote dann noch nützlich sein?

Gebote sind trotz allem nützlich
und unverzichtbar.

Erstens regeln sie das öffentliche Leben.
Das ist ihre politische Funktion,
auch *usus politicus* genannt:
Gebote fordern Achtung vor Regeln,
Achtung vor anderen,
Achtung vor sich selbst.
Christen und Nichtchristen müssen dem folgen.
Recht muss überall herrschen
als sanktionsbewehrte Moral,
um mit Zwang und Gewalt
ein Minimum von Normen durchzusetzen.

Gebote zeigen zweitens,
wie unvollkommen der Mensch vor Gott ist.
Sie sind ein Spiegel, um sich darin selbst zu sehen.
Das ist ihre theologische Funktion,
auch *usus theologicus* genannt.
In diesem Spiegel müssen alle vor Gott erkennen,
dass sie das Gesetz missachten,
andere Menschen verachten
und sich selbst verfehlen.
Keiner ist gerecht.
Keiner realisiert seinen Lebensentwurf.
Keiner wird seinem Nächsten gerecht.
Alle sind auf Gnade angewiesen.

Umstritten ist eine dritte Funktion der Gebote
für den bekehrten Menschen,
auch *tertius usus legis* genannt.
Gute Lutheraner sagen:
Der neue Mensch ist noch nicht ganz erneuert.
Er ist auch weiterhin
zugleich ein Sünder und Gerechter.
Was vom alten Adam als Sünder überlebte,

wird durch Gebote in Schach gehalten.
Das eigentliche Selbst im Menschen
lebt dagegen weiter
in einer Innerlichkeitsanarchie der Liebe
jenseits von Gesetz und Moral.
Die dritte Funktion des Gesetzes
ist nur Schadensbegrenzung am Rande des Ichs
zur Eindämmung des Bösen,
Gebote sind eine Altlast,
die der neue Mensch ertragen muss.
Gesetz und Evangelium sind Gegensätze.
Der Christ ist vom Gesetz befreit.

Wer so im Inneren frei ist,
lässt den Funken der Freiheit
nie erlöschen,
selbst wenn draußen Unfreiheit herrscht.

Reformierte widersprechen:
Das Gebot ist das größte Geschenk,
das Gott dem Menschen gegeben hat.
Der erneuerte Mensch erfüllt es
aus freien Stücken,
ohne inneren Zwang,
aus tiefer Dankbarkeit.
Es ist kein fremdes Gebot.
Durch Gottes Geist in uns
wird es zum eigenen Gebot.
Die dritte Funktion des Gesetzes
ist nicht Schadensbegrenzung,
sondern Selbstverwirklichung.
Das Gesetz formt den Menschen
in seinem Zentrum.
Gott macht ihn zum Mitarbeiter
bei der vernünftigen Gestaltung der Welt.
Das Gesetz ist eine Form des Evangeliums.
Christen werden zum Gesetz befreit.

Wer durch dieses Gesetz erwählt ist,
lässt den Funken der Freiheit
nicht nur im Inneren glimmen,

sondern trägt ihn hinaus
in die Welt.

Lutheraner und Reformierte
haben beide Recht:
Die einen betonen:
Wer Gutes tut, weil das Gebot es fordert,
verfehlt die Liebe,
die kein Gebot befehlen kann.
Die andern ergänzen:
Wer Gutes tut, weil das Gebot es fordert,
verfehlt die Liebe,
die kein Gebot befehlen kann –
es sei denn, das Gebot ist Ausdruck reiner Liebe.
Gott gab sein Gesetz aus Liebe.
Deswegen ist in ihm keine Unterdrückung
und keine Angst.
Das Gesetz ist keine Altlast aus vergangenen Zeiten,
es ist das allergrößte Geschenk.
Juden bezeugen bis heute
die Freude am Gesetz.[4]

Calvin und Luther,
Reformierte und Lutheraner,
können sagen:
Christen werden vom Gesetz befreit
als tötendem Buchstaben,
der von außen lenkt und bedrängt.
Christen werden zum Gesetz befreit
als lebendig machendem Geist,
der sich mit unserm Geist vereint
im fröhlichen Wechsel
der Liebe.

Katholische Mystik
hat das schon immer geahnt.

4. Vgl. Ps 119.

— 209. —

Was bedeutet Nächstenliebe im Alten Testament?

Die Nächstenliebe wurde im Alten Testament als Gebot entdeckt:
»Du sollst dich nicht rächen,
auch nicht deinen Volksgenossen etwas nachtragen,
sondern du sollst deinen Nächsten lieben wie dich selbst:
Ich bin der Herr.«[5]
Dieses Gebot gilt dem Armen und Tagelöhner,
dem Blinden und Tauben,
dem Fremden, der im Lande wohnt.[6]

Es ist nicht leicht,
in jedem Menschen den gleichwertigen Nächsten zu entdecken.
Die Nächstenliebe meint von Anfang an
Menschen, bei denen das schwer fällt:
den persönlichen Feind,
den sozial Schwachen,
den Armen und Behinderten.
Alle sollen wir lieben wie uns selbst.

Vor dem Gebot der Nächstenliebe
steht in der Bibel daher der Versöhnungstag.
Er überwindet Konflikte zwischen Menschen
und Sünde gegen Gott.[7]
Nächstenliebe wird möglich,
wenn das Gottesverhältnis immer wieder erneuert wird
und Menschen einander vergeben.

Nach dem Gebot der Nächstenliebe,
verheißt die Bibel am Ende des Buches das Jubeljahr,
das die Gleichheit des Besitzes wieder herstellt.[8]
Nächstenliebe wird möglich,
wenn der Besitz nicht ungleich verteilt ist.

5. Lev 18,17-18.
6. Lev 19,33 f.
7. Lev 16.
8. Lev 25.

Nur dann bleibt der »Nächste« ein Nachbar
mit gleichen Rechten.

Die Bibel lehrt im Alten Testament
durch Versöhnungstag und Jubeljahr:
Nächstenliebe fordert mehr als guten Willen,
sie fordert Strukturen,
die guten Willen
möglich machen.

210.

Was bedeutet Nächstenliebe im Neuen Testament?

Jesus stellt die Liebe ins Zentrum.
Liebe zu Gott
und Liebe zum Nächsten
sind die beiden wichtigsten Gebote.
Die Nächstenliebe wird ausgeweitet zur Liebe,
die auch Feinden, Fremden und Sündern gilt.
Die Nächstenliebe wird neu bestimmt als Liebe,
die auch Feinde, Fremde und Sünder üben.

Manche zweifeln an dieser Ausweitung der Liebe.
Oft wird die Feindesliebe privatisiert:
Nur der persönliche Feind sei gemeint,
nicht der kollektive Feind.
Nur der böse Nachbar im Dorf,
nicht die römischen Kohorten.
Warum aber wechselt das Gebot
vom Singular zum Plural.
Zuerst heißt es im Singular: *»Liebe deinen Nächsten!«*,
dann im Plural: *»Liebet eure Feinde?«*[9]
Warum ist von Feinden die Rede, die verfolgen?
Wer verfolgt, hat Macht.
Er kann Gewalt antun.
Hier sind auch Verfolger gemeint,
die Gruppen zwingen können.

9. Mt 5,43-48.

Ebenso wichtig ist:
Der Feind, der Fremde und der Sünder –
sie sind nicht nur Adressaten der Liebe.
Sie sind deren Subjekt:
Jesus sieht in ihnen Menschen,
die Liebe geben.

Der Hauptmann von Kapernaum gehört als Heide
zu den potentiellen Feinden des Volkes.
Aber von ihm heißt es:
Er liebt das jüdische Volk
und stiftet eine Synagoge.[10]

Der Samariter gehört zu den Fremden,
von denen man sich fern hielt.
Aber er übt Nächstenliebe.
Gefragt wurde nach dem,
den man als Nächsten lieben soll.
Aber nicht das Opfer
wird als Nächster bezeichnet,
sondern der Samariter,
der zum Nächsten wurde,
weil er ihm half.[11]

Die große Sünderin ist
auf Liebe und Barmherzigkeit angewiesen.
Aber gerade sie zeigt Jesus ihre Liebe,
küsst seine Füße und trocknet sie mit ihren Haaren.
Von ihr sagt Jesus:
»Sie hat viel geliebt.
Deshalb wird ihr viel vergeben.«[12]

Jesus lehrt:
Wir sollen in allen Menschen,
die unsere Liebe brauchen
auch Menschen entdecken,
die Liebe üben können.

10. So nur in der lk Version Lk 7,4 f..
11. Lk 10,25-37.
12. Lk 7,47.

Sonst demütigen wir durch Hilfe die,
die unsere Hilfe aufrichten soll.

211.

Was verlangt die Goldene Regel vom Menschen?

»Alles was ihr wollt,
dass die Menschen euch tun –
so tut auch ihnen!«[13]
Jesus verlangte nicht nur,
das Böse zu vermeiden,
sondern aktiv das Gute zu tun.
In dieser positiven Form
galt die Goldene Regel in der Antike
vor allem für Mächtige und Freunde.

Mächtige können Gutes tun,
sie haben die Mittel dazu.
Freunde tun sich gegenseitig Gutes
und erhalten viel zurück.
Jesus aber verlangt von *allen* Menschen,
so zu handeln,
als seien sie mächtig
und als sollten sie alle wie Freunde behandeln.
Diese Radikalität geht auf ihn zurück.

Die Goldene Regel wird immer wieder kritisiert.
Sie mache unsere Wünsche zum Maßstab dessen,
was wir andern tun.
Ist das nicht egozentrisch?
Darf man mit dröhnender Musik den Nachbarn beglücken,
wenn man laute Musik genießt?
Gewiss nicht.
Doch will uns die Goldene Regel lehren,
unsere Wünsche daran zu messen,
was andere von uns wünschen würden!

13. Mt 7,12. Zur Goldenen Regel vgl. W. Härle, Ethik, Berlin 2011, 174-179.

Empathie in fremde Wünsche
lässt die eigenen Wünsche anders sehen.

Die Goldene Regel wird kritisiert.
Wenn ein betrunkener Autofahrer
nach Hause fahren will,
sollen wir ihn fahren lassen,
weil wir wissen,
wären wir in seinem Zustand,
würden wir denselben törichten Wunsch haben?
Doch die Goldene Regel will uns lehren,
nicht nur Augenblickswünsche
als Maßstab zu nehmen.
Wer nüchtern geworden ist,
wünscht gewiss,
jemand hätte ihn daran gehindert,
andere Menschen zu gefährden!

Die Goldene Regel wird kritisiert,
weil ein Richter keinen Verbrecher verurteilen kann,
wenn er ihr folgt.
Wünschte er nicht, als Angeklagter freigesprochen zu werden?
Müsste er ihn nicht freisprechen?
Doch niemand wird wünschen können,
dass ein Richter generell
die Bösewichter laufen lässt.
Auch der Geschädigte hat Anrecht
auf die Anwendung der Goldenen Regel.
Die Goldene Regel will uns lehren,
sie als allgemeine Regel
auf *alle* Fälle anzuwenden!

Die Goldene Regel hat einen Vorteil:
Wenn ein Gesetz unmenschlich ist,
sagt die Goldene Regel,
dass man das Gesetz brechen darf.
Wer Flüchtlingen Kirchenasyl gewährt,
weil ihre Abschiebung sie
Verfolgung und Folter ausliefert,
handelt nach der Goldenen Regel.

Denn er würde gewiss als Flüchtling wünschen,
dass ein Gesetz gebrochen wird,
das ihn dem Tode auszuliefern droht.[14]

Die Goldene Regel hat den Vorteil,
sie muss gedeutet werden.
Sie entlässt uns nicht aus der Verantwortung,
selber zu entscheiden,
was zu tun ist.

212.

Was ist Demut und Statusverzicht?

Demut ist die zweite Grundforderung der Bibel.
Sie besteht in Statusverzicht
und in der Bereitschaft,
Positionen zu wechseln:[15]
»Die Ersten werden die Letzten sein,
die Letzten die Ersten.«[16]

Diese Demut widerspricht dem antiken Ehrenkodex.
Der verpflichtet, Status zu verteidigen.
Nur wer als Sklave keinen Status hat,
hat keinen Grund, ihn zu verteidigen.
War Demut also ein Sklavenaufstand in der Moral?
Entstand sie als Ressentiment,
das soziale Defizite
in moralische Überlegenheit uminterpretiert?

Doch Demut war auch eine Herrschertugend.
Demütig war der messianische König,
der auf einem Esel in Jerusalem einreitet[17] –
ein Gegenbild zum Welteroberer Alexander.

14. Immanuel Kant bestritt in einem Aufsatz »Über ein vermeintes Recht aus Menschenliebe zu lügen« (1797) das Recht zu einer Notlüge. Der »kategorische Imperativ« lässt keine Ausnahmen zu. Die Goldene Regel, die Kant wegen ihrer Schwächen kritisiert hat, ließe sie jedoch zu.
15. Lk 14,11; 18,14; Mt 23,12; Phil 2,6 ff.; 2 Kor 11,7; Jak 4,10.
16. Mk 10,31; Mt 19,30; 20,16; Lk 13,30.
17. Sach 9,9.

Demütig war Alexanders Nachfolger in Makedonien,
der seinen Sohn belehrte:
»Weißt du nicht, dass die Königsherrschaft
nichts anderes ist als ehrenvolle Sklaverei«.[18]
Demütig ist der humane Messias und König.
Nur wer Status besitzt,
kann auf ihn verzichten.

Demut wurde in der Gemeinde von Qumran
und in urchristlichen Gemeinden
zur Demut auf Gegenseitigkeit.
Alle dienen einander in Liebe.
Keiner herrscht über den anderen.[19]
Die Herrschertugend wurde zur Gemeinschaftsmoral.

Jesus mahnt zur Demut, wenn er sagt:
»Wer unter euch der erste sein will,
soll Sklave aller werden«.[20]
Er kontrastiert diese Demut mit der Unterdrückung
durch Herrscher und Machthaber.
Es sollen sich nicht die Letzten demütig
in ihr Schicksal fügen,
sondern die Ersten sollen Letzte werden.
Demut ist Herrschertugend
und Gegenbild zur Herrschermacht.

Auch die Leiter der christlichen Gemeinschaft
sollen durch Statusverzicht ihre Autorität gewinnen.
Paulus trägt Jesu Tod in seinem Leib.
Er erniedrigt sich selbst,
damit Jesu Leben in der Gemeinde offenbar wird.[21]
Die Gemeinde soll erhöht werden.[22]

18. So der makedonische König Antigonos Gonatas (gest. 239 v. Chr.), in: Aelian (ca. 170-222 v. Chr.), Varia Historia 2,20.
19. Phil 2,3; Röm 12,16; 1 Petr 5,5.
20. Mk 10,43 f.
21. 2 Kor 4,11.
22. 2 Kor 11,7.

Zweifellos gibt es den Neid der kleinen Leute auf die Großen.
Ist Demut also Ressentiment?
Oder ist nicht ihre Diffamierung das Ressentiment derer,
die ganz oben sitzen?
Unerreichbar ist für sie die Schuldlosigkeit der anderen.
Niemals könnten sie sagen:
Wir haben an Unterdrückung keine Schuld.
Wenn Mächtige die humanen Erwartungen kleiner Leute
als Ressentiment abwehren,
spricht aus ihnen Wille zur Macht.
Ohne Ressentiment wäre nur
ein Wille zu Freiheit und Unabhängigkeit für alle.

213.

Wie verhalten sich Nächstenliebe und Demut zur Freiheit?

Demut durchkreuzt
unsere Beziehungen von oben und unten
und macht alle gleich.
Liebe erweitert sie
für nah und fern,
alle kommen sich nahe.
Freiheit aber verlangt Unabhängigkeit
gegenüber denen,
die uns gleich sind
und denen wir uns nahe fühlen.

Liebe setzt Demut voraus:
Nur mit Statusverzicht
kann man den Nächsten lieben *wie sich selbst*.
Solange Menschen in hierarchischen Ordnungen leben,
werden sie nur durch Verzicht auf Status
zu gleichwertigen Nächsten.

Statusverzicht setzt Liebe voraus:
Nur wer Menschen liebt,
stellt sich auf eine Stufe mit allen.
Wer herrschen will,
muss Unterschiede schaffen.

Nächstenliebe und Demut binden uns
an unsere Mitmenschen.
Wir ordnen uns ihren Bedürfnissen unter.
Dennoch müssen wir oft unabhängig von ihnen handeln,
wenn wir die lieben,
die nicht zu unserem Milieu gehören,
und die achten,
die nicht in ihm geachtet sind.
Nächstenliebe und Statusverzicht erfordern deshalb Freiheit.
Paulus verbindet alle drei,
Freiheit, Liebe und Bereitschaft zum Dienst:
Christen sind zur *Freiheit* berufen,
um in *Liebe* einander zu *dienen*.[23]
Freiheit ist die dritte Grundforderung der Bibel.
Gott verlangt den Exodus aus Abhängigkeit.
Gottes Maßstäbe sind nicht die Maßstäbe der Welt.
Wir sollen frei von ihnen werden.
Freiheit und Nächstenliebe
gehören zusammen.

214.

Hält die Verbindung von Freiheit und Nächstenliebe moderner Moralkritik stand?

Ein »Du sollst!« setzt voraus:
Jemand sagt, was ein anderer tun soll.
Jede Moral unterliegt dem
HERRSCHAFTSVERDACHT.
Jede Ethik ist ein Versuch,
Herrschaft zu begrenzen durch Argumente.
Doch kann man moralische Forderungen
überhaupt rational begründen?
Ringen nicht oft nur verschiedene Gruppen darum,
anderen zu diktieren, was gut und böse sei.
Jede Seite unterstellt,
die anderen wollten ihre Werte allen aufzwingen.

23. Gal 5,12.

Wer davon überzeugt ist,
der Mensch sei Ebenbild Gottes,
mute Agnostikern eine Achtung vor dem Leben zu,
die für diese reine Willkür sei.

Wir können moralische Forderungen
nur begrenzt begründen.
Wenn wir unsere Entscheidungen
in Sachverhalten begründen,
haben wir oft Werte
in Sachverhalte projiziert,
um sie aus ihnen abzuleiten.
Rationale Ethik unterliegt dem
ILLUSIONSVERDACHT.

Doch Herrschafts- und Illusionsverdacht
haben schon lange Spuren hinterlassen.
Griechische und biblische Ethik reduzierten
in verschiedener Weise Herrschaft:
Griechische Philosophen verwandelten
Imperative der Herrscher in Imperative,
die wir uns selbst geben.
Nicht andere, wir selbst sollen über uns herrschen.
Gutes Verhalten soll der Natur entsprechen.
Rationale Einsicht sagt, was gut und böse ist.
GRIECHISCHE EINSICHTSETHIK
setzt sich deshalb dem Illusionsverdacht aus:
Was kann die Natur schon fordern,
was wir ihr nicht »vorgesagt« haben?
Doch auch, wenn Einsicht Moral nicht *begründen* kann,
kann sie Moral *überprüfen* und fragen:
Sind ihre Forderungen generalisierbar?
Sind sie realisierbar?
Sind sie vertretbar vor anderen?
Verletzen sie die Identität von Menschen?
All das lässt sich argumentativ klären.
Daher bleibt griechische Einsichtsethik
notwendig in jeder Ethik.

Wir müssen sie ergänzen durch einen zweiten Weg:
Dem Imperativ der Mächtigen
setzte die Bibel einen Imperativ entgegen,
der vom Gleichgestellten und Schwächeren ausgeht.
Sie können über uns nicht herrschen.
Auch ist die Forderung der Nächstenliebe nicht in der Natur,
sondern in Gott begründet,
der mit nichts in der Welt identisch ist.
Biblische Gebotsethik
ist frei von dem Verdacht,
Werte in die Welt zu projizieren,
die wir nachträglich aus ihr ablesen.
Die Quelle der Gebote liegt nicht in dieser Welt.
Dafür wirken die Gebote willkürlich.
Gott hat gesprochen!
Das scheint jede Diskussion zu beenden.
Solche Appelle können moralische Forderungen nicht begründen,
wohl aber für elementare Forderungen die Augen öffnen:
Leben soll sein durch Achtung vor Regeln,
vor anderen und vor sich selbst.
Das sind keine willkürlichen Forderungen,
sondern Voraussetzungen
für jeden Protest
gegen moralische Willkür.

Griechische Einsichtsethik und
biblische Gebotsethik
müssen einander korrigieren und ergänzen:
Einsicht in die Welt überprüft Gebote,
die nicht von dieser Welt sind.
Gebote werden formuliert,
die über die Welt hinaus weisen.
Griechen und Juden
formulierten die Grundwerte,
die bis heute Geltung haben:
Autonomie und Solidarität,
Rationalität und Barmherzigkeit,
Freiheit und Nächstenliebe.

Diese Verbindung
von Einsichts- und Gebotsethik
überlebt unseren
HERRSCHAFTS- UND ILLUSIONSVERDACHT.

215.

Wie zeigt sich Gottes Segen in Ehe und Partnerschaft?

Keiner hat sich selbst gewählt
unter Millionen von Menschen.
Keiner hat sich selbst gewollt,
als er geboren wurde.
Nachträglich müssen wir uns bejahen
und einziehen in unser Leben.
Wenn wir gegen uns streiken,
machen wir uns das Leben schwer.
Trotzdem bleibt eine Nötigung.
Was bleibt uns anderes übrig, als uns zu wollen?
Wir haben keine andere Wahl.

Anders ist es, wenn wir von einem anderen Menschen geliebt werden,
wenn jemand uns wählt.
Anders ist es, wenn wir uns selbst wählen,
weil wir gewählt wurden.
Dann verschwindet die Nötigung.
Dann verwandelt Liebe
Notwendigkeit in Freiheit.

Solche Liebe berührt das Geheimnis des Seins.
Die Ehe ist ein Sakrament,
das keine Kirche spendet,
sondern die Liebenden einander.[24]
Ihre gegenseitige Wahl
ist Echo göttlicher Liebe.

24. Nach dem katholischen Eheverständnis spenden sich die beiden Ehepartner gegenseitig durch ihr Ja und durch sexuelle Vereinigung das Sakrament der Ehe. Damit wird ihre Entscheidung füreinander höher gewertet als im Protestantismus.

216.

Kann über Scheidungen Gottes Segen liegen?

Jesus lehnt Ehescheidung ab:
»Was Gott zusammenfügt,
soll der Mensch nicht scheiden.«[25]
Treue ist unwiderruflich.
Paulus konzediert Scheidung
bei religiösen Gegensätzen,
wenn der nichtchristliche Partner sie will.[26]
Matthäus konzediert Scheidung
bei Ehebruch und Unzucht,
doch nur der Mann kann sie herbeiführen.[27]
Heute gilt für beide Partner:
Was Gott nicht zusammengefügt hat,
soll kein Mensch zusammen halten.

Dennoch bleibt Jesu Wort zur Ehe gültig.
Jede Partnerschaft gehört unwiderruflich zu unserem Leben.
Wir können sie beenden,
aber niemals ungeschehen machen.
Sie lebt für immer in uns fort,
manchmal nur als Schmerz,
oft auch als Erinnerung
an vergangenes Glück.

Scheidung ist für die Partner eine Krise,
für viele Kinder eine Katastrophe.
Umso mehr verpflichten Kinder uns,
dass wir ihnen vorleben,
auch schwierige Situation
lassen sich bewältigen.
Fairness gibt es über Trennungen hinweg.
Zur Fairness gehört Verschwiegenheit bei allem,
was man voneinander weiß.
Zur Fairness gehören Hilfe im Alltag

25. Mk 10,9.
26. 1 Kor 7,10-16.
27. Mt 5,32; 19,9.

und Unterstützung in Not.
Zur Fairness gehört vor allem,
das Vertrauen von Kindern
zu Vater und Mutter nicht zu zerstören.
Wer in Scheidung lebt,
hat viel Gelegenheit,
Menschlichkeit unter Beweis zu stellen.
Manchmal kann ein Segen
über Scheidungen liegen.

Freilich fragen manche sich,
wenn solch ein Segen spürbar ist:
War die Scheidung notwendig?
Wie oft laufen wir in die Falle,
durch Unverträglichkeit
nachträglich zu demonstrieren,
dass die Scheidung notwendig war.
Die perfekte Scheidung
ist wie die vollkommene Ehe
eine Illusion.

Umso mehr gilt für Geschiedene:
Versöhnung mit früheren Partnern
ist Versöhnung mit uns selbst.
Sie gehören für immer zu unserem Leben.
Es tut uns gut, wenn wir sagen können:
›Ich habe Dich einmal geliebt.
Die Liebe ist vergangen,
die Dankbarkeit geblieben.
Fairness ist das Gebot,
dem wir für immer verpflichtet sind.
Lasst uns vergeben,
was wir an Schmerzen
einander zugefügt haben.‹

— 217. —

Liegt Segen auf gleichgeschlechtlichen Partnerschaften?

Die Kirche ist gespalten.
Die einen sagen:
Homosexualität ist Sünde.
Die anderen sagen:
Das zu sagen,
ist Sünde.

Aber verwirft die Bibel nicht Homosexualität?
Paulus lehnt sie ab
als Verhalten gegen die Natur.
Evangelikale Homosexuelle sagen dazu,
Paulus verbiete heterosexuellen Menschen,
sich homosexuell zu verhalten,
nicht aber Homosexuellen,
sich so zu verhalten,
wie es ihrer Natur entspricht.[28]
Welch eine Umdeutung des Paulus!

Doch wir hören in der Bibel
auch andere Stimmen neben Paulus.
David klagt beim Tode Jonathans:
»Es tut mir leid um dich, mein Bruder Jonathan,
ich habe große Freude und Wonne an dir gehabt;
deine Liebe ist mir wundersamer gewesen,
als Frauenliebe ist.«[29]
Der Dichter wählt ein homosexuelles Bild
für Davids Freundschaft.
Wäre Davids Liebe weniger wert,
wenn sie sexuell gewesen wäre?
Wenn wir schwule Paare segnen,
kann das Bibelwort
von David und Jonathan
eine Lesung sein.

28. Röm 1,26.
29. 2 Sam 1,26.

Ruth sagt zu ihrer Schwiegermutter Noomi:
»Wo du hingehst, da will ich auch hingehen;
wo du bleibst, da bleibe ich auch.
Dein Volk ist mein Volk,
und dein Gott ist mein Gott.
Wo du stirbst, da sterbe ich auch,
da will ich auch begraben werden …
Nur der Tod wird mich und dich scheiden.«[30]
Umschließt dieser Text nicht alles,
was Paare füreinander sein sollen?
Wenn wir lesbische Paare segnen,
haben wir ein Bibelwort,
mit dem wir segnen können.

Lukas erzählt von der Begegnung Jesu
mit einem Hauptmann in Kapernaum:
»Ein Hauptmann hatte einen Sklaven,
der ihm lieb und wert war, der lag todkrank.«[31]
Zu Jesu Lebzeiten musste jeder denken:
Dieser Sklave ist der Geliebte des Hauptmanns.
Heiden haben sexuelle Beziehungen mit Sklaven.
Deshalb wehrt der Heide Jesu Besuch ab:
»Ich bin nicht wert, dass du unter mein Dach gehst …
sondern sprich nur ein Wort,
so wird mein Sklave gesund.«[32]
Der Hauptmann weiß,
wie anstößig seine Liebe zu einem Sklaven wäre
oder auch nur die Vermutung,
es könne sexuelle Liebe sein.
Jesus heilt den Sklaven.
Er lobt den Glauben des Hauptmanns.
Er fragt nicht nach seiner Beziehung.
Wenn wir homosexuelle Paare
in der Kirche segnen,
haben wir eine Jesusgeschichte als Lesung.

30. Ruth 1,16 f.
31. Lk 7,2.
32. Lk 7,6 f.

Was aber sagen wir zu Paulus?
Für Paulus ist homosexuelle Liebe
Folge der Verwechslung von Schöpfer und Welt.[33]
Er verwirft Beziehungen,
bei denen einer dem anderen so überlegen sein will
wie der Schöpfer dem Geschöpf.
Nicht Homosexualität ist die eigentliche Sünde,
sondern die Unterwerfung des Partners.
Diese Kritik trifft in gleichem Maße
Homo- und Heterosexuelle.
Auch heterosexuelle Menschen
zerstören ihre Beziehungen,
wenn sie Schöpfer und Geschöpf verwechseln
und über den Partner herrschen wollen.
Wo jemand andere abhängig macht,
wird das immer zur Hölle.

Segen liegt nur auf Beziehungen
zwischen Menschen aller Geschlechter,
wenn sie sich gegenseitig
als gleichwertig anerkennen.
Wenn immer zwei Menschen
verantwortlich zusammenleben
und füreinander einstehen,
wirkt Gottes Segen unabhängig davon,
ob sie ihre Liebe sexuell einander zeigen.
Sexualität ist darüber hinaus eine Chance,
Zuneigung zu vertiefen,
Einsamkeit zu überwinden
und sich aneinander zu binden.
Sie ist nicht alles,
aber kann ein großes Glück sein
unabhängig vom Geschlecht.

Alle Partnerschaften
sollten willkommen sein in einer Gemeinde,
die mit Paulus sagt:

33. Röm 1,26-27.

»Hier ist nicht Mann noch Frau.
Ihr seid alle einer in Christus.«[34]

218.

Ist kirchliche Familien- und Sexualethik noch glaubwürdig?

Zwischen Grundsätzen
und Praxis herrscht ein trauriger Widerspruch,
der die Kirche lähmt,
besonders die größte unter allen Kirchen.

Die Gleichwertigkeit aller Menschen
wird zur Makulatur,
wenn Frauen unwürdig sind,
Priester zu werden.

Das Familienethos
wird zur Makulatur,
wenn Priester ihre Kinder verleugnen müssen.
Für bis zu drei Kindern
zahlt die katholische Kirche Alimente –
vorausgesetzt, die Kinder wachsen ohne ihren Vater auf.

Das Sexualethos
wird zur Makulatur,
wenn Priester ihre Geliebten verleugnen müssen.
Wenn die Ehe ein Sakrament ist,
das sich Eheleute gegenseitig durch sexuelle Vereinigung spenden,
warum respektiert man das bei Priestern nicht?

Die Mitmenschlichkeit
wird zur Makulatur,
wenn man Geschiedene vom Abendmahl ausschließt
und ihnen verbietet, neu zu heiraten.
Wer ihre neuen Partnerschaften
als illegitime Lebensform brandmarkt,
urteilt unmenschlich.

34. Gal 3,28.

Die Vernunft
wird zur Makulatur,
wenn man wirksame Geburtenkontrolle untersagt.
Wer der Verantwortung für Kinder bejaht,
muss mit ihr bei der Zeugung beginnen –
abgesehen vom Problem
wachsender Weltbevölkerung.

Die Christlichkeit
wird zur Makulatur,
wenn man Ehepaare mit verschiedener Konfession
nicht zulässt zum Abendmahl.

Aber auch Toleranz
wird zur Makulatur,
wenn sie Zölibateuren verweigert wird.
Sie verkörpern als sexuelle Minderheit
eine Botschaft, die wir alle brauchen:
Es gibt wichtigere Dinge als die Frage,
wer schläft mit wem?
Zölibat ist eine riskante Lebensform.
Wer von ihr überfordert wird,
soll sie aufgeben dürfen.
Freiwillig gelebt
wird ihre Botschaft deutlicher.
Sie darf kein Zwang sein.

Die These, durch Reformen sei nichts gewonnen,
auch die protestantischen Kirchen erlebten keine Blüte –
trotz Gleichberechtigung der Frau,
trotz Ehe der Pastoren,
trotz Scheidung mit kirchlichem Segen,
trotz homosexueller Partnerschaften.
Das alles ist wahr.
Dennoch können alle Kirchen
durch eine aufrichtige Sexualmoral nur gewinnen,
vielleicht keine neuen Mitglieder,
wohl aber Glaubwürdigkeit.
Wer Glaubwürdigkeit verliert,
kann Glauben nicht vermehren.
Die meisten Katholiken sind in diesen Dingen
glaubwürdiger als Rom.

219.

**Warum lohnt es sich, treu zu sein,
auch wenn immer wieder dagegen verstoßen wird?**

Verhaltensforscher sagen:
Treue ist unwahrscheinlich.

Vor einem halben Jahrhundert bekannten 20 % der Frauen,
untreu gewesen zu sein,
heute mehr als 50 %.
Weit höher ist die Zahl der Männer.
Trotzdem gibt es Treue!

Treue ist unwahrscheinlich,
sagen Soziobiologen.
Männer verbreiten durch Ehebruch
erfolgreicher ihre Gene.
Frauen können sie mit nur einem Partner
optimal vermehren.
Trotzdem wollen Menschen treu sein!

Treue ist unwahrscheinlich,
sagen Ethnologen.
Von 850 bekannten Gesellschaften
kennen nur 16 % Monogamie.
Auch sie scheitern an ihr.
Trotzdem sind Menschen treu gewesen!

Treue ist unwahrscheinlich,
sagen die Theologen.
Hätte sonst jemand gesagt:
Wer ohne Sünde ist, werfe den ersten Stein!,
um die Ehebrecherin zu schützen?[35]
Trotzdem bleiben Menschen der Verpflichtung treu,
einander treu zu bleiben
und bekennen sich zu ihr,
obwohl sie nicht vollkommen sind.

35. Joh 8,3-11.

Das beeindruckt mehr als Statistiken,
verpflichtet mehr als Gebote.
überzeugt mehr als Argumente.
Das ist ein Echo des Unbedingten
in der unvollkommenen Liebe der Menschen.

220.

Was verlangt die Liebe gegenüber werdendem Leben?

Leben hat von Anfang an
Vorrang vor dem Tod.
Kein Embryo ist rechtlos.
Doch warum bricht das JA zum Leben
oft so schnell zusammen?

Die meisten Abtreibungen geschehen,
weil Frauen kein Vertrauen haben,
dass ihre Partner zu ihnen stehen
und für ihr gemeinsames Kind sorgen.
Todesursache ungeborener Kinder
ist meist ein Scheitern von Liebe und Treue.
Können wir uns auf sie verlassen,
setzt sich die Sehnsucht
nach Kindern durch.

Gewiss müssen wir eine Abtreibung bejahen,
wenn das ungeborene Kind
durch Vergewaltigung gezeugt wurde.
Doch schätzen wir die Mutter über alles,
die dem Kind
trotzdem das Leben schenken will.

Gewiss müssen wir eine Abtreibung bejahen,
wenn die Geburt das Leben der Mutter gefährdet.
Doch schätzen wir die Mutter über alles,
die Leben und Gesundheit
für ihr Kind riskiert.

Müssen wir Abtreibungen akzeptieren,
wo Eltern nicht in der Lage sind,
für ihr Kind zu sorgen und es aufzuziehen?

Oder liegt der Skandal darin,
dass ihnen zu wenig geholfen wird,
für ihre Kinder einzustehen?
Auch müssen wir uns fragen:
Wäre ein Leben,
das durch Mutter und Vater abgelehnt wird,
nicht von vornherein vom Tod gezeichnet?
Sollte nicht jeder Mensch
zumindest von einem Menschen
bejaht und geliebt sein?

So wie eine Schwangerschaft beginnt,
wenn die befruchtete Eizelle
durch den Organismus akzeptiert wird,
so wird menschliches Leben
menschlich bejaht,
wenn eine Mutter die Schwangerschaft akzeptiert
und durch Liebe
dem Ungeborenen das Leben schenkt.
Damit tritt ein Mensch
ins menschliche Leben ein.

Wir alle sind verpflichtet,
daran zu arbeiten,
dass Liebe die Ungeborenen
von der Befruchtung der Eizelle an ins Leben begleitet.
Doch wir müssen verschiedene Einstellungen
zum Leben akzeptieren.
In Grenzfragen entscheiden wir komplementär:
Wer unbedingt das Leben bejaht,
erinnert mit Recht daran:
Leben hat Vorrang vor dem Tod!
Glücklich sind alle,
die das Leben passieren,
ohne eine Abtreibung
verantworten zu müssen.

Wer aber nach sorgfältiger Prüfung
sich zur Abtreibung entscheidet,
erinnert daran:

Manchmal hat Leben
Vorrang vor anderem Leben.
Das ist ein bitterer Konflikt.
Wer ihn durchlitten hat,
braucht unsere Liebe,
nicht unsere Verachtung.

Unser gemeinsames Ziel muss bleiben:
ein Leben zu leben,
das nicht auf Kosten andern Lebens lebt,
damit das Leben
immer Vorrang vor dem Tode hat.

221.

Was verlangt die Liebe am Ende des Lebens?

Immer hat das Leben Vorrang vor dem Tod,
am Anfang wie am Ende des Lebens.
Der Sterbende hat seine Würde
und eine Geschichte,
die zu Ende geht,
auch wenn nur wenig davon sichtbar ist.
Leben hat auch an den Grenzen des Lebens
Vorrang vor dem Tod.

Unsere Angst davor,
qualvoll und einsam zu sterben,
weckt in uns den Wunsch,
dem Tod zuvorzukommen.
Fehlendes Vertrauen
in die Liebe anderer macht suizidal.
Erleben wir im Sterbehospiz,
wie Menschen bis zur letzten Stunde
mit Liebe begleitet werden,
setzt sich die Sehnsucht nach Leben
auch an der Grenze des Lebens durch.

Dennoch müssen wir akzeptieren,
dass Menschen sich umbrachten,
bevor sie ins KZ deportiert wurden

wie Jochen Klepper und seine Familie.[36]
Sie gaben Gott ihr Leben zurück.
Sie wollten in Liebe vereint bleiben auch im Tod.
Keiner darf sie kritisieren.
Verdient ihr Akt der Freiheit
und ihr Aufbegehren gegen Entwürdigung
nicht unsere Achtung?

Müssen wir nicht akzeptieren,
wenn Menschen von Schmerzen zerrissen werden
und nur ein Tiefschlaf sie davon befreit,
aus dessen Frieden
kein Arzt und kein Angehöriger sie wecken will?
Wir dürfen den Tod zulassen,
wenn er kommt.

Doch müssen wir alle Ärzte beschwören:
Erschüttert nicht das Vertrauen in euch,
indem ihr euch zu Angestellten des Todes macht
anstatt zu Helfern des Lebens.
Eure Kunst soll uns beim Sterben begleiten,
Schmerzen und Angst lindern.
Doch ihr sollt uns nicht töten,
sondern den Tod zulassen,
wenn er kommt.
Ein Arzt,
für den das Leben nicht mehr Vorrang
vor dem Tod hat,
ist kein Arzt.

Niemals sollen Sterbende
sich dafür rechtfertigen müssen,
dass sie anderen zur Last fallen,
weil sie nicht freiwillig
aus dem Leben scheiden.
Wer leben will,
ist nicht unsozial.

36. Jochen Klepper (1903-1942) war protestantischer Schriftsteller, Dichter beliebter Kirchenlieder. Er war mit einer jüdischen Frau verheiratet. Er schied zusammen mit seiner Frau und zwei Töchtern aus dem Leben, als ihre Deportation bevorstand.

Er bekennt sich zum Leben
bis zuletzt
stellvertretend für alle,
die leben wollen.

Doch müssen wir verschiedene Einstellungen
zum Leben akzeptieren.
In Grenzfragen entscheiden wir komplementär:
Wer das Leben unbedingt bejaht,
erinnert mit Recht daran:
Leben hat Vorrang vor dem Tod
bis zur letzten Minute.

Andere wählen in Grenzsituationen den Tod,
nicht aus Leichtsinn,
sondern um der Selbstachtung willen,
um in unerträglichen Schmerzen
nicht sich selber zu verlieren
oder um einem Diktator
zu entrinnen.

Wir sind verpflichtet,
solche Grenzsituationen zu verhindern,
wo immer wir können.
Denn Leben ist kostbares Leben bis zuletzt.
Nur so hat Leben
grundsätzlich
Vorrang vor dem Tod.

— 222. —

Was gilt in der Liebe?

Liebe sagt nicht:
Ich bin in Ordnung,
du bist in Ordnung,
wie schön dass alle
in Ordnung sind.
Doch machen einige
das Evangelium der Liebe
zu solch einer Banalität.

Die Wahrheit ist:
Manchmal stört die Liebe jede Ordnung.
Moralische Fragen
lassen sich nicht immer
nach Prinzipien lösen,
so dass alles in Ordnung ist.
Wir verstricken uns in Schuld,
auch wenn wir das Beste wollen.

Im Prinzip gilt:
Liebe bejaht einen Menschen
unabhängig davon,
ob er unseren Erwartungen entspricht oder nicht.
Aber es ist ihr nicht gleichgültig,
ob er seinen eigenen Erwartungen entspricht.

Im Prinzip gilt:
Liebe unterstützt andere Menschen darin,
ihre eigenen Ziele zu erreichen.
Aber sie hilft ihnen auch,
sich von destruktiven Zielen zu lösen.

Im Prinzip gilt:
Liebe hilft anderen Menschen,
in Übereinstimmung mit sich zu leben.
Aber sie stürzt sie auch in Konflikte,
so dass sie nicht weitermachen können wie bisher.

Prinzipiell gilt:
In der Liebe gilt alles im Prinzip,
aber mit Ausnahmen.
Nur solch eine Liebe entspricht
der Liebe Gottes.

223.

Worin ist die Liebe zu Gott und zu einem Menschen verwandt?

Uns treibt die Angst, etwas zu versäumen.
Das Leben ist einmalig,
die Zeit endlich,
der Horizont begrenzt.

Doch unbestreitbar ist:
Wer eine Chance ergreift,
verzichtet auf alle anderen.
Wer eine Stadt besucht,
lässt hunderte links liegen.
Wer sich an einen Menschen bindet,
lebt an Millionen Menschen vorbei.

Schlimm ist, wenn wir aus Angst,
etwas zu verpassen,
versäumen, was wir jetzt erleben:
diesen Augenblick,
diesen Ort,
diesen einen Menschen,
mit dem wir verbunden sind.

Wir verpassen unendlich viel in jedem Augenblick
und versäumen doch nichts,
wenn wir sagen können:
»Wenn ich nur dich habe,
So frage ich nicht nach Himmel und Erde.«[37]
Dann sind wir überall zu Hause,
Dann sind wir in jedem Augenblick anwesend.
Dann sind wir angekommen in unserem Leben.

Glaube sucht
nach Rechtfertigung des Menschen,
Hoffnung
sehnt sich nach Rechtfertigung Gottes.
Liebe braucht
keine Rechtfertigung.

37. Ps 73,25.

Das Wirken des Geistes in der Hoffnung

224.

Warum gehört die Hoffnung zu Glaube und Liebe?

Glaube ist Ja zum Leben.
Wenn wir unser Leben bejahen,
bejahen wir mit ihm den Kosmos,
der uns hervorgebracht hat.
Die Moleküle, aus denen wir bestehen,
entstanden in Jahrmillionen
durch chemische Reaktionen in fernen Sternen.
Die Gesetze, die Leben ermöglichen,
waren von Anfang an da.
Die Evolution, die uns hervorbrachte,
schuf die Vielfalt organischen Lebens
auch durch Schmerz und Leid.

Glaube als Ja zum Leben
umschließt den ganzen Kosmos
in Raum und Zeit.

Dieses Ja meint nicht nur die Vergangenheit,
aus der wir hervorgegangen sind,
sondern auch die Zukunft,
in der wir verschwinden,
als wären wir nie gewesen.
Die Zukunft ist dunkel.
Niemand kennt ihren Ausgang.
Niemand kann ihr Ende erforschen.
Niemand wird es erleben.
Alle Zukunftsbilder können scheitern.
Die entscheidende Frage ist:
Können wir am Ende die Worte Gottes sprechen:
Und siehe, alles ist gut.

Glaube als Ja zum Leben
umschließt den ganzen Kosmos,
auch seine Zukunft.

Glaube kann zum Leben nur Ja sagen,
weil alles anders sein *könnte*.
Liebe sagt,
dass alles anders sein *müsste*.
Hoffnung stellt die entscheidende Frage:
Können wir am Ende sagen:
Und siehe, alles ist gut,
nicht, wie es war,
sondern wie es hätte sein können.

Glaube ist Ja zur Wirklichkeit,
Liebe Ja zur Möglichkeit.
Beide begründen Hoffnung,
dass das Mögliche
wirklich werden kann.

Hoffnung ist Glaube,
der das Ganze bejaht –
auch die Zukunft.
Hoffnung ist Liebe,
die alles anders will –
auch in der Zukunft.

Glaube und Liebe
erzeugen Hoffnung.
Hoffnungsbilder scheitern,
Hoffnung bleibt.

225.

**Warum sollen wir an der Hoffnung festhalten,
wenn alle Hoffnungsbilder scheitern können?**

Hoffnungsbilder sind menschliche Konstruktionen,
gebildet aus Phantasien,
moralischen Postulaten
und fragmentarischem Wissen.
Sie sagen, wie die Welt am Ende sein müsste,
damit wir sie bejahen könnten.
Sie sind Bedingungen der Möglichkeit
für unser JA zu allem Sein.

Keiner weiß,
was davon wirklich wird.

Ein erstes Hoffnungsbild ist:
VOLLENDUNG DER SCHÖPFUNG.
Die Welt ist noch nicht fertig.
Was uns zur Verzweiflung bringt,
wird durch Entwicklung überwunden.
Wenn Jesus das Reich Gottes
als verborgenes Wachstum verkündigt,
das jetzt schon beginnt,
will er die Schöpfung vollenden:
durch Freiheit von Sorge,
jenseits von Rein und Unrein.
Das Gute siegt in der Welt.

Das zweite Hoffnungsbild ist:
ENTSTEHUNG EINER NEUEN WELT.
Die Schmerzen des Lebens
sind Geburtswehen der neuen Welt.
Nicht alles wird in sie aufgenommen.
Ein Gericht findet statt.
Das Böse wird verworfen.
Die Gemeinschaft der Menschen
überschreitet die Todesgrenze.
Ein Fest wird gefeiert
mit Abraham, Isaak und Jakob.

Das dritte Hoffnungsbild ist:
VERWANDLUNG IN ZEITLOSIGKEIT.
Alles was existiert,
ist eingeschrieben ins Sein.
Niemand kann es ungeschehen machen.
Alles existiert in Gottes Gedächtnis.
Doch hoffen wir, dass sein Gedächtnis
die Folterkammern des Lebens überwindet,
das Leid der misshandelten Kinder,
den Terror der Unterdrücker.
Als Jesus nach seiner Kreuzigung
in göttlichem Glanz erschien,
gehörte er zur Ewigkeit Gottes:

Das Trauma der Folterung war
für immer überwunden.
Alles ist aufgehoben in Gottes Gedächtnis
und dennoch verwandelt.

Das vierte Hoffnungsbild ist:
BERÜHRUNG MIT DER EWIGKEIT.
Nie wird die Suche aufhören
nach einem exterritorialen Raum
jenseits der Vergänglichkeit.
Der Mensch hat Sinn für Ewigkeit.
Was wahr ist, ist auch ewig wahr;
was ungültig ist, für immer ungültig.
Die Zeit ist eine Erscheinungsform,
keine Eigenschaft der Dinge an sich.
Albert Einstein schrieb zum Tode eines Freundes:
»Nun ist er mir auch mit dem Abschied
von dieser sonderbaren Welt ein wenig vorausgegangen.
Das bedeutet nicht viel.
Für uns gläubige Physiker hat die Scheidung zwischen
Vergangenheit, Gegenwart und Zukunft
nur die Bedeutung einer … hartnäckigen Illusion.«[1]
Vielleicht steigen wir mit dem Tod
nur aus unserer Erscheinungswelt aus,
in der die Zeit das Dasein bestimmt.

Das fünfte Hoffnungsbild ist:
SCHÖPFUNG AUS DEM NICHTS.
Gottes Macht ist Schöpfung und Vernichtung.
Grundlos entsteht neues Sein aus Nichts.
Alles, was je existierte,
geht ein in die neue Schöpfung.
Was nur Möglichkeit war, wird wirklich.
Was verloren war, wird gefunden:
der zertretene Wurm,
der abgetriebene Fötus,
alles kommt zu neuem Leben.
Alles existiert im Licht.

1. Albert Einstein, Brief vom 2.3.1955, zitiert nach A. Benz / S. Vollenweider, Würfelt Gott?, Düsseldorf 2000, 143.

Als Jesus aus dem Nichts
zu neuem Leben geschaffen wurde,
brach dieses Licht in unsere Welt hinein.

Das sechste Hoffnungsbild ist die
EWIGKEIT ALS AUGENBLICK.
In unsere Zeit bricht ein,
was das Ende der Zeit vorwegnimmt,
so dass wir es schon hier und jetzt
hören und sehen.
Wenn der Geist Menschen erneuert,
wirft er einen Funken Ewigkeit in ihr Inneres:
Eine Schöpfung aus Nichts geschieht
im Herzen der Menschen.
Das ist vollendete Mystik.
Der Mensch ist dort,
wo er in Ewigkeit sein wird.

Viele Hoffnungsbilder sind in den Religionen
ineinander verwoben.
Sie widersprechen einander.
Am Ende aber wird nur Gott
alles in allem sein.[2]
Für ihn gilt das Bilderverbot.
Auch alle Hoffnungsbilder
sind davon getroffen:
Du sollst dir kein Bild noch Gleichnis machen
von dem, was dich erwartet.
Aber hoffen darfst du,
dass du am Ende
JA sagen kannst,
weil Gott zu dir
JA gesagt hat.
Diese Hoffnung
ist mehr
als alle Hoffnungsbilder.

2. 1 Kor 15,28

226.

Warum hoffen wir auf Gerechtigkeit in der Welt – und entwerfen Bilder vom Gericht?

Die unbekannte Zukunft
ist ein Reservoir der Hoffnung.
Hoffnung macht es möglich,
dass wir Ja sagen zum Ganzen,
obwohl wir tausendfach Nein sagen müssen:
Nein zum Leid der Kreaturen,
Nein zum Tod kleiner Kinder,
Nein zur Unterdrückung,
Nein zum Unrecht.

Wenn wir JA sagen sollen
zu diesem Leben,
muss es ein NEIN umschließen
zur Bosheit der Welt
und zu unserer Schuld.
Das ist die Botschaft der Gerichtsbilder.

Das Gericht ist bei Paulus die Hölle,
die sich Menschen bereiten
durch Ungerechtigkeit, Habgier, Bosheit und Neid,
Mord, Hader, List und Niedertracht.[3]
Doch tragen wir auch durch Verdammungsurteile
über die Bosheit zu dieser Hölle bei.

Paulus sieht in der Ungerechtigkeit der Menschen
den Zorn Gottes schon jetzt wirken.[4]
Gottes Zorn offenbart sich in der Gottlosigkeit der Menschen.
Aber wir spüren auch den Zorn des Paulus,
der sich in Gerichtsbildern niederschlägt.
Sie entlasten ihn davon,
das Böse immer wieder neu verurteilen zu müssen.
Gott wird es verurteilen.

3. Röm 1,29.
4. Röm 1,18 ff.

Den Zorn über die Bosheit der Welt
hält kein Mensch aus.
Aber wenn dieser Zorn
auch unsere eigene Bosheit trifft?
Paulus hat Recht, wenn er sagt:
»Worin du den andern richtest,
verdammst du dich selbst,
weil du eben dasselbe tust,
was du richtest?«[5]

Was immer in das Gedächtnis Gottes eingeht,
es darf nicht unverändert bleiben:
Menschen werden ihre Traumata
ablegen wie alte Kleider,
die Täter aber,
die sie traumatisierten,
müssen durch ein Gericht verwandelt werden,
ehe sie eingehen dürfen
in Gottes Gedächtnis.

Dort soll alles bewahrt werden,
nicht unverändert,
sondern wie die Neuauflage
eines alten Buches mit Fehlern,
die endgültig
beseitigt wurden.

227.

Warum hoffen wir auf die Rechtfertigung des Menschen – und verwerfen Bilder vom Gericht?

Wie wird der Mensch gerecht vor Gott?
Diese Frage ist unabhängig von Gerichtsbildern.
Denn ständig rechtfertigen wir uns,
klagen uns an und verteidigen uns:
Haben wir das Richtige getan?
Haben wir Notwendiges versäumt?
Sind wir schuldig geworden?

5. Röm 2,1.

Unser Leben vollzieht sich
vor einem inneren Tribunal.

Doch im Neuen Testament wird
dieses Tribunal in Frage gestellt.
Gottes Liebe steht in Spannung zu ihm.

Die synoptischen Evangelien
erwarten ein paradoxes Urteil im Gericht:
»Die Ersten werden die Letzten sein,
die Letzten die Ersten.«[6]
Die Gerechten wissen nicht,
dass sie die Gerechten sind.[7]
Wer meint, im Gericht zu bestehen,
wird verworfen.[8]
Zöllner und Sünder haben eine Chance.[9]

Die Briefe an die Epheser und Kolosser
träumen von einer Allversöhnung:
Alles wird in Christus zum Heil geführt.
Alles wird zur Einheit.[10]
Den Zorn Gottes gab es nur in einer Vergangenheit,
die überwunden ist.[11]
Gott wird alles in allem sein.
Alles ist in ihm geborgen.

Das Johannesevangelium
verinnerlicht das Gericht:
Jesus verurteilt niemanden,[12]
sondern Menschen verurteilen sich selbst,
wenn sie nicht glauben.
Wer glaubt, hat das Gericht schon hinter sich.[13]

6. Mt 20,1-16.
7. Mt 25,31-46.
8. Mt 8,11 f.; Mt 7,21-23.
9. Mt 21,31.
10. Vg. das Stichwort »Versöhnung des Alls« in Kol 1,20; Eph 1,10; vgl. auch Röm 11,32.
11. Eph 2,3.
12. Joh 12,47.
13. Vgl. Joh 3,18.

Das Gericht findet statt
im Inneren des Menschen
in Glauben und Unglauben.

Doch der Mensch ist mit sich selbst
oft unbarmherziger als Gott.
Daher heißt es im Johannesbrief:
»Wenn uns unser Herz verdammt,
ist Gott größer als unser Herz
und erkennt alle Dinge.«[14]
Kein Mensch kann sich selbst freisprechen.

Dass der Mensch vor Gott gerechtfertigt wird,
heißt: Die Legitimation seines Lebens
ist eine Schöpfung aus Nichts.
Nichts im Leben
kann sie dem Menschen verschaffen.
Aber aus Nichts
kann Gott sie schaffen.
Wer darauf vertraut,
hat Hoffnung,
wenn er im Nichts verweht.

228.

Warum verzweifeln wir an der Gerechtigkeit Gottes?

Können wir Gott loben und preisen
angesichts der Übel der Welt?[15]

Wird GOTT das Böse zugeschrieben,
wird er zum verborgenen Gott.
Hiob erlebt ihn als Feind.
Soll er darauf vertrauen,
dass Gott auch dort Sinn schafft,
wo er keinen Sinn sieht?

14. 1 Joh 3,20.
15. Viele wertvolle Texte und Gedanken finden sich zum so genannten »Theodizeeproblem« (der Frage nach Gottes Gerechtigkeit angesichts der Übel der Welt) bei dem katholischen Theologen Klaus P. Fischer, Schicksal in Theologie und Philosophie, Darmstadt 2008.

Soll er sich unter sein Schicksal beugen?
Doch Gott stellt sich auf Hiobs Seite,
als Hiob gegen sein Schicksal rebelliert,
und fordert ihn auf:
»Gürte wie ein Mann deine Lenden?«[16]
Etwas tun ist der erste Schritt
zur Überwindung von Depression.

Wenn wir der WELT das Böse zuschreiben,
ist sie nicht mehr Schöpfung Gottes.
Der Teufel wird zum »Gott dieser Welt«.[17]
Wie konnte er so mächtig werden?
Darauf antwortete der Mythos
vom unwissenden Weltschöpfer,
unterschieden vom wahren Gott.
Die Schöpfung war sein Vergehen oder sein Fehler.
Eigentlich dürfte die Welt nicht existieren.
Alles muss sich durch Rückkehr in Gott auflösen,
als wäre es nie gewesen.
Gott ist ein Nirwana aus Güte.
Das ist die »Erkenntnis« der Gnostiker.

Wird dem MENSCHEN das Böse zugeschrieben,
hat er eine hohe Verantwortung:
Gott hat ihm Freiheit eingeräumt,
das Gute zu tun, das Böse zu lassen.
Gott riskiert, dass Menschen Freiheit missbrauchen.
Wer Leid als Strafe akzeptiert, wird geläutert.
Wer Leid als Erziehung versteht, wird verwandelt.
Entscheidend ist:
Auch Schicksal verwandelt sich in Gewolltes.
Aber nicht alles Leid ist
verursacht durch menschlichen Willen.
Ein Erdbeben wird nicht von Menschen verursacht.
Immer bleibt die Gottesfinsternis des Leidens.

16. Hiob 40,7.
17. 2 Kor 4,4.

Doch das ist unser Trost:
Wir können uns untereinander
und mit Gott
verbünden gegen das Leid.

Gerechtigkeit Gottes
ist die Hoffnung,
dass wir am Ende
JA sagen können zu allem
und Gott JA sagt
zu uns
trotz allem.

229.

Was tröstet in der Gottesfinsternis des Leidens?

In Katastrophen tröstet,
dass Menschen näher rücken und einander helfen.
So tröstet auch,
wenn Mensch und Gott
durch Leiden näher zueinander kommen.
Hiob erhält keine Antwort auf seine Klagen,
doch begegnet er am Ende Gott.[18]
Gemeinschaft mit ihm gibt ihm die Kraft,
mit Fragen zu leben,
die unlösbar bleiben.
Solchen Trost gibt auch
der dreieinige Gott.

Gott hat als SCHÖPFER
seine Schöpfung noch nicht vollendet.
Vielleicht sind alle Leiden der Zeit
nur Geburtswehen einer neuen Welt.
Vielleicht wird sie in Zukunft
mehr Sinn offenbaren als jetzt.
Aber das bleibt dunkel.

18. Hiob 38-42,9.

Gott leidet in CHRISTUS
unter dieser Dunkelheit.
Er teilt das Leid des Menschen im Gekreuzigten.
Heinrich Heine sagt mit Recht:
»Wer seinen Gott leiden sieht,
trägt leichter die eignen Schmerzen«.[19]
Wenn Gott im Kreuz verborgen ist,
kann man an ihm festhalten
trotz allen Leids.
Aber das bleibt paradox.

Gott tröstet als HEILIGER GEIST:
Sein Geist ist im Seufzen der Kreatur da
und verwandelt das Leid der Menschen
in seine eigene Klage.[20]
Wenn wir leiden,
leidet Gott in uns.
Wenn wir klagen,
klagt Gott in uns.
Der Heilige Geist
ist der Tröster:[21]
der einige Trost
im Leben und im Sterben.

Ist Gott gerecht?
Gott ist mit der Welt noch nicht fertig:
Er arbeitet als Schöpfer an ihr,
er leidet in Jesus an ihr,
er wirkt als Geist in uns,
um Leid zu verringern
und in Segen zu verwandeln.

19. So H. Heine, in: Die Stadt Lucca, in: H. Heine, Sämtliche Schriften, Darmstadt 1968-1976, Bd. 2, 493.
20. Röm 8,22.23.26.
21. In den Abschiedsreden im Johannesevangelium wird er »Paraklet« genannt. Das bedeutet Anwalt, Fürsprecher, Beistand, aber auch Tröster (Joh 14,16 f.; 14,26; 15,26; 16,7-11; 16,12-15). Der »einige Trost« (Heidelberger Katechismus Frage 1) ist ein »einzigartiger Trost«.

230.

Was können wir tun, um in der Ungerechtigkeit der Welt Gerechtigkeit Gottes sichtbar zu machen?

Jesus konnte Gott
als gütigen Vater nur verkündigen,
weil er überzeugt war:
Seine Herrschaft hat sich noch nicht durchgesetzt.
Nur in kleinen Zeichen beginnt sie schon jetzt.
Noch herrscht Dunkelheit.

Vielleicht ist das unsere Aufgabe,
dass wir ein kleines Licht anzünden.
Wir sollen ein Zeichen sein:
Je dunkler die Welt ist,
umso heller leuchtet es.

Wir werden mit unserem kleinen Licht
nicht ungeschehen machen
Tränen und Verzweiflung,
Auschwitz und Hiroshima.
Doch können wir bezeugen und zeigen:
Gott leidet in jedem Leiden mit.
Sein Geist klagt in allen Klagen.
Sein Geist seufzt in jeder Kreatur.
Sein Geist vereint uns angesichts des Leidens.
Sein Geist gibt Lebensmut
als Schöpfung aus dem Nichts.

Am Ende tröstet nur der Gedanke:
Die Frage nach einem Sinn des Leidens
muss unbeantwortet bleiben:
Wer einen Grund weiß,
warum Menschen leiden müssen,
hätte auch einen Grund,
sie leiden zu lassen,
sei es, dass er unterlässt zu helfen,
sei es, dass er Leid zufügt
um höherer Ziele willen.

— 231. —

Welche Hoffnung dürfen wir für uns selbst haben – obwohl wir nicht wissen, was nach dem Tod ist?

Das *Memento Mori* der Kirche
ist leise geworden.
Früher war die Botschaft:
Es gibt ein Leben *nach* dem Tod,
heute lautet sie:
Es gibt ein Leben *vor* dem Tod.

Trauen wir uns nicht mehr,
einen Abgrund aufzureißen
von Schmerz und Trauer,
weil wir in ihm
keinen Halt geben können?

Wir tun eine Reise ins Unbekannte.
Unser Blick überschaut nur
den Weg bis zur Grenze.
Dahinter liegt ein unbekanntes Land.
Es ist so unbekannt,
dass auch die Auskunft,
mit dem Tod sei alles aus,
nicht standhält.
Auch das ist unbekannt,

Doch wir haben auf dieser Reise
einen Begleiter:
Das Vertrauen in die Macht,
die aus dem Nichts Sein schafft.
Sie umgibt uns in jedem Augenblick.
Wir merken es nicht.
Das Geheimnis des Todes
ist nicht größer und kleiner
als dieses Geheimnis.
Was ist die Gegenwart anderes
als die Momentaufnahme in einem Film,
der in beide Richtungen ins Nichts versinkt?

Die Vergangenheit ist nicht mehr,
die Zukunft noch nicht,
die Gegenwart ein Vorübergehen
aus einem Nichts in ein anderes Nichts.

Dieses vorübergehende Sein
erleben wir als ein Wunder,
wenn uns das Leben neu geschenkt wird,
weil wir einem Unfall entgingen,
oder wenn ein Mensch uns sagt:
Es ist wunderbar, dass es dich gibt.

Dieses Geheimnis von Sein und Nichts
umgibt uns jeden Augenblick.
Dahinein führt die Reise.

Das Leben vor dem Tod
ist dasselbe wie im Tod:
ein Leben im Geheimnis Gottes.
Im Tod fallen wir
in sein Geheimnis zurück.

232.

Warum dürfen wir hoffen, im Geheimnis des Todes dem Geheimnis Gottes zu begegnen?

Der Tod ist ein Schattenriss Gottes.[22]
Er lehrt uns an erster Stelle:
Alles ist endlich.
Das Nichts des Todes
konfrontiert uns mit der Unendlichkeit.
Wir werden von ihm verschluckt
wie von einem schwarzen Loch.
Seine Dauer ist unendlich.
Es gibt keine Grenze in ihm.

22. In diesem Text greife ich Gedanken des katholischen Religionsphilosophen Bernhard Welte (1906-1983) auf: Gott und das Nichts, Frankfurt 2000; Religionsphilosophie, Freiburg 1978, 45-95.

Es ist ein Schattenriss Gottes.
Denn Gott ist unendlich.

An zweiter Stelle lehrt der Tod:
Alles ist bedingt.
Jede Zusage im Leben steht unter Bedingungen.
Wir können sie nur einhalten, sofern wir leben.
Das Nichts aber konfrontiert mit Unbedingtem.
Auf einem mittelalterlichen Bild
reitet der Herrscher des Landes dem Tod entgegen.
Er streckt ihm einen Geldbeutel hin
und sagt: Nimm mein Geld und meinen Besitz,
nur lasse mir das Leben!
Aber der Tod zielt mit seinem Pfeil und spricht:
Ich will nicht dein Hab und Gut,
ich will dein Blut!
Und er schießt.
Wir können mit dem Tod
nicht Bedingungen aushandeln,
unter denen er weniger tödlich wäre.
Er verlangt die bedingungslose Kapitulation.
Er ist unbedingt.
Er ist ein Schattenriss Gottes.
Denn Gott fordert unbedingt.

Drittens gilt:
Der Tod lässt uns unsere
schlechthinnige Abhängigkeit spüren.
Seine Übermacht ist so gewaltig,
dass viele die Versuchung spüren,
ihm durch Suizid zuvorzukommen.
Sie wollen Selbstbestimmung üben,
wo alle Selbstbestimmung zu Ende ist.
Aber das ist Scheinfreiheit.
Wir können nur auf das Ende des Lebens einwirken.
Wenn wir in den Tod eingetreten sind,
können wir nichts mehr bestimmen, absolut nichts.
Der Tod herrscht nicht weniger total über uns,
wenn wir unser Leben selbst beenden,
als wenn wir es nicht tun.
Und doch werden wir durch den Tod frei:

Keine Steuern werden von uns verlangt,
keine Verpflichtungen binden uns.
Niemand kann uns bedrohen.
Wir spüren eine große Freiheit und Verantwortung.
Der Tod ist ein Schattenriss Gottes.
Denn Gott gibt Freiheit.

Mit dem Tod
ist nicht das Sterben gemeint,
sondern jenes Nichts,
in das wir eintreten,
wenn wir gestorben sind
und aus dieser Welt verschwinden –
wie Materie verschwindet
in schwarzen Löchern
mitten zwischen sichtbaren Sternen,
ohne dass Information
nach außen dringt.

Die Konfrontation mit dem Nichts
ist eine verborgene
Konfrontation mit Gott.
Wir begegnen einer Realität,
die unendlich ist,
die unbedingt ist,
die uns Freiheit zumutet.
Wer im Leben
von dieser Macht umfangen wurde,
wer vom Geheimnis des Seins
wie eine Musik ergriffen wurde
und sein Leben als Antwort führt,
der vertraut sich
im Tod dieser Macht an.
Das ist unbedingtes
Vertrauen.

— 233. —

Was aber gilt als Hoffnung, solange wir leben?

Solange wir leben,
gilt das Gebet der islamischen Mystikerin
rabi'a al-adawiya:[23]

betete ich dich an
aus furcht vor der hölle
dann ach verbrenne mich
in der hölle

betete ich dich an
in hoffnung auf das paradies
dann ach verriegle mir
das paradies

bet' ich dich aber an
um deinetwillen allein
dann – o gott! vermähle mich
mit deiner ewigen schönheit.

— 234. —

Welche Hoffnung gibt die Osterbotschaft?

Ostern ist Licht von Jenseits des Todes,
auch wenn wir nur unklar sehen,
woher es kommt,
wohin es scheint
und was es erhellt.
Nur eins ist gewiss:
Es ist das Licht der Schöpfung.
Es ist das Licht,
das uns sprechen lässt:
Alles ist gut.

23. Kurt Marti, Namenszug mit Mond. Gedichte, © 1996 Nagel & Kimche im Carl Hanser Verlag, München.
Die islamische Mystikerin lebte etwa 717-801 n. Chr.

Es ist gut,
eine Zeit lang zu leben.
Der Tod kann das nicht zunichte machen.
Wir sind in die Wirklichkeit eingeschrieben
wie ein unauslöschliches Siegel.

Es ist gut,
vor unserer Zeit nicht gewesen zu sein:
Was uns hervorgebracht hat
in Jahrmillionen vor unserem Dasein,
bejahen wir indirekt,
wenn wir unser Dasein bejahen.

Es ist gut,
in Gottes Schöpfungsmacht
zurückzufallen
und in ihr geborgen zu sein
in endlosen Jahrmillionen
nach unserer Zeit.
Wir werden im Tod dort sein,
woher sein Licht kommt.

Alles ist gut,
wenn wir mit Gott
und allen Dingen
vereint sind.

235.

Lässt sich der christliche Glaube evolutionär deuten? Ein zusammenfassender Versuch

Die Welt ist eine Hypothese,
die danach tastet,
Gott zu entsprechen.
Abhängig ist alles von Gott
und den Grundbedingungen der Realität.
Alles sucht nach Entsprechung zu Gott.
Das ist das innere Ziel
der Geschichte.

Durch Glauben wird die Welt
zum Spiegel von Gottes Existenz:
Energie spiegelt seine Macht,
Kreativität seine Schöpferkraft.
Evolutionstendenzen lassen seine Ziele ahnen,
Naturgesetze seine Gedanken,
Information seine Ordnung,
Resonanz seine Liebe.
Bewusstsein ist das größte aller Wunder.

Wir sind Geschöpfe der Evolution
mit dem Privileg,
an der Suche nach Entsprechung
zum Geheimnis der Wirklichkeit
mit Bewusstsein teilnehmen zu dürfen.
Religion macht diese Aufgabe bewusst
und verpflichtet zu ihr.

GRENZERFAHRUNGEN
lassen den Widerstand der Wirklichkeit spüren
und zwingen zu Änderungen:
Scheiternde Wahrheitssuche
fördert Erkenntnis.
Verfehlung des Guten
schafft Selbsterkenntnis.
Unerfüllte Sehnsucht nach Schönheit
macht kreativ.
Grenzerfahrungen treiben
die Entwicklung voran.
Der GLAUBE
wird in Krisen geprüft.

SINNERFAHRUNGEN
offenbaren gelungene Anpassung
und motivieren zu mehr:
Wer Strukturen erlebt, will mehr Ordnung,
wer Leben spürt, mehr Leben,
wer Verstehen erfährt, mehr Verstehen,
wer Sinn entdeckt, mehr Sinn.

Die HOFFNUNG
wird durch alles gestärkt,
was Sinn macht.

GEWISSENSERFAHRUNGEN
ziehen vor uns her wie die Feuersäule in der Wüste,
Wir folgen den Spuren des Sinns,
wo immer wir sie finden.
Sie verpflichten uns
zur Achtung vor anderen Menschen,
zur Achtung vor Regeln,
zur Achtung vor uns selbst.
Imperative zeigen als innerer Kompass,
wohin der Weg führt.
Die LIEBE
ist das höchste Gebot.

KREATURERFAHRUNGEN
verbinden uns mit allem Sein,
bevor wir etwas tun und lassen.
Nur weil wir mit dem Geheimnis des Seins
im Ursprung verwandt sind,
können wir ihm entsprechen.
Einen Imperativ zum Sein
hat jedes Lebewesen,
einen Imperativ zur Steigerung des Daseins
jedes Bewusstsein,
einen Imperativ zur
Begrenzung aller Imperative
jede Religion.
Eine Evolution der Evolution[24]
lässt mitten in ihr
neue Entwicklungsstrategien entstehen:

24. Von einer Evolution der Evolution in diesem Sinne spricht Niklas Luhmann (1927-1998) in: Geschichte als Prozess und die Theorie sozio-kultureller Evolution, in K. G. Meier / Chr. Meier (Hg.), Historische Prozesse, München 1978, 426.

Offene biologische Systeme
suspendieren das
Entropieprinzip.
Entropie wird durch *Stoffwechsel* unterlaufen.
Neue komplexere Strukturen entstehen.
Wir staunen über die
Kreativität der Welt.
Doch kam mit dem Leben
auch der Tod
in die Welt.

Humane Gesellschaften
suspendieren das
Selektionsprinzip.
Austausch von Information
in Wissenschaft und Technik ermöglicht Leben,
das sonst in der Natur nicht möglich wäre.
Moral verpflichtet uns dazu,
Wissenschaft und Technik
für das Leben einzusetzen
und Schwachen zu helfen.
Wir bewundern die Möglichkeiten
der menschlichen Kultur.
Doch kamen mit der Kultur
und ihrer Technik
auch die Waffen
in die Welt.

Religion suspendiert das
Moralprinzip:
Auch der Schuldige hat eine Würde.
Ein spiritueller Austausch mit Gott aktiviert
Kräfte des Glaubens
mit der Zuversicht:
Es ist genug für alle da.
Jeder hat unendlichen Wert.
Gnade rechtfertigt den Sünder
jenseits der Moral.
Doch kamen mit dem Glauben
auch Fanatismus
und Unmenschlichkeit

jenseits aller Moral
in unsere Welt.

Verminderung von Selektionsdruck
ist der erste Schritt ins Reich Gottes.
An seiner Grenze steht als Einlassbedingung
der Imperativ der Liebe
als Widerspruch
zur natürlichen Selektion
und zum sozialen Moraldruck.

In der Zeit zwischen Altem und Neuem Testament
drang in apokalyptischen Endzeiterwartungen
die Erkenntnis ins Bewusstsein,
dass der Mensch ein Übergang ist.
Die bisherige Weltgeschichte
war eine Geschichte tierischer Reiche.[25]
Erscheinen soll der Menschensohn,
um die Reiche der Tiere abzulösen.
Wir sind ein Übergang
in der Evolution unserer Welt.

Alle Religionen sind an diesem Übergang beteiligt.
Keine ist am Ziel,
Keine besitzt *absolut gültige* Wahrheit,
alle besitzen *gültige* Einsichten.
Für das Verhältnis der Religionen
gilt ihre eigene Weisheit, die in allen vorhanden ist:
Nur durch Kooperation gelingt Leben.
Absolutheitsansprüche
müssen überwunden werden,
damit jede Religion
ihre Geltungsansprüche vertreten kann,
ohne andere zu bedrohen.

In allen großen Religionen
wird die Sonderstellung des Menschen bewusst:
Er entdeckt in sich ein Zentrum,
wird sich seiner selbst bewusst,

25. Dan 7.

geht einen Schritt über alles Vorhandene hinaus.
Er hört die Stimme des Gewissens.
Er ist frei.

Er wird sich dessen bewusst:
Mit dem Leben kam der Tod,
mit der Kultur der Krieg,
mit der Religion der Fanatismus,
mit dem Heil das Unheil,
mit dem Rettenden die Gefahr.
»Wo aber Gefahr ist, wächst
das Rettende auch.«[26]

Mitten in allen Religionen
wurde in der Bibel
ein neuer Schritt getan:
Im Gottesglauben der Bibel vollzog sich ein Umschlag
von Selektionsdruck zur Liebe,
von Moraldruck zur Gnade.

Biblische Ethik sagt:
Umkehr befreit den Umkehrenden
vom Selektionsdruck:
Es ist für ihn besser,
etwas zu opfern,
als zugrunde zu gehen.[27]

Biblische Ethik sagt auch:
Liebe befreit andere Menschen
vom Selektionsdruck.
Es ist besser,
etwas für andere zu opfern,
als zusammen zugrunde zu gehen.

26. Friedrich Hölderlin (1770-1843), Patmos, Z. 3-4.
27. Ein Gedanke, den ich Karl R. Popper verdanke: Objektive Erkenntnis. Ein evolutionärer Entwurf, Hamburg 1973, 289: Wissenschaft merzt »unsere falschen Vorstellungen aus, ehe wir selbst ihretwegen ausgemerzt werden.« Das lässt sich vom Wissen auch auf Verhaltensweisen übertragen.

Biblische Verkündigung sagt aber auch:
Gnade befreit den Menschen
vom Moraldruck.
Er muss in Umkehr und Liebe
nicht vollkommen sein.
Gott rechtfertigt den Sünder
allein aus Glauben.

Die Freiheit des Menschen zur Umkehr
ist in der Schöpfung begründet.
Er ist ein Ebenbild der Macht,
die aus Nichts schafft.
Er kann Neues beginnen
und darf von Neuem sein Leben beginnen.

Die Nächstenliebe
wird in der Thora entdeckt:
Der Mensch ist geborgen in der Macht,
die ihn mit allen Geschöpfen verbindet
und ihn verpflichtet,
für andere dazusein.

Die Gnade für den
versagenden und scheiternden Menschen
wird in der Geschichte Israels
und in Jesu Wirken offenbar.

Gott offenbart sich Menschen
in religiösen Erfahrungen
in Israel und der ganzen Welt.
Jesus erneuert sie
im Bewusstsein der Krise
zwischen Mensch und Gott.
Der Geist vollendet sie
im gegenwärtigen Erleben.

Jesu Verkündigung des Gerichts
ist erneuerte
Grenzerfahrung.
Wir alle stranden an den Grundbedingungen des Lebens.
Wir stoßen an Grenzen.

Keiner besteht im Gericht.
Jesus aber verkündigt Gottes Gnade im Gericht
als Aufhebung von Selektionsdruck.

Seine Verkündigung des Gottesreichs
ist erneuerte
KREATURERFAHRUNG:
Die Schöpfung wird so,
wie sie am Anfang gemeint war.
Alles ist wieder rein.
Alles ist frei von Dämonen.

Jesu Verkündigung von Gut und Böse
ist erneuerte
GEWISSENSERFAHRUNG.
Keiner ist gut außer dem einen und einzigen Gott.
Wir sind moralisch,
wenn wir erkennen,
dass wir unmoralisch sind.

Jesu Verkündigung der Liebe
ist erneuerte
SINNERFAHRUNG.
Er stellt die Liebe zu Gott und zum Nächsten ins Zentrum.
Liebe gilt ohne Grenzen,
den Feinden, den Fremden und Sündern.
Sie ist unbedingt.
Sie wirft einen Funken Ewigkeit
hier und jetzt
ins menschliche Leben.

Sakramente sind Bilder
für die Bestimmung des Menschen
zu Freiheit und Nächstenliebe:
die TAUFE
für seine Bestimmung zur Freiheit,
das ABENDMAHL
für seine Bestimmung zur Liebe.
Beide sprechen Vergebung der Sünden zu,
wenn Menschen scheitern
bei der Verwirklichung von Freiheit und Liebe.

Menschliches Scheitern bewältigt Jesus
durch Überwindung von Schuld und Leid.
Jedes Sterben ist Selektion.
Jesu Leben und Sterben ist dagegen ein Protest
gegen die Härte des Selektionsprinzips
und der Moral.
Liebe soll von ihrer Härte befreien.

Paulus sieht den Menschen
als Übergang zwischen alter und neuer Welt,
zwischen einem Leben nach dem »Fleische«
und einem Leben nach dem »Geist«.
Sein Urteil über den natürlichen Menschen
ist pessimistisch:
Er ist als Opfer und Täter
in ein Leben auf Kosten anderen Lebens verstrickt.
Sein Urteil über den neuen Menschen
ist optimistisch:
Der erneuerte Mensch kann,
vom Geist getrieben,
spontan das Gute tun.
Es ist derselbe Mensch:
als Sünder verworfen,
als Gerechtfertigter von Gott erwählt
zur Mitarbeit bei der Gestaltung der Welt.

Die Welt ist eine Hypothese,
um Gott zu entsprechen.
Die Rechtfertigung des Menschen
ist Ziel dieses Prozesses:
Gott schenkt Entsprechung zu ihm
ohne Vorbedingung aus Gnade.
Er schenkt sie gescheiterten Menschen.

Jede Predigt soll diesen Funken in die Zeit werfen,
jedes Sakrament dieses Licht ausstrahlen.
Durch dieses Licht berührt Gott
das Herz des Menschen
im Augenblick der Erfüllung.
Mit ihm beginnt das Reich Gottes
schon hier und jetzt,

unter uns
und in uns.
Das ist Vollendung
mystischer Sehnsucht.

Unser Bild vom Gesamtprozess der Dinge
besteht aus Fragmenten.
Aber in der Dunkelheit der Welt
haben wir einen Kompass,
der die Richtung weist:
den Imperativ zum Leben,
den Imperativ zur Liebe,
den Imperativ zur Freiheit.
Wir haben eine Verheißung:
die Verheißung unbedingter Anerkennung
jenseits aller Imperative.
Ihr Ursprung liegt im Geheimnis der Wirklichkeit
jenseits unserer Lebenswelt.
Ungekündigt leuchtet der Bund mit ihr
als Regenbogen der Verheißung
über der Dunkelheit
von Geschichte und Leben.

Die Welt ist eine Hypothese,
die danach tastet,
Gott zu entsprechen.
Religionen sind Fragmente
in diesem Versuch.
Fragmente sind auch diese Gedanken.
Fragment bleibt unser Leben.
Am Ende aber ist Gott
alles in allem.

Sachregister

Personenregister

Bibelstellenregister